全国中小学

国家安全教育教学课程设计

案例汇编

张　斌◎主编

国家安全

华东师范大学出版社
·上海·

图书在版编目(CIP)数据

全国中小学国家安全教育教学课程设计案例汇编/
张斌主编. —上海:华东师范大学出版社,2021
ISBN 978 - 7 - 5760 - 2255 - 1

Ⅰ.①全… Ⅱ.①张… Ⅲ.①国家安全—安全教育—
课程设计—教案(教育)—中小学 Ⅳ.①G633.202

中国版本图书馆 CIP 数据核字(2021)第 239591 号

全国中小学国家安全教育教学课程设计案例汇编

主　　编　张　斌
项目编辑　刘祖希
审读编辑　何巧涓
责任校对　张　筝　时东明
装帧设计　邵娜英　卢晓红

出版发行　华东师范大学出版社
社　　址　上海市中山北路 3663 号　邮编 200062
网　　址　www.ecnupress.com.cn
电　　话　021 - 60821666　行政传真 021 - 62572105
客服电话　021 - 62865537　门市(邮购)电话 021 - 62869887
地　　址　上海市中山北路 3663 号华东师范大学校内先锋路口
网　　店　http://hdsdcbs.tmall.com

印 刷 者　上海新华印刷有限公司
开　　本　787 毫米×1092 毫米　1/16
印　　张　19.75
字　　数　380 千字
版　　次　2021 年 12 月第 1 版
印　　次　2025 年 1 月第 3 次
书　　号　ISBN 978 - 7 - 5760 - 2255 - 1
定　　价　98.00 元

出 版 人　王　焰

本书编委会

主　　编　张　斌

副 主 编　刘　永　万　淼

编委会成员　（按姓氏笔画排序）

王　翔　　王光军　　王忠良　　王雪芹

兰发荣　　刘宏佳　　刘秋燕　　江　雪

阮全海　　牟　林　　李哲浩　　余杰灿

沈　彬　　张　瑜　　陈方川　　陈丽妮

陈坤坤　　周　琼　　顾　芸　　徐文帅

徐洪伟　　唐伟达　　董春风　　虞建林

蔡舒玮　　管立华　　管亚妮　　阚延俊

前言

　　国家安全是保障国泰民安的一项重要工作,新中国成立以来,党中央对发展和安全高度重视,始终把维护国家安全工作紧紧抓在手上。党的十八大以来,以习近平同志为核心的党中央坚持系统思维,强化顶层设计,提出了总体国家安全观的概念,并将其纳入坚持和发展中国特色社会主义基本方略。2013年11月,党的十八届三中全会决定成立中央国家安全委员会;2015年7月,十二届全国人大常委会十五次会议通过新的《中华人民共和国国家安全法》;2020年10月,党的十九届五中全会提出"统筹发展和安全,建设更高水平的平安中国"的主张……通过这一系列举措,中央对国家安全工作的组织领导、制度建设、法律保障进行了进一步加强。

　　正如习近平总书记指出的,"当前我国国家安全内涵和外延比历史上任何时候都要丰富,时空领域比历史上任何时候都要宽广,内外因素比历史上任何时候都要复杂",这意味着,维护国家安全,既需要一如既往地坚持正确方向,又需要继往开来地贡献新的智慧。而为我国的国家安全工作贡献智慧,正是各行业、各领域义不容辞的责任与使命!那么,一个问题摆在所有教育机构、所有教育工作者面前,教育领域的我们应该如何去承担好这份责任、履行好这项使命?

　　针对这一问题,教育部于2018年4月印发了《教育部关于加强大中小学国家安全教育的实施意见》(见本书附录),为所有的教育机构、教育界的所有同仁履行责任使命提供了指导,并对所有的教育机构、教育工作人员提出"深刻认识加强大中小学国家安全教育的重要性""准确把握加强大中小学国家安全教育的总体要求""全面落实加强大中小学国家安全教育的目标任务"共3项具体要求,还明确了"研究开发国家安全教育教材""加强国家安全教育师资队伍建设"共8项重点工作。

　　华东师范大学、教育部华东高师师资培训中心高度重视党中央关于国家安全工作的战略部署,于2015年在与上海市国家安全局充分探讨的基础上,组织各方面专家设计了针对高校教师国家安全教育的系列主题课程,并主动将国家安全教育课程融入到之后中心举办、承办的各类师训项目中,尤其是圆满承办了教育部委托的"首期骨干教师国家安全教育研修班"项目,在研究开发国家安全教育教材(课程)、加强国家安全教育师资队伍建设方面走在了本领域前列。

2020 年 9 月,教育部办公厅印发《关于组织实施 2020 年国家安全教育教师国家级培训的通知》,委托清华大学、中国政法大学、华东师范大学、陕西师范大学共 4 所高校承担来自全国各地的 4 800 名教师的培训。作为承训高校之一,华东师范大学充分整合资源、科学设计课程、强化教学保障,圆满完成了对来自上海、江苏、浙江、安徽、福建、江西、湖北、湖南、广东共八省一市的 1 200 名种子师资的培训,获得了主办单位、选派单位、参训学员的一致好评。

然而,作为新中国组建的第一所社会主义师范大学,作为全国高校师资培训网络体系的重要平台,华东师范大学、教育部华东高师师资培训中心不满足于只完成"规定动作"。我们坚持发挥自身优势,坚持"授人以鱼"与"授人以渔"相结合,坚持"加强国家安全教育师资队伍建设"和"研究开发国家安全教育教材"相统筹,在高标准完成对八省一市 1 200 名种子师资培训的同时,做出了研发国家安全教育教材的"自选动作"。

为了保障我们的"自选动作"有特色、有质量,在研发教材之前,我们邀请专家制定了《国家安全教育优秀课程设计案例编写体例》《国家安全教育优秀课程设计案例模板》,确保了教学案例格式的统一规范。同时,中心还制定了《国家安全教育课程教学设计案例评审意见表》,委托相关领域的专家、学者对照教育部《大中小学国家安全教育指导纲要》要求对参训学员提供的教学案例进行了评审。最终,经过评审专家、学者的严格评审,我们确定了 28 个优秀案例(其中学前案例 2 个,小学案例 11 个、初中案例 8 个、高中案例 7 个),入选《全国中小学国家安全教育教学课程设计案例汇编》。

作为教育部委托的 4 所承训高校之一,本书是我们完成对 1 200 名种子师资培训之外的"自选动作";作为一所教育机构,本书是我们为国家安全工作贡献力量的阶段性成果。但是,我们可以而且也应该做得更多!

因此,在本书印发之际,我们郑重发起以下号召:请更多的同仁参与到研究开发国家安全教育教材的队伍中来!让我们一起为我国的国家安全工作贡献属于教育工作者的智慧和力量!

因此,在本书印发之际,我们做出了编写单独分学段《案例汇编》的决定。为了做好这项工作,我们向广大同仁发出邀请:请更多的同仁参与到这项有意义的工作中来!

为了做好后续编写单独分学段的《案例汇编》工作,我们将首先做好以下事情:其一,为了让有意愿提供案例的同仁制作高质量的案例,我们将为案例作者申请专项经费;同时,所有入选案例的作者将自动成为《案例汇编》编委会成员。其二,为了号召更多的同仁参与到本项工作中,我们将会以喜报的形式对编写的同仁及其所在的单位、组织报送案例的机构向当地教育局通报表扬。其三,对精品案例,我们还将以专报的形式向教育部进行汇报。其四,为了让各位同仁的成果惠及更多人,我们还将在我们建立的服务平台上对入选案例进行推送。

为了做好后续编写单独分学段的《案例汇编》工作,我们还提出以下要求:其一,请有意愿提供案例的同仁,仔细阅读《大中小学国家安全教育指导纲要》(以下简称《指导纲要》),按照《指导纲要》要求,尤其是针对小学、初中、高中等各阶段国家安全教育的主要目标和对国家安全各领域知识的开始讲授起点学段建议等,围绕不同学科,认真设计案例。其二,请各位同仁在课程设计中严格参考《国家安全教育优秀课程设计案例编写体例》《国家安全教育优秀课程设计案例模板》,做好案例编写工作。同时,我们也欢迎各位同仁以各种方式对后续《案例汇编》的组织和编写工作提出意见和建议(电子邮箱:bzhang@edp.ecnu.edu.cn)。

最后,作为编写《全国中小学国家安全教育教学课程设计案例汇编》的组织者,请允许我们向本书包含的 28 个案例的作者表示感谢,缺少其中任何一个案例,本书都不会具有像现在一样丰富的内涵;更重要的是,这些高质量、高水平的案例,为我们未来做好单独分学段的《案例汇编》提供了极具参考价值的模板。因为你们,相信我们所有教育领域的同仁,必然能够在加强国家安全教育师资队伍建设、研究开发国家安全教育教材方面做出新的成果,为我国的国家安全工作贡献新的智慧和力量!

本书编委会

2021 年 5 月

目录

1

◆　**幼儿园篇**

◆　**附录**

高中篇

坚定文化自信，维护文化安全

广东省东莞市东莞中学松山湖学校　刘秋燕

一、课程简介

适用学科：高中思想政治必修4《哲学与文化》

适用教学对象：高中学生

场景要求：教室

道具物料：多媒体、黑板

规模范围：一个教学班

二、教学目标

（一）学科教学目标

1. 三维目标：理论与实践相结合，理解文化自信的作用；明确当代中国的文化自信，最根本的是对中国特色社会主义文化的自信，特别是对习近平新时代中国特色社会主义思想的自信。

2. 素养目标：通过对文化强国文化自信的学习，培育和践行社会主义核心价值观，坚定文化自信，培养政治认同；通过运用历史唯物主义观点分析文化自信的作用，从而培养学生的理性思维和科学精神；积极投身文化强国建设，推动公共参与素养的形成。

（二）国家安全教育目标

1. 通过了解当前全球化、信息化时代下文化多元的基本情况，让学生体会西方文化对我国的强烈冲击，增强学生文化自信观念，培养文化安全意识。

2. 通过创设情境，开展探究性学习，让学生体悟到当前国内文化特别是优秀传统文化日益式微的现状，培养出爱国主义情感、正确的价值观和维护文化安全的历史责任感。

三、 教学过程

（一）议题设置

总议题：一个更加开放的中国，如何维护文化安全？
子议题一：为什么要坚定文化自信，维护文化安全？
子议题二：在当前国际形势背景下，如何维护文化安全？
子议题三：针对我国当前文化现状，如何维护文化安全？

（二）课堂教学

1. 导入新课

教师活动：

对比两张照片。

一张是小学生在升国旗仪式时行队礼。另一张是发生在香港的球场上观礼，在奏国歌时不敬的场景。

思考：如果一个国家的人民不唱国歌，不用本国文字，甚至耻笑谩骂，而对国外文化推崇备至，会有什么后果？

总结：坚定文化自信、维护文化安全迫在眉睫。

2. 讲授新课

子议题一：为什么要坚定文化自信、维护文化安全？

教师活动：播放视频——电影《夺冠》。

图1　电影《夺冠》剧照

设置问题：阅读与思考

精神文明建设"五个一工程"实施20多年来，以"弘扬先进文化，多出优秀作品"为目标，推出大批思想精深、艺术精湛、制作精良的作品，成为精神文化产品创作生产的示范工程、响亮品牌，丰富了人民精神文化生活，发挥了以优秀的作品鼓舞人的重要作用。

精神文明建设为什么要实施"五个一工程"？

学生活动：通过课前搜集的资料，思考、探究并回答问题。

结论一：我们面对的文化有传统的和现代的、外来的和本土的、先进的和落后的、健康的和腐朽的、积极的和颓废的等。各种各样的文化有吸纳又有排斥，有融合又有斗争，有渗透又有抵御，呈现出前所未有的相互交织、相互激荡之势。大力发展先进文化，支持健康有益文化，努力改造或剔除落后文化，坚决抵制、依法取缔腐朽文化，为国民教育、精神文明创建、中国特色社会主义事业提供源源不断的精神动力和道德滋养。

结论二：争夺文化资源，并通过垄断文化资源来实现国家战略利益越来越成为现代国家和现代人类战略竞争的焦点。进入21世纪以来，"文明冲突论""软实力论""文化例外论"和"文化可持续发展论"几乎不约而同地指向了同一个价值关怀的区域：安全——文化安全——国家文化安全——人类文化多样性可持续发展安全。文化安全在某种程度上已经成为一个国家整体安全状况的晴雨表和风向标。

子议题二：在当前国际形势背景下，如何维护文化安全？

教师活动：《来势汹汹的文化冲击》。

图 2 "洋"流来了

设置问题:阅读与思考

观点一:中华文化曾长期领先于世界,是民族根基,要坚持传统,鼓励国潮。

观点二:中华文化的确曾经辉煌,但近代衰落了,要全面引进外来思想、文化。

观点三:中华文化的确在近代落后了,但我们有自信再铸中华文化的辉煌。

你如何看待这些观点?

学生活动:以小组为单位选择其中一种观点进行辨析。

结论三:那些曾经坚固的文化及其价值在这一时代遭遇了强有力的挑战:那些民族性的、独特性的文化都在当下强势的英语文化面前纷纷缴械;而那些依然固守传统、坚守自我的文化模式要么苟延残喘,要么为世界所抛远!在这样的时代里,即使那些曾经是强有力的传统文化也难以真正抵御现代西方资本主义文化的强势冲击。伊斯兰文化、印度文化早已支离破碎,日本文化也已物是人非,中国传统文化也正在被逐渐演变。如果文化真的被归为同一,真的成为别人的附庸,那么人类的生活将不再拥有个性和鲜活,不再拥有真正的文明。法国著名人类学家列维·斯特劳斯说,"人类生活不能在一种一成不变的制度下获得发展,而需要通过极为丰富多彩的社会和文明的形式。"当下西方强势文化取得中心和主导地位,而其他文化只能游离于边缘。更为严重的是,当一种文化取得主导性地位时,它必然会逐渐注入到你生活的方方面面,也必然掩饰不住它们的垄断和控制的野心。反之,一种文化的没落也会伴随整个民族的衰退甚至消亡而出现。古希腊文化在阿拉伯文化、基督教文化的强势冲击下逐渐失去自我,而整个希腊民族也逐渐消沉。历史和现实告诉我们那些忽视文化安全的时代和民族将会付出惨重的代价。在全球化、信息化时代下,我们的真正问题在于:我们的文化将何处去? 我们拿什么去作为世代的传递火炬? 我们如何护卫我们文化的安全?

结论四:文化自信是一个国家、一个民族发展中更基本、更深沉、更持久的力量。坚定文化自信,事关国运兴衰,事关文化安全,事关民族精神独立性。没有高度的文化自信,没有文化的繁荣兴盛,就没有中华民族伟大复兴。文化自信离不开经济的发展和政治制度的完善。我们坚持中国特色社会主义道路、理论和制度,社会主义民主政治不断发展,经济社会发生了翻天覆地的变化,经济总量跃居世界第二,综合国力显著增强、人民生活水平不断提高,社会活力不断迸发,国际地位不断提升,社会主义中国以前所未有的雄姿屹立在世界东方。中国特色社会主义伟大实践取得的巨大成就,增强了我们文化自信的底气。我们要继续大力发展社会主义经济,完善社会主义民主政治,不断夯实文化自信的基础。

子议题三:针对我国当前文化现状,如何维护文化安全?

教师活动:展示图片。

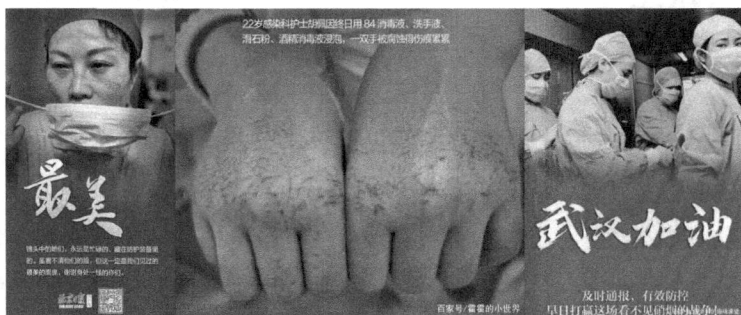

图3　最美逆行者

阅读与思考

2020年9月8日,全国抗击新冠肺炎疫情表彰大会在北京人民大会堂隆重举行。中共中央总书记、国家主席、中央军委主席习近平在大会上发表重要讲话指出:在这场同严重疫情的殊死较量中,中国人民和中华民族以敢于斗争、敢于胜利的大无畏气概,铸就了生命至上、举国同心、舍生忘死、尊重科学、命运与共的伟大抗疫精神。我们要在全社会大力弘扬伟大抗疫精神,使之转化为全面建设社会主义现代化国家、实现中华民族伟大复兴的强大力量。

《管子》:"国有四维,一维绝则倾,二维绝则危,三维绝则覆,四维绝则灭。倾可正也,危可安也,覆可起也,灭不可复错也! 何为四维? 一曰礼,二曰义,三曰廉,四曰耻。"

结合抗疫过程中各种英雄人物的故事及其精神,请谈谈如何理解"礼义廉耻关系国家的生死存亡"?

学生活动:通过课前搜集的资料,思考、探究并回答问题。

结论五:维护文化安全,要提高人们的道德修养和科学文化修养。人民有信仰,国家有力量,民族有希望。要广泛开展理想信念教育,引导人们树立正确的历史观、民族观、国家观、文化观。要加强社会公德、职业道德、家庭美德、个人品德教育,大力弘扬中华传统美德,激励人们向上向善、孝老爱亲,忠于祖国、忠于人民。要弘扬科学精神,普及科学知识,弘扬时代新风。

图 4 纪录片《我在故宫修文物》

教师活动:展示图片:《我在故宫修文物》。

设置问题:阅读与思考

2016 年,一部《我在故宫修文物》的纪录片在中央电视台播出后引起热烈反响。该片重点记录故宫书画、青铜器、宫廷钟表、木器、陶瓷、漆器、百宝镶嵌、宫廷织绣等,以及该领域的稀世珍奇文物的修复过程和修复者的生活故事。此外,近年来,我国大量文化精品走出国门,以各自的方式讲述中国故事,成为世界了解中国的窗口、推动文明互鉴的重头戏。这些精彩演出在将中国博大精深的传统文化展现在世人面前的同时,也把其中蕴含的价值理念传播开来。

你还知道哪些成功走出国门的文化作品?这些作品深受国内外观众喜爱的原因是什么?

学生活动:以小组为单位,绘制思维导图。

结论六:建设文化强国,要推动文化事业和文化产业发展。繁荣发展社会主义文艺,大力发展文化事业,加快发展现代文化产业,提高公共文化服务水平,提升文化产品的质量。推进国际传播能力建设,讲好中国故事,展现真实、立体、全面的中国,让国外民众深化对中国的认识、加深对中华文化的认识和理解,从而展示中华文化的独特魅力。

教师活动:

设置问题:阅读与思考

观点一:中华文化的复兴就是中华传统文化的复兴,中华文化自信就是对中华传统文化的自信。

观点二:中华文化自信是对中华优秀传统文化、革命文化和社会主义先进文化的自信。

针对上述观点,谈谈你的看法。

学生活动:辩论赛,以小组为单位选择一个观点进行课堂辩论。

结论七:文化自信不仅仅是对历史发展某一阶段优秀文化的自信,也是对全部中华优秀文化的自信。我们要坚定对中华优秀传统文化、革命文化和社会主义先进文化的自信。

当代中国的文化自信,最根本的是对中国特色社会主义文化的自信,特别是对习近平新时代中国特色社会主义思想的自信。

3. 课堂小结

文化安全在现今时代已经逐渐引起人们的警觉,每一个国家也都出台了诸多文化保护政策,但无孔不入的全球化、信息化对文化的侵袭实难遏止。当下的社会是一个物欲焦躁的社会,一个消费的社会。杜威说:"我们正处于这样一个时代,它引导人们去经历各种'消遣',而不是去产生深刻的'情感'。这是一种变得日益肤浅和表面化的生活方式。"而我们的文化也就在其中逐渐迷失和消散。因此我们作为新时代的青年,需要警醒,需要改变,需要勇敢地承担起时代与历史赋予我们的责任和义务,从而让我们的文化不再陷于危险和寂寞!

(三) 课后拓展

自选作业:

1. 小论文:坚定文化自信、维护文化安全与青年学生的责任担当。

2. 观看爱国题材的电影(《建军大业》《建国大业》《甲午海战》等)并撰写观后感。

3. TED演讲:选择一件与国家安全相关的时政热点,进行15分钟以内的时政演讲。

4. 以"国家安全问题"为话题,组织一次模拟联合国会议。

四、 教学评价

多元评价:一方面是表现性评价,通过建立学生成长档案袋、教师谈话法、学生的自我评价与相互评价等方式记录学生的各种行为表现、作品或者思考等描述学生的思想道德素质的变化,观察学生是否将国家安全意识转化为具体行动;另一方面是定量评价,完成检测提升。

【表现评价】

表1 《国家安全学习效果评价表》

评价项目	评价内容	自画像			伙伴眼中的我		
		优秀	良好	加油	优秀	良好	加油
态度	对主题活动兴趣浓厚						
	活动认真、一丝不苟						
	积极参加,主动参与						
能力	主题选择有针对性						
	独立完成主题任务						
	收集资料途径多样						
	善于筛选整理资料						
	表达条理清晰观点独到						
效果	每次活动有收获						
	自觉维护国家安全						
	主动宣传国家安全观						

【检测提升】

1. 中华民族要实现伟大复兴,不仅要有中国制造,更要有中国创造;不仅要有中国声音,更要有中国价值。彰显中国特色社会主义文化自信的力量,必须坚持社会主

义核心价值体系。这是因为,坚持社会主义核心价值体系( )

① 事关国运兴衰、文化安全、民族精神的独立性

② 是巩固全党全国各族人民团结奋斗的共同思想道德基础的迫切需要

③ 是增强文化自信、提高国家文化软实力的迫切需要

④ 维系各族人民共同生活的精神纽带

A. ①② B. ②③ C. ①④ D. ③④

2. 近年来,越来越多制作精良、创意新颖的公益广告走进人们的视野。它们的主题不尽相同,有提倡节约环保类的,有构建和谐社会类的……但共同的是,公益广告中的正能量为化解社会戾气开具了"良方"。这表明优秀文化( )

① 引领社会风尚,决定社会发展 ② 传播社会文明,提供精神指引 ③ 弘扬核心价值,营造良好氛围 ④ 坚持多元指导,突出主流意识

A. ①② B. ②③ C. ③④ D. ①④

3. 习近平总书记在十九大上强调,一个国家、一个民族发展中更基本、更深沉、更持久的力量是( )

A. 道路自信 B. 理论自信 C. 制度自信 D. 文化自信

4. 以下不属于"以洋为尊""以洋为美""唯洋是从"现象的是( )

A. 一些人认为国产电影质量很差,永远比不过外国电影

B. 某导演拍摄电影时以获得"小金人奖"为最高目标

C. 在购买手机、电脑时,非苹果品牌不买

D. 《人民的名义》《我不是药神》等影视剧一经播出就深受好评

5. 中华文化源于"古"而成于"今",源远流长、博大精深、兼容并蓄、与时俱进,从这个意义上说,我们每位中学生应当( )

A. 参与发展文化产业

B. 树立高度的文化自信

C. 有效管理文化市场

D. 坚持"去主流化""去价值化"

6. 随着经济和社会的发展,农民文化生活日益丰富,但部分地区仍然存在赌博迷信的现象,因此引领乡村文化建设要( )

① 坚决抵制落后文化 ② 发展健康有益的社会主义文化

③ 弘扬主旋律,传播正能量　④ 把文化的经济效益放在首位

A. ①③　　　　　B. ①④　　　　　C. ②③　　　　　D. ②④

7. 根据党中央的部署和要求,近来各大主流媒体运用多种形式展现"时代楷模"杜富国的先进事迹,让人们感受到力量的同时,也激励着人们把高尚的情操转化为实际的行动,这表明(　　)

① "时代楷模"对筑牢理想信念起决定作用

② 主流媒体在践行社会主义核心价值观方面发挥了重要作用

③ 国家的文化软实力取决于理想信念教育的水平

④ 要发挥社会主义核心价值观对社会的引领作用

A. ①③　　　　　B. ②④　　　　　C. ②③　　　　　D. ①④

8. 习近平总书记曾指出,"修身立德是为政之基,从不敢、不能到不想,要靠铸牢理想信念这个共产党人的魂""依靠文化自信,坚定理想信念"。下列对文化自信理解正确的是(　　)

① 文化自信是一个国家,一个民族发展中更基本、更深沉、更持久的力量

② 文化自信是对发展文化历史责任的主动担当

③ 文化自信决定社会主义文化强国目标的实现

④ 文化自信是对全部中华优秀文化的自信

A. ①③　　　　　B. ①④　　　　　C. ②③　　　　　D. ②④

9. 中共中央宣传部、中央广播电视总台联合创作的《百家讲坛》特别节目《平"语"近人——习近平总书记用典》在中央电视台综合频道播出。习近平总书记的用典实例,既彰显了中华优秀传统文化的永恒魅力,也为我们树立了坚定文化自信的行动表率,在观众和网友中引发畅议。由此可见(　　)

① 文化坚定人的理想信念,增强人的精神力量

② 大众传媒是优秀传统文化代代相传的主要途径

③ 中华优秀传统文化是培植文化自信的沃土

④ 优秀传统文化能为国家治理提供有益借鉴

A. ①②　　　　　B. ①④　　　　　C. ②③　　　　　D. ③④

10. 有人能在牛皮纸一样薄的钢板上焊接而不出现一丝漏点,有人能把密封精度控制到头发丝的五十分之一……中央电视台推出特别节目《大国工匠》,讲述实现中国

梦征程中劳动者的故事,讴歌中国工人的精湛技艺和一丝不苟、精益求精、追求完美和极致的"工匠精神"。弘扬"工匠精神"的时代价值在于( )

① 为社会主义核心价值观提供理论依据

② 为社会主义核心价值观增添时代内涵

③ 为我国实现制造业转型升级提供现实路径

④ 为实现制造强国的中国梦提供重要的精神支撑

A. ①② B. ①③ C. ②④ D. ③④

参考答案:

1—5 BBDDB 6—10 CBBDC

五、教学反思

本课包含有大量的现实案例,可用于培养学生国家安全意识的素材,具有典型的示范作用,有利于提高学生的材料分析能力,有利于学生产生并强化维护国家安全的意识及行为,达到本课的教学目的。但该教学设计以围绕学生国家安全意识的培养展开,但在某些环节,忽视或者弱化了对学生国家安全意识的培养,这些部分都有待改进。

六、资料链接

(一)张盼. 让国歌在香港唱响[N]. 人民日报海外版,2020 - 6 - 15(3).

(二)电影《夺冠》。

(三)CCTV 央视纪录片《我在故宫修文物》。

(四)习近平:文化自信是更基本、更深沉、更持久的力量[EB/OL]. http://www. qstheory. cn/zhuanqu/bkjx/2019-06/25/c_1124667671. htm.

中国共产党从成立之日起,既是中国先进文化的积极引领者和践行者,又是中华优秀传统文化的忠实传承者和弘扬者。当代中国共产党人和中国人民应该而且一定能够担负起新的文化使命,在实践创造中进行文化创造,在历史进步中实现文化进步!

（五）《习近平关于社会主义文化建设论述摘编》［EB/OL］. http://theory. people. com. cn/GB/68294/422493/.

文化是一个国家、一个民族的灵魂，文化兴国运兴，文化强民族强，没有高度的文化自信，没有文化的繁荣兴盛，就没有中华民族的伟大复兴。发展中国特色社会主义文化，要坚定文化自信，增强文化自觉，坚持走中国特色社会主义文化发展道路，激发全民族文化创新创造活力，建设社会主义文化强国。

七、 扩展链接

（一）阿尔温·托夫勒. 第三次浪潮［M］. 朱志焱等，译. 北京：生活·读书·新知三联书店，1984.

（二）胡惠林. 一个更加开放的中国如何定义国家文化安全？——国家文化安全研究的中国进路与未来思考［J］. 学习与实践，2020(8)：115—125.

新媒体情境中的世界多极化趋势

复旦大学附属中学　陈坤坤

一、 课程简介

适用学科：高中思想政治

适用教材：统编教材选择性必修 1《当代国际政治与经济》

适用教学对象：高二学生

场景要求：可接入互联网的多媒体教室

道具物料：小组合作探究展示板、手机、电脑或平板

规模范围：班级授课

教材及教法分析：

本课为统编教材选择性必修 1《当代国际政治与经济》第二单元《世界多极化》第三课《多极化趋势》的内容，包含"世界多极化的发展"和"国际关系"两个重要内容，是对上一单元《各具特色的国家》的逻辑统整，为下一课内容《和平与发展》和《中国的外交》打下基础。

国际政治是公民政治生活中不可或缺的一部分，现代公民必须具有国际视野和国际责任感。本课以总体国家安全观为指引，引领学生在纷繁复杂的全球新媒体情境中认识当代国际关系的形式和实质，了解世界多极化的发展趋势和曲折进程，并体会中国在当今世界多极化和国际竞争日趋激烈的情况下如何抓住机遇迎接挑战。

本课运用情境式教学和问题教学式的方法，根据政治教学的特点出发，以"经济决定政治"的理论作为依托，以"统筹发展和安全"的原则为指引，选用涉及主要大国的热

点案例"气候变化大会"和我国"一带一路"倡议,从学生的现有知识出发,运用经济学常识和哲学思维方法,融合历史知识,以布鲁姆教育目标分类为指导,通过搭建梯度问题链,逐步提高学生的辩证思维能力。

"世界多极化"与"经济全球化"的相关知识有密切联系,学好本课内容对于理解"增强综合国力,推进社会主义现代化建设,以应对全球化带来的机遇与挑战"具有方法论上的指导意义。

学情分析:

学生在历史课上学习了多极化趋势知识。但本课涉及的国际关系复杂,学生受其年龄和知识面的制约,对纷繁复杂的国际关系知之甚少,难以透过现象把握事物的本质。所以,本课通过设置学生感兴趣的主题情景,采用一事多议和前后呼应的讨论型教学方法。围绕核心案例,在生生之间、师生之间多次展开互动交流,将复杂问题简单化、抽象问题具体化。充分体现坚持以学生发展为本的理念。培养学生归纳材料和提炼思想的能力,锻炼学生对复杂情境的理性辨别能力和正确评价能力。

二、 教学目标

(一) 学科教学目标

了解国际关系的含义、内容和形式,理解国家利益是当代国际关系的决定性因素,了解世界格局多极化是一个客观存在的历史趋势,是不可阻挡的历史潮流;运用当代国际关系合作和竞争的相关知识分析说明国际热点现象,并能对相关现象进行分类、比较。通过课堂讨论、师生互动,收集相关时事政治资料等方法,开拓视野,培养观察能力与辩证思维能力;关注我国在世界舞台上的地位和作用,增强民族自尊心、自信心和自豪感,树立为实现中华民族伟大复兴而奋斗的信念;认识我国与先进国家的差距,增强忧患意识,树立勇于接受挑战的意识。

(二) 国家安全教育目标

通过分析新媒体情境下的大国博弈,引导学生初步理解和把握总体国家安全观;通过分析国际反华敌对势力对我国发展道路、社会制度等歪曲污蔑、遏制打压的现象,理解政治安全是国家安全的根本,初步掌握政权安全、制度安全、意识形态安全等基本内涵,树立忧患意识,深刻理解维护国家政治安全的极端重要性;通过分析新媒体空间中的复杂舆情,初步掌握社会安全和网络安全的基本内涵,辨别舆情炒作,防范谣言冲击,认识到网络空间治理的重要性,增强自觉维护国家安全的使命感。

(三) 教学重难点

1. 教学重点:应对复杂情境,中国如何抓住机遇迎接挑战。
2. 教学难点:新媒体情境下世界格局的多极化趋势不可逆转,但过程曲折。

三、 教学过程

(一) 课堂教学

1. 多极化趋势的内涵及表现

情境回顾:人民币加入 SDR 货币"篮子"。

设问:人民币"入篮"之前,"篮子"里有哪些货币? 没有"篮子"之前,世界货币格局是怎样的呢? 这种货币格局体现了怎样的世界格局? 这种货币格局变化体现了怎样的世界格局变化? 人民币"入篮"前后,"新媒体"领域出现了哪些典型舆论?

(设计意图:通过观看资料,激发兴趣,了解 SDR 相关信息,引入话题;通过课堂互动学习,知道世界格局从两极对峙向多极化趋势发展,培养学生有效提取信息能力,使学生关注我国在世界上的地位和作用,增强民族自尊心、自信心和自豪感;通过分析舆情变化,思考我国面临的政治安全与网络安全的挑战,体会世界格局发展面临的复杂情境)

设问:什么是"极"? 什么是"多极"? 什么是"化"?

(设计意图:了解"极"与"多极化"的内涵)

学习活动一:(认知、理解)了解当今世界的几个力量中心。

设问:当今世界,有哪些"极"? 各自的优势是什么?

(设计意图:通过课堂讨论与辩论,了解世界多极化趋势的表现——形成了美、日、欧、俄、中及广大发展中国家等多个力量中心——培养学生辩证思维能力;理解我国独特的制度优势以及面临的意识形态安全挑战)

展示 2019 年全球 GDP 排名前十国家数据。

作为一个新型国际行为体,欧盟在经济方面有着超强的实力。

设问:前十国家里还有哪个国际行为体的身影?

(设计意图:引导学生认识经济实力的重要性;培养学生数据归纳能力)

学习内容:"极"的内涵;"多极化"的内涵;多极化的表现。

2. 多极化趋势的原因及影响

由于世界各种力量在错综复杂的利益关系中出现新的分化和组合,大国之间的关系经历着重大而又深刻的调整。

设问:从政治、经济、文化、安全、环保等角度出发,举例说明有哪些"多极"互相较量的国际事件?"多极较量"表现在哪些方面?

(设计意图:了解国际关系的内容是多方面的,这诸多方面都表现出竞争与合作的关系;体会网络舆论环境对国际事件的影响,思考我国面临的政权安全挑战)

学习活动二:(应用、分析)以"马德里气候变化大会"为例,分析国际关系的形式与本质。

分组讨论:主要各方的态度是怎样的? 态度背后的原因是什么?

(设计意图:通过阅读给定材料获取有效信息,并结合所学知识分析各国不同态度的原因,从而理解国际关系的形式和本质)

设问:尽管各方期待,但为何未能就核心议题达成一致?

(设计意图:引导学生深刻体会各国共同利益和不同利益并存,为后续学习铺垫)

世界向多极化发展,是建立在多种力量相互依存又相互制约的基础上的,有利于世界的和平发展。多极化趋势是时代进步的要求,符合各国人民的利益,但发展进程曲折。

学习内容:国际关系的内容、形式与本质;多极化发展面临的挑战。

3. 积极应对多极化趋势

世界格局的变化,各国目标的调整,形成了国家间既合作又竞争的局面。国家间在加强合作的同时,竞争也在加剧。

设问:国际竞争的实质是什么?

(设计意图:分析国际竞争的实质,理解综合国力的内涵)

面对世界多极化的必然趋势,美国、欧洲、日本等许多国家和国家集团都调整目标,力图为自己确立有利的态势。中国坚定地走有中国特色的社会主义道路,对世界各国作出"永不称霸"的庄严承诺,但在世界上要有所作为。

学习活动三:(综合、评价)面对日趋激烈的国际竞争,中国提出了"一带一路"倡议。

设问:"一带一路"倡议对中国有何积极影响?对参与的相关国有何积极影响?对世界发展有何积极影响?

2013年以来,国家主席习近平在不同场合已经百余次使用过"命运共同体"的概念。

设问:怎样理解"命运共同体"?

(设计意图:运用唯物辩证法相关原理,通过分析各国互相联系又互相制约的关系,认识到多极化格局将在曲折中前进,是不可逆转的历史潮流;明确国家责任,理解和认同我国提出的建立人类命运共同体的呼吁,推动多种力量和谐并存,保持国际社会的稳定;通过分析国际反华敌对势力对我国发展道路、社会制度等歪曲污蔑、遏制打压的现象,初步掌握政治安全基本内涵,树立忧患意识,坚定理想信念)

学习内容:国际竞争的实质;综合国力的内涵;国际政治经济新秩序。

(二)课后拓展

阅读作业:查阅《阔步走在中华民族伟大复兴的历史征程上——记以习近平同志为总书记的党中央推进全方位外交的成功实践》,结合各国网络评论,进一步理解当前我国应对国际竞争开展全方位外交的理论与实践。

(三)课堂实录片段

师:"一带一路"战略对中国有何积极影响?

生众:(议论纷纷)

生1:很显然,肯定促进中国的经济增长。

师:经济增长,还有吗?

生1:还有跟国外的文化交流等,一起来对抗美国。

师:我听到了一个词:对抗。我们来分析,中国的目标是跟美国对抗吗?

生众:不是。

师:是吗?不是吗?

生众：这个……

师：你觉得中国的目标是不是跟美国对抗？

生众：不是吧。

师：为什么不是？

生2：我觉得不是简单地说"对抗"。中国的思想是新型大国，而不是霸主地位。

师：什么叫"新型大国"？

生2：和平发展。

生3：对，和平发展。

师：走和平发展道路，好，请坐。"一带一路"不仅对中国有积极影响，对周边相关国家有积极影响，对世界，大家都知道有积极影响。大家担心的是，中国发展后，会不会成为新的世界一霸？跟美国对抗，从而导致新的两极对峙，是这样吗？

生4：不是。

幻灯片内容：国家主席分别在2013、2014、2015、2016年在多个场合多个领域提出"共同治理、共同应对"的思路。

师：大家看，习近平主席的表态：在经济领域，我们强调"相通"；在反恐领域，我们强调"共同应对"；在气候变化领域，我们强调"任何一国无法置身事外"；在核安全领域，我们强调"没有一个国家能够独自应对"。

幻灯片内容：图示中国东盟命运共同体、中国—拉美命运共同体、中非命运共同体、金砖国家命运共同体。

师：在"百年未有之大变局"中，国际安全态势复杂多变，我国国家安全也面临诸多挑战。在这个过程中，提出"命运共同体"理念。

幻灯片内容：图示本部分知识小结，批注"各美其美，美人之美；美美与共，天下大同。"

板书：形成政治经济新秩序。

师：这让我不禁想起中国著名的社会学家费孝通，在他八十大寿的演讲中提到的十六字箴言"各美其美，美人之美；美美与共，天下大同"。我们追求的不是对抗，而是大同。

幻灯片内容：习近平谈治国理政摘要（图文）。

师：习近平主席在多次讲话中，提出"命运共同体"，从而实现我们的目标……

生众：为万世开太平。

（课堂教学结束）

四、教学评价

（一）评价方案

班级同学自愿自由组队，每个小组人数控制在 3—5 人。组队之后，组内协调推选组长，组长负责统筹与协调，组内合理分工：

1. 是否每个人都积极参与到主题讨论中？

2. 是否组内进行了充分高效的沟通？

3. 是否每个人都各司其职又相互配合？

4. 是否能清晰完整地阐述小组观点？

5. 是否能有效回应其他小组的质疑？

以上问题作为自测问题督促组内小组"分工"的效度，同时，也作为老师活动评价的重要考量。

（二）评价量规

"新媒体情境中的世界多极化趋势"探究学习评价记录表

陈述小组		日期	
评价项目	内容记录	负责人	得分
小组分工与合作（15 分）	是否全员参与？ 是否进行了有效的沟通？ 是否每个人都各司其职又相互配合？		
关于"人民币入篮"的国际舆情判断（15 分）	（1）国际关系层面 （2）国家安全层面		
关于"极"的认知和判断（20 分）	（1）国际关系层面 （2）国家安全层面		
关于"气候大会"（30 分）	是否能清晰完整地阐述小组观点？ 是否能有效回应其他小组的质疑？		

评价项目	内容记录	负责人	得分
关于"一带一路"(20分)	(1) 国际关系层面 (2) 国家安全层面		
特色加分(1—5分)	逻辑清晰 肢体语言大方得体 内容具有启迪性		
总分			

五、 教学反思

　　本课教学设计坚持唯物史观的指导,注重教学环节设计的整体性,以"总体国家安全观"为指导,引导学生正确对待网络空间舆情,着重关注国际事件背后关联的"政治安全-社会安全-网络安全"相互交织的关系,沿着"货币地位-经济实力-综合国力-力量中心"的内在知识逻辑,展现"从点到线、以线到面,从微观到宏观,从感性到理性,从历史到现实到未来"的整体逻辑思路。

表1　"点—线—面"结合的整体逻辑思路

点	人民币加入 SDR 货币篮子	微观	感性	历史
线	大国关系(内容、形式、实质)	↓	↓	↓ 现实 ↓
面	世界格局(历史、现状、趋势)	宏观	理性	未来

　　在课堂学习活动主题方面,课堂教学始终围绕国家安全教育和学科核心素养,在培养国家安全意识、社会责任、拓宽国际视野等方面都有所体现,着力培养了学生政治认同和理性精神的学科核心素养。

　　在课堂学习活动主体方面,本课教学以学生为真正主角,学生的课堂生成问题得到实时关注,课堂学习状态得到及时检测,课堂表达能力、辩证分析能力得到有效提高。

在课堂学习活动内容方面,本课甄选了"气候大会"和"一带一路"等典型素材,从政治、经济、环保等多维度展开探讨,使学生对国际政治内容有较为充分的认识,既有广阔的国际视野,又有深刻的理性思考。

在课堂学习活动方式方面,本课采取了分组讨论和角色体验的方式展开问题探究,讨论热烈,对话精彩,辩论激烈,在生动活泼的课堂氛围中落实了教学目标。

由于教学主题和内容涉及多个领域,对学生既有认知领域和思维水平要求较高,部分同学较难深度参与,可尝试通过发放课前助读材料加以弥补。

六、 扩展链接

推荐阅读:

沈逸.复旦国际关系评论　网络安全与网络秩序[M].上海:上海人民出版社,2015.

蚂蚁集团上市遇阻与国家金融安全教学设计案例

上海市青浦高级中学　李哲浩

一、 课程简介

本案例适用学科为思想政治学科,属于国家金融安全教育融入学科教学的途径,教学对象为高中生,适用场景为配置有多媒体设备的班级教室,学生人数以 40 人为宜。

二、 教学目标

知识与技能:了解互联网金融,并知晓其内涵、形式、规模及特点;了解传统金融与互联网金融的区别,并认识后者的运作机制;能够透过互联网金融公司的高科技表象看清其金融公司本质。

过程与方法:对蚂蚁集团上市遇阻的问题进行深入思考,激发自身对金融现象的好奇心和对国家经济安全的关注;掌握通过经济安全视角剖析国家金融管控举措的方法。

情感、态度与价值观:树立国家金融安全观,初步掌握国家金融安全的内涵;认识国家金融安全对国家发展的重要作用,树立忧患意识,树立自觉维护国家金融安全的使命感。同时,形成评估个人需求、理性借贷、避免被诱导负债的消费价值观。

三、 教学过程

(一) 热身导入——花呗帮你圆梦

1. 先提问：如果现在你有钱，你想做的事是什么？

学生可能的回答：我想买好多好多吃的；我想购买一部新手机和往游戏账户里充钱；我想给父母买一套房子，改善居住环境；我想不用上学考试了……

教师相应的回答：看来如果有了钱，大家还是有很多花钱计划的。有的很直接，比如要吃香的喝辣的；有的是为了玩得更爽；也有的是帮助家人；对于最后一位同学，我觉得还是暂时不能让你有钱(笑)。

2. 再提问：那么，现在你有钱吗？

听到这个问题后，我看到大家都沉默了——现实还是残酷的。但是老师还是要帮助你们圆梦——请看，支付宝"花呗"帮您圆梦。

3. 播放短视频——"2019 花呗广告，机器人说的这一套，简直太魔性了～！"

结合"花呗"广告，介绍网络小额贷款的定义和内容，并建议同学们在考虑通过申请小额贷款实现自己的梦想之前，要谨慎审视自身的需求和偿付能力。

4. 知识点：互联网金融

互联网金融是指传统金融机构与互联网企业利用互联网技术和信息通信技术实现资金融通、支付、投资和信息中介服务的新型金融业务模式，包括第三方支付、P2P 贷款模式、小贷模式、众筹融资、余额宝模式和以比特币为代表的互联网货币等形式。例如：花呗是一款消费信贷产品，申请开通后，将获得 500—50 000 元不等的消费额度。用户在消费时，可以预支蚂蚁花呗的额度，享受"先消费，后付款"的购物体验。

(本节设计用意：了解互联网金融)

(二) 铺垫推进——互联网金融的运作核心

1. 提问：若你思考再三，决定向花呗借钱。呃——那银行会借给你吗？

2. 知识点：从古时候的实物抵押到基于互联网消费大数据的信用体系。

典当行：多以收取衣物等财产作为抵押品，按借款人提供的质押品价值打折扣，贷放现款，定期收回本金和利息。到期借款人不赎回质押品或者还不上钱，质押品归典当行所有。

互联网金融：基于互联网消费大数据的信用体系。通过数据库有效信息与客户潜在融资需求的结合，依托完善的信用数据、实时的经营信息和长期建立起来的评分体系，打造出"信贷流水线"。例如：阿里集团征信模式大大节约了信贷成本，缩短了业务流程时间，成功地将2000元左右的银行单笔贷款成本降低到阿里小贷的2.3元。

3. 互联网金融不再需要你以实物来做抵押，而是基于你的大数据信用分数来判断。大大降低了贷款成本，提高了借贷效率。所以花呗判断能不能借钱给你，是分分钟的事。

4. 蚂蚁集团的巨大身量

蚂蚁集团实力很强大，其旗下产品支付宝是国内规模最大的支付平台；蚂蚁借呗规模超过一万亿人民币；蚂蚁花呗用户达到数亿；余额宝规模达到1.259万亿元；蚂蚁集团是全球第一"独角兽"，估值达到2500亿美元。2020年8月25日，上海证券交易所受理了蚂蚁集团的科创板上市申请，与此同时，蚂蚁集团向香港交易所递交了上市申请。

（本节设计用意：了解互联网金融的运作核心）

（三）引出问题——暂缓蚂蚁集团上市

新闻链接：《关于暂缓蚂蚁科技集团股份有限公司科创板上市的决定》。

蚂蚁科技集团股份有限公司：

你公司原申请于2020年11月5日在上海证券交易所（以下简称"本所"）科创板上市。近日，发生你公司实际控制人及董事长、总经理被有关部门联合进行监管约谈，你公司也报告所处的金融科技监管环境发生变化等重大事项。该重大事项可能导致你公司不符合发行上市条件或者信息披露要求。根据《科创板首次公开发行股票注册管理办法（试行）》第二十六条和《上海证券交易所股票发行上市审核规则》第六十条等规定，并征询保荐机构的意见，本所决定你公司暂缓上市。你公司及保荐人应当依照规定作出公告，说明重大事项相关情况及你公司将暂缓上市。本所将与你公司及保荐人保持沟通。

上海证券交易所

二〇二〇年十一月三日

那么,为什么这么厉害的公司上市会被叫停? 请几位同学说说自己的看法。

A同学说,可能是公司上市的条件与相关制定不相符合,比如文中提到的监管环境已发生变化。

B同学说,可能是公司的规模太大了,这么大的体量,监管部门要更慎重。

C同学说,可能是公司的经营有些负面的新闻,比如平台让年青人容易借到钱,因此背上沉重的债务,最后却还不起,有的人还为此轻生。

教师小结:看来同学们都对这则公告有着自己的理解,可能都是导致蚂蚁集团暂停上市的部分原因,但有一个分析视角很重要,就是从国家层面的金融安全视角来考虑,老师要补充。

(本节设计用意:引入国家金融安全的分析视角)

(四) 深入分析——国家金融安全视角下的互联网金融管控

1. 避免"虹吸效应"

一些公司犹如"吸金兽",上市会产生极大的"虹吸效应",会把其他股票的流动性吸走,短期内对整个股市的影响是不乐观的。

2. 不具备树立优质典型的资格

科创板的定位主要服务于符合国家战略、突破关键核心技术、市场认可度高的科技创新企业。而蚂蚁集团其实是披着高科技外衣的"泛贷款"公司,具有高科技属性的创新业务收入占比仅仅有 0.75%。证监会若不暂缓蚂蚁集团在科创板上市,将于无形中鼓励更多的企业披上高科技的外衣,却做着传统的借贷业务。

3. 化解高杠杆风险

(1)案例解析:"花呗"背后的运营逻辑

2013 年,在重庆注册的"蚂蚁小贷"的前身"阿里小贷"以 30 亿元人民币的本金,向银行借贷 60 亿元人民币,形成约 90 亿元人民币资金池后向消费者和小微企业放贷,藉此拥有 90 亿元人民币债权;其后,"阿里小贷"再将这 90 亿元人民币债权做成ABS 发行,经此获得 90 亿元人民币资金,再用以放贷;至 2017 年,"阿里小贷"的杠杆比率达到近百倍。蚂蚁集团赚钱的逻辑本质,就是利用平台向信用较差的人群发放小型贷款,藉此获得债权,再将债权以债券的形式发向市场套取现金,如此循环不息;而蚂蚁集团赚取的,正是这放贷与放债之间的"利息差"。

小游戏：由 100 元发财致富(演示 ABS 的运行过程)。

道具：印有 100 元的硬卡片若干张，每张卡片代表 100 元的钞票；蓝色筹码(发债人的利润)与白色筹码(买债人的利润)若干，分别代表相应的利息；象征债权的卡片若干。

游戏过程是：预先发给每位同学一张 100 元的卡片。然后由 1 名同学开始主导融资，放贷—收债权＋利息(蓝筹码＋白筹码)—再卖债权(收 100 元＋蓝筹码－白筹码)—再放贷(收债权＋蓝筹码－白筹码)—再卖债权—再放贷……最终，放贷人手里拥有大量蓝色筹码，赚取巨额利息，风险被众人分担。

(2) 前车之鉴：美国次贷危机引发金融风暴(播放视频)

次贷危机是指一场发生在美国的因次级抵押贷款机构破产、投资基金被迫关闭、股市剧烈震荡引起的金融风暴，它致使全球主要金融市场出现流动性不足危机。(注：次级抵押贷款是指一些贷款机构向信用程度较差和收入不高的借款人提供的贷款，是一个高风险、高收益的行业)

(本节设计用意：解读互联网金融的高杠杆原理及风险)

(五) 指导生活——互联网金融管控与个人借贷小贴士

1. 国家出台互联网金融管理办法

"网络小额贷款业务应当主要在注册地所属省级行政区域内开展"；"控股跨省级行政区域经营网络小额贷款业务的小额贷款公司的数量不得超过 1 家"；"在单笔联合贷款中，经营网络小额贷款业务的小额贷款公司的出资比例不得低于 30％"；"经营网络小额贷款业务的小额贷款公司通过银行借款、股东借款等非标准化融资形式融入资金余额不得超过其净资产的 1 倍；通过发行债券、资产证券化产品等标准化债权类资产形式融入资金的余额不得超过其净资产的 4 倍。"

——《网络小额贷款业务管理暂行办法(征求意见稿)》，2020 年 11 月。

2. 互联网金融下的个人借贷小贴士

(1) 澄清互联网金融下的年轻人消费现状

——"中国'90 后'年轻人成长于消费主义盛行的时代，五花八门的互联网借贷平台如花呗、借呗、白条等让他们能轻松贷款，有些人因过度超前消费而债务缠身。近年来,中国兴起五花八门的互联网借贷平台,花呗、借呗、白条等互联网巨头旗下的小额信贷平台都以年轻人为主攻目标。不少平台甚至不设借款门槛,借款人只要提供身份证和通讯录名单,就能轻松借到数千元。"

——"29 岁的上海白领陈永洁也受过借贷的困扰,她的烦恼就是'花钱太方便'。她受访时抱怨:'用了花呗后,非但没能省钱,反而花得更多,根本没法存下钱来。'"

（2）个人借贷小贴士 ABC

① 结合现状分析,邀请同学分享个人观点。

② 教师补充借贷小贴士:

评估自身需求,避免过度消费;

精选借贷平台,提防诱导负债;

量力而行借贷,切记按时还款;

树立自觉意识,维护国家安全。

（本节设计用意:了解国家金融安全管控措施与个人借贷贴士）

四、教学评价

表 1　教学评价表

维度	等级	反馈及建议
能够说出互联网金融内涵及互联网金融运作的核心		
能够说出资本证券化(ABS)的原理		
国家金融安全意识有了一定的提升		
能够说出国家金融管控的相关依据		
能够说出非理性借贷的风险		
勇于并能准确表达自己的观点		
观点基于思考或探究,并有事实或逻辑佐证		
个人收获与感悟:（知识、能力、素养等）	教师点评:	

注:
1. 等级划分为 A、B、C 三档,A 档为最高档。
2. 由个人自行填写,组长汇总、收交。

五、 教学反思

　　2020 年 11 月 3 日,国内各大新闻媒体平台都争相爆出蚂蚁集团上市遇阻的新闻。从一名普通公民的角度来看,蚂蚁集团是互联网高科技公司,它为我们的生活品质改善提供了很多便利的产品,比如支付宝,而公司上市应该是市场规律主导下的企业自主行为,国家为何要按下"暂停键"? 我当时是有着不少的疑问,在阅读了有关报道之后,我注意到"网络小贷""高杠杆率""金融安全"等关键词,我慢慢理解了为什么国家会暂停蚂蚁集团上市进程。作为一名教师,我进行了课前的小调查,结果发现参与调查的高中生中,有 71% 的人对于国家金融安全缺少关注,92% 的人对于金融行业的运作也比较模糊,所以我在备课过程中,比较注重从日常生活中的小事慢慢引导到国家金融安全这样的宏观层面,着重融入"高杠杆率""系统性金融风险"等国家安全教育元素,并引用美国次贷风波来唤醒学生树立维护国家金融安全的意识。整节课实践下来,我觉得自己通过鲜活的素材成功吸引了学生的关注,从生活中经常使用的支付宝产品,过渡到蚂蚁集团上市遇阻,激起了学生的好奇和探究心,再通过小游戏来阐释互联网金融的高杠杆原理与风险和美国次贷风波的案例,并结合实际生活进行预防性的个人借贷指导。这节课学生的参与度较高,课堂氛围较为活跃,85% 的学生对于互联网金融与国家金融安全之间的关联认知有了深入的理解(A 档),88% 的学生能够说出互联网金融内涵及互联网金融运作的核心(A 档),100% 的学生能够说出资本证券化(ABS)的原理(A 档)。本课取得了一定的实效,也受到了学生的欢迎。

戏剧传情　演绎人生

—— 京剧的传承与创新

上海市青浦区第二中学　阚延俊

一、课程简介

（一）教材简介

本课选自高中《艺术》教材（上音版试用本）第五单元中的第一板块"感受与鉴赏"，这一板块介绍了经典的戏曲名家表演片段，让学生在欣赏优秀艺术表演作品的同时感受不同的表演风格及其不同的特性。此次案例设计主要围绕本单元中第三、四课的"戏曲赏析"展开实践研究，通过对传统戏曲和现代戏曲的对比欣赏，感受戏曲特有的古风雅韵，认识和了解中国戏曲的艺术特点，发现戏曲发展和变革的手段。

（二）校情分析

上海市青浦区第二中学起源于中国出版界奠基人张继斋先生于1902年创办的愿学学堂，陈云同志曾就读于当时的乙种商业学校，距今已有110多年的历史。作为一所普通高中，近年来，学校确立了"三信立校、自强育人、错位发展"的办学理念，在社会上拥有了良好的声誉。学校先后被评为"青浦区艺术特色学校、上海市安全文明校园"等。《大中小学国家安全教育指导纲要》提出，高中阶段是围绕理解人民福祉与国家关系，树立总体国家安全观的重要时期。2017年11月学校获得上海市第三批特色高中创建入围资格，学校大部分学生都具有良好的文化素养，具有较高的审美能力，学校已经具备了维护文化安全的良好的基础。因此结合学校实际，本课通过引导学生学习、体验、感悟京剧这一传统艺术，来进一步给学生强化中华优秀传统文化，进一步提升学生的文化安全意识。

(三) 学情分析

京剧是在北京形成的戏曲剧种之一,至今已有近 200 年的历史。在中国 300 余种戏剧中,是很年轻的剧种,但是它又是集各剧种之大成者,被称为中国的"国粹"。但是通过调查发现部分学生对具有"国粹"之称的京剧知之甚少,大部分学生对京剧的认知相对片面,总认为京剧难听、难懂、难唱以及难学、老土、太慢等等。造成这种状况的原因是这种艺术远离高中学生的现实生活,与当前学生的音乐审美心理有着较大的差距。还有商业化音乐的大量炒作、各种音乐传播媒体中的通俗音乐、快餐音乐的泛滥,使得社会大气候对传统戏曲文化持一种漠视的态度。

因此,维护和强化中华优秀传统文化势在必行,要想使学生对京剧表演艺术的感性欣赏、理性思考得到一定的提升,就需要教师分时、分层地引导学生去探究学习。

(四) 设计说明

1. 教学内容设计

本课教学采用了戏曲(京剧)学习内容,并分成 2 个课时来进行设计。第 1 课时主要带领学生欣赏经典的传统京剧剧目片段,了解传统京剧的风格特征;第 2 课时将京剧《贵妃醉酒》和新编交响京剧《大唐贵妃》对比赏析为例,从传承和创新两大方面引导学生展开深入学习,通过欣赏、对比、交流、讨论、提炼、体验和创编等多种形式了解京剧的基本艺术特征,感受传统京剧与新编京剧的传承与创新之处。

作为学科教师,课堂是丰富学生国家安全知识、强化国家安全意识的主阵地。本课程巧妙结合了艺术学科的特点,有机融入中华优秀传统文化教育内容,在无形中增强了学生自觉维护国家安全的使命感。

2. 教学模式设计

为了增强学生的自主性和能动性,本课将原有的教学空间延展到了课前及课后。课前,以小组为单位设定学习目标,共同查阅、收寻相关资料、制作 PPT 讲稿;课中,根据小组学习目标,由学生来"做一做小老师",组织课堂问答;课后,用文字、音响和适当表演相配合来说明现代京剧的风格特征的方式。以任务为驱动,促使学生自主地去了解京剧作为中华优秀传统文化所蕴含的深厚底蕴。

二、教学目标

(一) 学科教学目标

通过传统京剧与现代京剧不同经典片段的对比赏析、小组合作自主学习、实践展示交流、师生评价引导等方式,感受传统京剧与现代京剧的特点,了解传统京剧与现代京剧的异同,充分体验京剧艺术的独特魅力和艺术价值,关注戏剧艺术的不断发展。

(二) 国家安全教育目标

通过单元化的学习,了解文化安全的内涵,不断增强民族文化自信心,领悟继承祖国悠久文化传统、弘扬民族文化的深刻意义;同时树立让民族文化走向世界的远大理想,努力推进文化创新,增强文化发展活力。

三、教学过程

(一) 教学导入

1. 经典欣赏:四个戏曲片段。
2. 讨论交流:你能分辨出戏曲种类吗?
3. 引出课题:戏曲"国粹"艺术——京剧。

解析:通过对不同剧种的片段欣赏,了解学生已有戏曲认知,营造学习氛围;同时引出课题,激发学生学习中华优秀传统文化的兴趣。

(二) 对比赏析

1. 片段欣赏:《贵妃醉酒》和《大唐贵妃》。
2. 交流探讨:两个片段外在形式上的传承与创新。
3. 围绕以下两个艺术视角再次欣赏两段表演视频,对比两段表演有何异同。
(1) 舞台美术:布景装置、服饰。
(2) 音乐:伴奏、唱腔。

4. 师生共同总结

（1）两者在舞台美术上和音乐上的异同点。

（2）揭示京剧艺术"程式化、虚拟性、写意性"特征。

解析：通过观看艺术大师的表演，交流、讨论并提炼、总结京剧表演艺术的基本特征，感受京剧艺术的特点。

（三）实践展示

学生分组展示，教师点评。

第一组：现代京剧中的"念""做""打"

1. 学生展示。

要求：

（1）念

① 欣赏现代京剧《红灯记》"李玉和临行喝妈一碗酒片段"念白部分。

② 请同学回答，此片段中的念白是属于京白还是韵白？

③ 总结现代京剧念白特点。

④ 请同学尝试实践练习（跟着学）。

（2）做

① 欣赏传统京剧的"趟马"片段。

② 欣赏《智取威虎山》中《打虎上山》中的"现代趟马"。

③ 分析比较并总结其特点。

（3）打

① 欣赏传统京剧中的对打片段和现代京剧《智取威虎山》片段中的打斗场面。

② 请同学对比说出两个打斗有什么不一样的地方。

③ 总结——程式规范、情理真实（京剧是非常地道的程式化艺术：课本 P74）。

2. 教师点评，补充。

第二组：了解现代京剧的舞台布景服装与化妆

1. 学生展示。

要求：

（1）展示传统京剧某个片段的表演戏图片,与现代京剧某个片段的表演戏图片进行比较,可采用提问方式并总结出现代京剧舞台布景的特点。

（2）展示传统京剧某个行当的服饰与化妆的图片,与现代京剧的进行比较,总结出现代京剧的服饰和化妆风格。

2. 教师点评,补充。

第三组:现代京剧的伴奏特征

1. 学生展示。

要求:

① 欣赏《智取威虎山》中《打虎上山》片段前奏。

② 提出问题:a. 片段中采用了哪些乐器？b. 学生回答。c. 小组总结。

2. 教师点评、补充。

解析:通过学生的自主学习、展示交流以及教师评价等活动,有效调动学生主动学习、主动参与实践的积极性,让学生在相互交流体验中获取更多学习资源和学习经验;同时也不断提升学生对京剧艺术的兴趣,发现其独特的艺术魅力,充分建立起对国家文化的自信。

(四) 深层挖掘

1. 解读京剧艺术在国内外的发展情况

（1）京剧艺术在国内现状不太乐观,现在京剧的观众群多以中老年人为主,导致观众越来越少,但近几年我们也能看到很多喜人的现象,那就是对京剧或者说戏曲关注的人更多了。近年中央电视台多次举办京剧大赛,在各大晚会上都能见到京剧艺术的身影,相信我们的京剧会越来越繁盛。

（2）京剧艺术的对外交流彰显了我国优秀的精神风貌和文化底蕴,展现了我国热爱和平的国际形象,在我国外交工作中发挥了积极的作用。在我国与他国的各种外交活动中,京剧都作为一种表演艺术对他国进行演出,得到了国外观众的一致好评。

2. 教师总结

京剧艺术作为我国传统文化的重要内容和表现形式,它代表了我国的民族特色和民族精神,京剧艺术不仅仅是一种艺术表现形式,更是成为了我国民族的一个重要文化象征。所以为了更好地传承与发展我国的京剧艺术,希望同学们能够积极地去了解和维护,让京剧艺术能得到更长久的发展。

解析:通过对国内外京剧发展现状的了解,充分感受到国粹京剧艺术对国家的重要性,树立起维护文化安全、强化中华优秀传统文化的坚定信念,肩负起传承与发展传统文化的责任和勇气。

(五)课后拓展

1. 欣赏我国其他不同类型的传统艺术表演片段。
2. 以小组为单位,自选一种类型进行作品创编。

解析:通过欣赏以及课后任务,不仅有效地检验了学生单元学习后的学业成果,更让学生理解除了京剧艺术,中华优秀传统文化还有很多,鼓励学生运用所学的知识去更好地保护更多的传统文化。

四、 教学评价

(一)评价方案

本课采用过程性评价、表现性评价和总结性评价相结合的多元评价方式,引导学生互相沟通,互相交流,共同发展,在合作中产生价值感,促进学生对学习内容的理解,提升他们的艺术表现能力。

内容:以小组为单位,围绕京剧外在艺术形式和内在的思想主题,探究其在传承和创新发展过程中的做法,并提出具有建议性的设想。

要求:每个小组课前合作制作一份PPT,课堂上共同分享学习。学生需要具备知识迁移和运用的能力,通过艺术感受与实践将所学知识转化为艺术体验,在探究学习的过程中体会团队合作的精神,乐于分享艺术成果。

(二)评价量规

课后为学生提供了单元评价量表,请学生以组内互评的形式进行评价。

表1　小组互评表

单元教学重点	了解现代京剧的风格特征	
单元教学难点	对比发现传统京剧与现代京剧的异同	
评价维度与评价内容标准		
学习兴趣	学习习惯	学业成果
A. 积极探索传统京剧与现代京剧的异同，有强烈的自主探究的意愿。 B. 在老师引导下探索传统京剧与现代京剧的异同，愿意配合小组进行探究。 C. 没有探索的意愿，也不关注小组探究的情况。	A. 主动了解京剧艺术作为中华优秀传统文化的特点及深厚内涵；持续参与学习并乐于分享成果。 B. 在引导下了解京剧艺术的相关知识；偶尔参与小组合作并基本完成任务。 C. 不参与小组学习活动，也不配合完成任务。	A. 能用所学知识创编作品，作品能充分体现传统艺术的特点与文化内涵。 B. 能够模仿表现简单的传统艺术作品，作品能体现一定的艺术元素。 C. 不愿意展示，或作品缺乏想法，内容单一。

五、教学反思

（一）增强自觉维护国家安全的使命感

本单元主要融入了文化安全教育元素，通过对话剧和戏曲两种典型的戏剧艺术舞台表演一般形态的学习，一方面使学生了解戏剧艺术舞台表演的共性特征，另一方面也启发学生对戏剧艺术的多样性和丰富性的感受，学习中国戏曲的表现特征，传递中国文化的优秀传统，提高学生对于中国优秀传统文化艺术的认同感和使命感。

（二）自主学习强化中华优秀传统文化

京剧艺术博大精深，发展到现在，名家名段多不胜数，如何调动学生的学习积极性，让学生踊跃参与艺术实践，其丰富的剧目容量和经典之处需要分时、分层去探究学习。根据课前分组设定的学习目标，将本组的知识点融汇在设定的问答之中，教师给予学生相关的提示。进而让学生在自主学习中了解传统京剧与现代京剧的异同，探究出京剧艺术的传承与发展。本课鼓励学生进行探究性和研究性学习，结合高中阶段学生学习特点，从不同角度积极诱发学生对京剧音乐的实践兴趣，鼓励学生主动参加集体的、多样的探究性和研究性的艺术实践活动,在完成任务中自主强化中华优秀传统文化。

(三) 创设情境强化学生国家安全意识

因为高中阶段的学生已具备一定的自学能力,也非常渴望展示自我,"做一做小老师"这一情境非常符合这个年龄段的学生的心理特点。如果一堂课都是以老师讲,学生被动接受的话,那学生很快就会失去耐心,所以本节课给予了学生更多的自主探索的空间,并且将课堂延伸到了课外时间。在学生分小组收集资料的同时,其实他们已经在掌握和学习京剧的知识了,所以像这样的欣赏类的课,如果在课堂上适当留白,让学生成为课堂的主人,反而要比老师一个人讲让学生的收获更多,因为此时他们身上是有一种责任感在的,能更有效地提升学生国家安全意识。

六、 资料链接

(一)京剧《贵妃醉酒》。

(二)新编交响京剧《大唐贵妃》。

七、 扩展链接

(一)白居易《长恨歌》

(二)王芷章.中国京剧编年史[M].北京:中国戏剧出版社,2003.

(三)俞丽伟.《磨尘鉴》《新编磨尘鉴》《醉杨妃》与梅兰芳版《贵妃醉酒》辨析[J].贵州大学学报(艺术版),2019,33(3):41—50.

(四)王汝捷.京剧《贵妃醉酒》的艺术解读[J].戏剧之家,2017(18):48.

(五)王如宗,谭元杰.图解京剧艺术[M].北京:清华大学出版社,2016.

(六)刘文峰.中国戏曲史[M].北京:生活·读书·新知三联书店,2013.

(七)孙惠柱、费春放.中国戏曲演绎西方经典:心比天高[M].北京:文化艺术出版社,2012.

国家文化安全视域下的《文化生活》专题复习

温州第八高级中学　蔡舒玮

一、课程简介

适用学科：思想政治

适用教学对象：高三政治选考生

场景要求：教室

道具物料：黑板、小白板、多媒体、投影仪

二、教学目标

（一）学科教学目标

1. 理解文化对个人和社会的作用，明确文化与经济、政治相互影响，着重把握加强文化建设对提升我国综合国力的意义。

2. 知道发展中国特色社会主义文化的内涵，明确推动社会主义文化繁荣兴盛的具体措施，感悟文化自信的力量并明确培育和践行社会主义核心价值观是凝魂聚气、强基固本的基础工程，要深入挖掘中华优秀传统文化蕴含的思想观念、人文精神、道德规范，结合时代要求继承创新，让中华文化展现出永久魅力和时代风采。

（二）国家安全教育目标

1. 体会文化安全是国际博弈的重要领域；明确文化安全是国家安全的重要保障、

关键精神保证。

2. 树立正确的文化安全价值观,重视、理解中华优秀传统文化、革命文化、社会主义先进文化。

(三) 学情分析

这堂复习课的授课时间正值浙江省第一次选考(浙江高考)前夕,国家文化安全的相关知识不仅是国家安全教育普及的迫切要求,也是高考政治的时政热点素材。在学生已经完成一轮复习的基础上,通过这堂国家文化安全的时政专题课的学习,可以更进一步系统整合《文化生活》的学科知识,也可以在课堂上了解国家文化安全的相关知识。

三、 教学过程

(一) 课堂教学

1. 导入材料

十条戒令

美国中央情报局"行动手册"(中国部分)节选:

第一条:尽量用物质来引诱和败坏他们的青年,鼓励他们藐视、鄙视并进一步公开反对他们原来所受的思想教育,特别是共产主义教育。

第二条:一定要尽一切可能做好宣传工作……只要让他们的青少年向往我们的衣、食、住、行、娱乐和教育的方式,就是成功的一半。

第三条:一定要把他们青年的注意力从以政府为中心的传统引开来。让他们的头脑集中于体育表演、色情书籍、享乐、游戏、犯罪性的电影以及宗教迷信。

图 1 上海国家安全教育馆宣传图片

第六条：在任何情况下都要宣扬民主……要不断对他们（政府）要求民主和人权。只要我们每一个人都不断说同样的话，他们的人民就一定会相信我们所说的是真理。

第九条：要利用所有的资源，甚至举手投足、一言一笑，来破坏他们的传统价值……毁灭他们的道德人心。摧毁他们自尊自信的钥匙，尽量打击他们刻苦耐劳的精神。

【课堂导入语】今天这节课我和同学们一起聚焦"文化安全"这一时政热点，回顾我们必修三文化生活的相关内容。这张图是我前段时间参观上海国家安全教育馆时拍摄的照片，这张图上的文字让我深受震撼，所以想把它分享给同学们看看。看完了这些文字内容，同学们有何想法，可以和大家分享一下吗？

【问题1】长期以来，以美国为首的一些西方国家从未放弃对我国的渗透和颠覆，因此，确保我国的文化安全，提升我国的文化软实力，是摆在我们面前的重大战略课题。只有切实维护国家文化安全，才能为其他方面的安全和发展提供强大保障。那国家文化安全的具体内涵是什么呢？

【答案】一国的观念形态的文化（如民族精神、政治价值理念、信仰追求、传统文化）生存和发展不受威胁的客观状态，是国家文化安全的重要组成部分。

2. 小组合作　考点对接

【问题2】随着中国特色社会主义进入新时代和社会主要矛盾的变化，人民的精神文化需求日益增强，维护国家文化安全的任务愈加突出。为何要维护国家的文化安全？从战略地位出发，无论从思想引领层面，还是从文化底蕴层面而言，都要求我们必须要保障国家文化安全。请同学们也从这两个层面出发，回归文化生活课本，对接选考条目，在梳理学科知识的过程中更进一步感悟国家文化安全的战略地位。

（任务提示：结合文字材料、事先分发的考试大纲回归教材，梳理相关知识）

材料①

我们的政治和经济联系由于美国文化对全世界的吸引力而得到补充。这是一种我们可以利用的软力量。——美国前总统布什

以天下之至柔，驰骋天下之至坚。——老子

不战而屈人之兵。——孙子

材料②

灭人之国，必先去其史。——清代龚自珍《定庵续集》

五千年的优秀文化不要搞丢了，老前辈确立的正确政治制度不要搞坏了，老祖宗留下来的地盘不要搞小了。——习近平

任务一

根据材料①的提示，小组 A 梳理《文化生活》中"文化的作用"的相关知识。

根据材料②的提示，小组 B 梳理《文化生活》中"中华优秀传统文化"的相关知识。

"文化的作用"相关知识梳理	"中华优秀传统文化"相关知识梳理

【成果展示】

"文化的作用"相关知识梳理

（文化影响人的表现和特点 b）文化对人的影响，来自特定的文化环境和各种形式的文化活动。文化影响人们的交往行为和交往方式；实践活动、认识活动和思维方式。具有潜移默化和深远持久的特点。

（优秀文化对人的塑造作用 b）优秀文化能够丰富人的精神世界，增强人的精神力量，促进人的全面发展。

文化对社会的作用

（文化的力量 b）文化作为一种精神力量，能够在人们认识世界、改造世界的过程中转化为物质力量，对社会发展产生深刻的影响。

（文化与经济、政治相互影响 b）一定的文化由一定的经济、政治所决定，又反作用于一定的政治、经济（先进的、健康的文化会促进社会的发展；落后的、腐朽的文化则会阻碍社会的发展）。

（加强文化建设对提升我国综合国力的意义 c）①文化越来越成为民族凝聚力和创造力的重要源泉，越来越成为经济社会发展的重要支撑，越来越成为综合国力竞争

的重要因素。②对发展中国家来说,文化是综合国力竞争力中维护国家利益和安全的重要精神武器。

"中华优秀传统文化"相关知识梳理

(发展中国特色社会主义文化的内涵 a)中国特色社会主义文化,源自于中华民族五千多年文明历史所孕育的中华优秀传统文化。

(推动社会主义文化繁荣兴盛 b)发展中国特色社会主义文化,就要推动中华优秀传统文化创造性转化、创新性发展,不断铸就中华文化新辉煌。

(彰显文化自信的力量 b)坚持社会主义核心价值体系,必须推动中华优秀传统文化创造性转化、创新性发展,继承革命文化,发展社会主义先进文化。

(凝魂聚气、强基固本的基础工程 a)社会主义核心价值观既体现了社会主义本质要求,继承了中华优秀传统文化,也吸收了世界文明有益成果,体现了时代精神。

......

国家文化安全知识与政治学科知识对接

文化作为一种精神力量,能够在人们认识世界、改造世界的过程中转化为物质力量,对社会发展产生深刻的影响。这种影响,不仅表现在个人的成长历程中,而且表现在民族和国家的历史中。当今世界各国的激烈竞争,不仅包括经济实力、科技实力等方面的竞争,也包括文化方面的竞争,而且文化还广泛渗透于上述各种力量之中,成为与经济、政治相互交融、相互影响、相互促进的重要因素。

3. **动笔演练　提炼方法**

【问题3】通过同学们的汇报展示,我们不难发现文化在与经济政治相互影响中发挥着重要作用,可以说国家安全总体布局中,文化安全具有不可替代的重要地位。那么我们如何去维护好国家的文化安全呢? 在国家、企业、个人层面都有着不同的实践要求。我们先透过这两道主观题的材料看看我们为了维护国家文化安全做了哪些工作,这些工作又有何意义。同学们在动笔演练过程中一起提炼主观题的答题方法。

任务二：主观题训练

(时政热点专练)4月15日是全民国家安全教育日,习近平总书记指出,实现中华民族伟大复兴的中国梦,保证人民安居乐业,国家安全是头等大事。从"利莫大于治,害莫大于乱"的古训,到今天一些国家和地区深陷战火的苦难,都在告诉我们,国家安全与每一个人休戚相关。要把爱国主义教育放在国家安全教育的第一位。当前我国国家安全内涵和外延比历史上任何时候都要丰富,只有让国家安全意识根植于每位公民的心中,落实于行动中,才能砌起维护国家安全的铜墙铁壁。

(小组 A)结合材料,运用"中华民族精神"的相关知识分析"国家安全教育最重要的是要筑牢全民的思想防线"的合理性。

(效实中学期中 2019 改编)正是因为无数共产党员对理想信念的坚守,正是因为无数共产党员为了理想信念不畏牺牲、无私奉献,用生命维护着国家安全,才能不断实现国家富强、民族振兴。坚守这份理想信念是任何时候都不能缺少的根。现实生活中,一些党员、干部出这样那样的问题,说到底是信仰迷茫、精神迷失。习近平总书记反复强调,理想信念坚定,骨头就硬,没有理想信念,或理想信念不坚定,精神上就会"缺钙",就会得"软骨病"。

(小组 B)结合材料,请运用"筑牢理想信念之基"的知识,说明加强理想信念教育的重要性。

任务三：总结方法

合理性、重要性主观题答题模板梳理

4. 小组商议　突破疑难

【问题 4】维护国家文化安全必须要办好教育。除此以外,同学们联系一下文化生活所学知识,思考推进国家文化安全工作还有哪些实践要求?

(1) 培育和践行社会主义核心价值观是应对文化安全领域各种挑战的关键之策。

(2) 坚定文化自信,事关国运兴衰,事关文化安全,事关民族精神独立性。没有高度的文化自信就没有中华民族的伟大复兴。

（3）维护国家文化安全必须把意识形态工作的领导权、管理权、话语权牢牢掌握在党手中，任何时候都不能旁落，否则就要犯无可挽回的历史性错误。

任务四：这些实践要求中同样蕴含着同学们在学习文化生活过程中遇到的疑难点、易混易错点。请同学们通过小组商议的方式互助互学、突破疑难。

	核心价值观	社会主义核心价值观	文化自信	意识形态
内涵				
地位和作用				
参考答案				
	核心价值观	社会主义核心价值观	文化自信	意识形态
内涵	承载着一个民族、一个国家的精神追求，体现着一个社会评判是非曲直的价值标准。	社会主义核心价值观凝结着全体人民共同的价值追求（国家层面、社会层面、公民个人层面）。	文化自信，来自对……的深刻把握，来自对……充分肯定，来自对……的坚定信念。表现为对……充满信心，对……充满信心，对……充满信心。	意识形态是系统地反映社会经济形态、政治制度和文化模式的思想体系。（了解）
地位和作用	① 对一个民族、一个国家来说，最持久、最深层的力量是全社会共同认可的核心价值观。② 一个国家的文化软实力，从根本上说，取决于其核心价值观的生命力、凝聚力、感召力。	① 社会主义核心价值观是当代中国精神的集中体现。② 要把培育和践行社会主义核心价值观作为凝魂聚气、强基固本的基础工程。	① 文化自信是一个国家、一个民族发展中更基本、更深沉、更持久的力量。② 坚定文化自信，事关国运兴衰，事关文化安全，事关民族精神独立性。没有高度的文化自信，没有文化的繁荣兴盛，就没有中华民族伟大复兴。	① 意识形态决定文化前进的方向和发展道路，对一个政党、一个国家、一个民族的生存和发展至关重要。② 意识形态关乎旗帜，关乎道路，关乎国家政治安全。

5. 小试牛刀，当堂检测

（1）2020 年 4 月 7 日，司法部、全国普法办联合印发通知，在全国部署开展 2020 年全民国家安全教育日宣传活动，提高全民国家安全法制意识，营造维护国家安全的浓厚法治氛围。这说明

① 文化对人的影响具有深远持久的特点

② 文化对人的影响具有潜移默化的特点

③ 文化能够影响人的精神世界

④ 文化能够促进人的全面发展

A. ①③ B. ①④ C. ②③ D. ②④

(2) 2019 年 12 月 14 日,由中宣部宣教局、中央网信办传播局等联合举办的第三届社会主义核心价值观主题微电影征集展示活动优秀作品发布仪式在北京举行,面向社会集中发布 135 部优秀核心价值观主题"微电影"。举行该活动是基于

① 社会主义核心价值观是当代中国精神的集中体现

② 培育和践行社会主义核心价值观事关文化安全和民族精神独立性

③ 培育和践行社会主义核心价值观是凝魂聚气、强基固本的基础工程

④ 培育和践行社会主义核心价值观是发展中国特色社会主义文化的着眼点

A. ①③ B. ①④ C. ②③ D. ②④

(3) 2019 年 6 月 16 日,习近平总书记的重要文章《坚定文化自信,建设社会主义文化强国》发表,文章强调,没有高度的文化自信,没有文化的繁荣兴盛,就没有中华民族伟大复兴。这是因为文化自信

① 是事关中华民族精神独立性的大问题

② 决定着一国国运的兴衰和文化的安全

③ 来自对中华文化发展前途充满信心

④ 是一国发展中更基本、更深沉、更持久的力量

A. ①② B. ③④ C. ①④ D. ②③

(4) 专题纪录片《我们走在大路上》展现了新中国风雨兼程、砥砺前行的伟大历程,讲述了中国人民一路走来的感人故事。其中反映文化发展的《文化铸魂》中的故事勾起了观众的回忆,引起强烈共鸣。这表明,中国特色社会主义文化

A. 源自中华优秀传统文化

B. 植根于中国特色社会主义伟大实践

C. 决定文化前进方向和发展道路

D. 服务于人民群众的各种精神生活需要

(5) 习近平总书记指出,推动媒体融合发展、建设全媒体成为我们面临的一项紧

迫课题,要运用信息革命成果,推动媒体融合向纵深发展,做大做强主流舆论。这一要求

① 反映了科学技术对文化前进方向和发展道路的决定作用

② 彰显了媒体融合发展在传承中华优秀传统文化中的作用

③ 突显了中国特色社会主义文化在文化生活中的示范作用

④ 体现了传播手段创新对提高新闻舆论传播力的促进作用

A. ①②　　　　　　B. ③④　　　　　　C. ①④　　　　　　D. ②③

6. 知识链接

● 4 月 15 日为"全民国家安全教育日"。

● 总体国家安全观坚持国家利益至上,以人民安全为宗旨,以政治安全为根本,以经济安全为基础,以军事、文化、社会安全为保障,以促进国际安全为依托,统筹外部安全和内部安全、国土安全和国民安全、传统安全和非传统安全、自身安全和共同安全,完善国家安全制度体系,加强国家安全能力建设,坚决维护国家主权、安全、发展利益。

● 根据总体国家安全观,国家安全体系涉及政治、国土、军事、经济、文化、社会、科技、网络、生态、资源、核、海外利益、太空、深海、极地、生物等多种领域安全(16 个)。

7. 课后任务

除国家文化安全外,请同学们在课后了解总体国家安全观任一领域,将课本知识与总体国家安全观知识结合起来设计一道题目(选择题或主观题)。

四、教学评价

(一) 教学目标评价

教师能针对所教内容,结合《思想政治课程标准》与《国家安全教育知识要点》科学、准确地设计教学目标,做到:

1. 目标明确,符合学生实际。目标的设置不可过高或过低。

2. "三维目标"全面、具体、适度,有可操作性,并能使知识目标、能力目标和情感、态度、价值观目标有机相融,和谐统一。

量化评价标准每项 5 分,总计 10 分。

（二）教学内容评价

1. 教师能准确把握所教学科内容和国家安全教育的重点、难点，教授内容正确。

2. 教学内容紧密联系学生的生活实际和国家安全时政热点，激发学生的积极思维。

3. 教师能从教学实际出发，转变教材观念，结合国家安全知识对教材进行科学有效的整合，以促进学生的学习，不唯教材，创新使用教材。

量化评价标准：第 1、2 项各 4 分，第 3 项 2 分，总计 10 分。

（三）教师行为评价

1. 课堂上教师作为学生学习的组织者，是否能够有效地组织学生进行学习国家安全知识；作为学生学习的指导者，是否对学生的学习指导得有法、到位，是否创造了生动有趣的国家安全教育教学情境来诱发学生学习国家安全知识的主动性；作为学生国家安全知识学习的合作者，是否能和学生一起学习、探究、倾听、交流。

2. 教师能否以学生为主体，能否重视国家安全知识的形成过程，能否重视学生学习方法的培养，能否重视学生的自学能力、实践能力、创新能力的发展。

3. 国家安全教育课堂上能否营造宽松、民主、平等的学习氛围，教态是否自然亲切，对学生学习的评价是否恰当、具体、有激励性。

4. 能否够根据教材和国家安全教育的重点、难点之处，精心设计问题，所提出的问题能否针对不同层次的学生，问题的提出是否恰到好处。能启发学生思考，促进学生知识的构建，并能给学生留有充分思考的时间，同时注重学生的"问题"意识，引导学生主动提出问题。

5. 能否根据国家安全教学内容和学生生活实际，恰当地选择国家安全教育教学手段，合理运用教学媒体。

6. 课堂上，教师对于国家安全相关知识讲解是否做到语言准确简练、示范操作规范、板书合理适用，教学是否有一定的风格和艺术性。

量化评比标准：第 1 项 8 分；第 2 项 5 分；第 3 项 2 分；第 4 项 4 分；第 5、6 项各 3 分，总计 25 分。

（四）学生行为评价

主要针对学生在课上的学习状态来评价。

1. 看学生的学习状况，学生学习国家安全知识的主动性是否被激起，能否积极地以多种感观参与到学习活动之中，精神振奋，有强烈的求知欲望。

2. 看学生的参与状态，学生参与国家安全知识学习活动中的数量、广度和深度是衡量主体地位发挥的主要标志，学生是否全员参与，有效参与。

3. 看学生的学习方式，学生是否由被动学习国家安全知识变为主动学习国家安全知识，是否由个体学习到主动合作学习，是否由接受性学习变为探究性学习。

4. 看学生在自主、合作、探究学习上的表现，学生在学习国家安全知识过程中，是否全身心地投入，是否发现问题后提出问题，并积极解决问题，是否敢于质疑、善于合作、主动探究并有实效，是否围绕某一国家安全问题彼此间能交流、讨论、倾听，并提出有效建议。

5. 看学生学习的体验与收获。学生在学习过程中，是否有 90% 以上的学生能够相互交流、体会国家安全知识，交流情感是否由自悟——觉悟——感悟——醒悟，在获取丰富知识的同时是否形成了一定的学习能力。

量化评价评价标准：第 1 项 8 分；第 2 项 3 分；第 3 项 6 分；第 4 项 8 分；第 5 项 2 分；第 6 项 8 分，总计 35 分。

（五）教学效果评价

1. 看教学目标达成度如何，教师是否高度关注学生的思想政治学科和国家安全的知识与能力、过程与方法、情感态度价值观的全面发展。

2. 看教学效果的满意度，学生在教师的指导下，能否积极主动参与国家安全知识学习，是否有 90% 以上的学生掌握了有效的学习方法、获得了国家安全知识、发展了能力，且有积极的情感体验。

3. 看课堂训练题设计，是否对国家安全知识的落实检测效果好。

量化评价标准：第 1 项 4 分；第 2 项 7 分；第 3 项 4 分。总计 15 分。

（六）教学特色评价

教师在教学方式、方法上和国家安全知识的生成点上，教学机智与智慧上的闪光点是否有不同寻常之处。

评价标准：具备上述中的某一点或几点评价。

分数：2—5分。

注：

1. 以上各项的评价形式分自评、同事评、学生评、领导评等。

2. 评价等级划分：90分以上为"优秀"；80—89分为"良好"；60—79分为"合格"；60分（不含60分）以下为"不合格"。

五、 教学反思

在高三年级紧张的复习备考过程中，寻求国家安全教育和学科知识复习的契合点。这堂课的设计创新性地将国家文化安全知识融入高三复习课，让"两耳不闻窗外事，一心只读圣贤书"的高三学生将视野放到国家、国际上正在发生的时政热点上，让高三学生了解到当前严峻复杂的国家安全形势，不断加强和提升学生的国家安全意识。这堂课的设计主要着眼于国家文化安全，要让学生明确文化安全包括文化主权、文化价值观、文化资源安全等方面，是确保一个民族、一个国家独立和尊严的重要精神支撑。我国面临外部意识形态渗透、消极文化侵蚀、文化自信和向心力缺失等威胁，维护文化安全就必须要强化中华优秀传统文化、革命文化、社会主义先进文化教育。

在教学的过程中容易遇到的问题主要有：学生对课本的熟悉程度较差，因此结合考试大纲定位知识的效率较低；主观题训练难以做到完全切合"国家文化安全"这一主题，因为现有国家安全相关政治习题数量不足、质量不高；这堂课的知识容量较大，一个课时尚不足以完成所有内容的教学，建议增加为2—3个课时。

但整体而言，学生们对于这堂课的反馈较好，认为这样的国家安全教育课兼具实效性和生动性，既落实了政治学科知识与国家安全知识、又提高了国家安全意识与政治学科素养。

文化安全

——君自故乡来,应知故乡事

江西省景德镇一中　王忠良

一、课程简介

《普通高中语文课程标准(2017 年版,2020 年修订)》明确指出:"祖国语文是中华儿女的精神家园,语文课程对继承和弘扬中华优秀传统文化、革命文化、社会主义先进文化,培养文化自信,推动文化的创新发展,具有不可替代的优势。

普通高中语文课程,必须以习近平新时代中国特色社会主义思想为指导,坚持立德树人,弘扬民族精神,融入社会主义核心价值观教育,培养热爱中华文明、热爱祖国、热爱人民、热爱中国共产党的深厚感情,以及热爱美好生活和奋发向上的人生态度,使学生逐步形成自己的思想、行为准则,增强为中华民族伟大复兴而努力的历史使命感和社会责任感。坚持加强语文课程内容与学生成长的联系,引导学生积极参与实践活动,学习认识自然、认识社会、认识自我、规划人生,在促进学生全面而有个性的发展方面发挥应有的功能。

在普通高中课程标准试验教科书《语文》必修 2"表达交流"中有"演讲"内容,必修 5"表达交流"中有"访谈"内容。本课程围绕"文化安全"这一主题,引导学生在"生生访谈""亲子访谈"中,以小组合作的方式和手抄报的方式呈现访谈内容,加深对国家文化安全的内容的认识,解决学生的思想认识;通过指导学生演讲、在国旗下讲话,加深学生对国家文化安全的防范理解,从行动上强化自己的认识,做到知行合一。

本课程面向高一新生,以班级为单位,对起始年级进行国家安全教育,让国家安全教育赢在起跑线上,是在高中阶段给学生扣好第一粒扣子。

设计好访谈内容,从"生生访谈""师生访谈""亲子访谈"入手,让学生多角度了解访谈内容;学生撰写演讲稿初稿,教师围绕教学目标,让学生修改演讲稿。

二、 教学目标

(一)学科教学目标

1. 通过设计访谈内容,掌握访谈的技巧,有针对性地收集材料。

2. 通过撰写和修改演讲稿,揣摩演讲词的语体特点,掌握演讲的技巧。

3. 通过访谈和演讲的方式,让学生认识国家文化安全的重要性。

4. 在访谈和演讲中,让学生加强对国家文化安全隐患的认识。

5. 在访谈和演讲中,让学生掌握应对国家文化安全隐患的防范措施。

(二)国家安全教育目标

1. 了解国家文化安全包括文化主权、文化价值观、文化资源安全等方面。

2. 认识国家文化安全面临外部意识形态渗透、消极文化侵蚀、文化自信和向心力缺失等威胁。

3. 维护文化安全必须强化中华优秀传统文化、革命文化、社会主义先进文化教育。

三、 教学过程

第一课时

(一)导语

杂诗三首·其二

王 维

君自故乡来,应知故乡事。

来日绮窗前,寒梅著花未?

"君自故乡来,应知故乡事",试想有一天,我们孤身在异国他乡,我们听到乡音,看到家乡人,我们一定会有"老乡见老乡,两眼泪汪汪"的感受,我们一定很想知道家乡的一切事,家乡让我们成为了一个有温度的人。但如果国家的文化不复存在,那我们就成了无根之木、无源之水,我们的生命会多么地干瘪? 我们的灵魂会注定飘荡! 这就需要我们在国家文化安全上有所为。作为社会主义事业的建设者和接班人,作为中学生的我们,理应关注文化安全,增强忧患意识。

(二) 访谈前设计

指导学生实施访谈,要从三个步骤进行:

1. 预热:在开始之前,用日常生活中聊天的口吻来设计几个问题,与采访对象交谈。

2. 回答:访谈的主体部分是采访者的提问和被采访者的回答。

3. 倾听:访谈中的倾听不是被动的"用耳朵听",还包括用体态语与采访对象进行充分的交流、记录和分析采访对象的回答等。

教师提供访谈内容支架:

提问的角度	回答情况	呈现方式
文化主权	文字记录	视频 + 文字
文化价值观		
文化资源安全		
消极文化侵蚀		
中华优秀传统文化		
革命文化		
社会主义先进文化		

(三) 访谈后的交流

我们同学们第一次用访谈的方式走近国家安全教育的方方面面,现在我们以小组展示的形式展示自己的访谈成果。

1. 生生访谈

学生:你眼中的文化安全有哪些方面的内容?

学生：生1：文化安全就是国家安全的延续。生2：外国势力的文化渗透,散步消极言论,企图腐蚀中国青年思想,分裂中国。

学生：面对文化安全方面的隐患,你会怎么做？

学生：生1：要从小教育,传承文化经典。生2：保持清醒头脑,抵制不良言论,相信国家会解决发展道路上的问题,提高爱国意识,树立总体国家安全观。

2. 师生访谈

学生：你怎么看待文化安全的隐患？

老师：文化安全的隐患,它往往藏在暗处,藏在细处,因为文化本身具有浸染式的特点,对我们的身心影响很大。比如美国的文化输出,它从食物出发,让肯德基等食品走进我们的小孩。现在中国中小学生的体重在增加,肥胖已经成了一大问题。

学生：如果要防范文化安全方面的隐患,你有什么好办法？

老师：要坚持自己的文化自信,我们要学习自己的文化。我们传统文化中有很多精华,这需要从学生时代就接触,在感受传统文化的过程中,理解中华传统文化的精神。

3. 亲子访谈

学生：你了解的文化安全有什么内容？

父母：父：文化安全是国家稳定、民族团结、精神传承的一种体现,是国家安全的重要组成部分。中国有5 000年历史文化,有汉字、语言、京剧、中医、陶瓷、书法、绘画等传统文化,有春节、元宵、清明、端午、七夕、中秋、重阳、冬至八大传统节日,有中山装等服装。我们要提高中国文化安全意识,了解中国文化。母：个人认为文化安全在现今高速发展的中国、国际形势有所劣势的中国有着重要的意义、从之前的"港独"事件来看,之所以一批青年人会参与影响恶劣的打砸事件中,究其原因,是因为他们的思想,他们的政治理念、道德、价值等受西方文化植入,对中国历史、民族情感及政论体制等理解有偏差。

学生：请你提一些建议,如何更好地保障文化安全？

父母：父：首先要尊重中国文化传统,要提高自己的民族自信心,自强,自立,尊老爱幼,尊师重道,让青年人多看一些中华文化方面的书籍,了解中国的民族传统风俗习惯、民族技艺、民族精神,热爱自己的国家,为自己是一个中国人感到骄傲和自豪。母：必须通过线上、线下的媒体、书籍传播我国文化理念、治国理念,确保全民认同,确保文化安全,为我国政治稳定、经济发展奠定牢靠的文化和价值认同的基础。

通过访谈,从多个层面了解文化安全的内容,发现存在的问题如下:大家对文化安全的理解参差不齐,有很大差异,对学生来说,对文化是比较了解的,但对文化安全就理解模糊了。

在访谈的基础上,指导学生查阅《"文化安全"如何为国家安全保驾护航》等资料,通过做手抄报的方式,形成正确的文化安全观。

过去讲国家文化安全的主要内容包括四个方面:语言文字、社会核心价值观、社会生活方式以及风俗民俗。

现在在总体国家安全观下的文化安全观,首先应该是政治文化,实际上是主流文化意识形态的建设;第二是产业文化的安全,主要关系到经济发展对制度建设的促进作用,产业文化发展不能消解社会主义基本经济制度;第三是消费文化的安全,关系到社会主义的良好风俗和风尚的形成、文化习惯的形成,还包括很好的文化生活方式的培养;最后一个是学术文化的安全。

(四) 总结

这节课,我们在访谈的基础上,直面了国家文化安全存在的种种隐患,这是我们每一个中华儿女要直面的问题。

现象描述一:对历史英雄的污蔑,歪曲历史事实;道听途说,比如对中国台湾问题等,在网络上肆意发表偏见。

现象描述二:娱乐产业兴盛,学生盲目追星,拜金主义思想盛行,对传统手工业嗤之以鼻。

现象描述三:铺张浪费,没有勤俭节约的良好风尚,劳动意识薄弱,不尊重劳动,消费不理性。

现象描述四:学术造假已经不是个案,甚至有知名大学的教授都存在学术论文造假现象,做学问的风气不好。

(五) 课后作业

1. 在访谈的基础上,学生用手抄报的方式呈现自己理解的文化安全的常识;
2. 班级其他学科教师一起成立手抄报评委。

第二课时

课前布置：在上节课访谈内容分享的基础上，通过查阅资料，学生对总体国家安全观下的文化安全观有了新的认识。教师不提供学生任何资料，只让学生以"国家文化安全"为主题写一篇演讲稿。学生在没有参考资料的情况下，自由写作，畅所欲言，只要是真诚地写作，都要鼓励学生，保护学生的表达愿望。

(一) 导语

下个星期就轮到我们高一(5)班进行国旗下演讲了，这次演讲，我们以"国家文化安全"为主题都写了一篇演讲稿，大家非常认真地完成了演讲稿的撰写，值得表扬，但也存在一些问题，这节课，我们一起来读读其中的一篇。

(二) 初读演讲稿

脚下的路，心里的光

尊敬的老师们、亲爱的同学们：

我是来自高一(5)班的程颖萱，今天我演讲的主题是"国家文化安全"。

在信息爆炸的今天，信息多元化更趋于主流，尤其是我们处在青少年阶段，当面临许多杂乱的信息时，我们不知哪条信息具有说服力，哪条又具有迷惑性，久而久之，我们的心被那些信息侵蚀了，与此同时扎根在我们心底的那棵树——中华传统文化却因没有营养的滋润而逐渐老去。

积极吸收外来文化的前提是以中华传统文化为准绳，取其精华，去其糟粕，而现在有许多"崇洋媚外"的现象时常发生，他们有着"中国人，外国魂"，认为自己高人一等。中国作为现存唯一一个四大文明古国，中华传统文化的底蕴不言而喻，它支撑着中华上下五千年的历史，指引着中国未来的发展方向，照耀着炎黄子孙的心，吸引着许多外国友人来学习中华传统文化。中华传统文化的内涵、底蕴和巨大作用，在国际上颇受追捧。

在大时代的背景下，文化安全显得尤为重要，文化承载着一个国家的信仰，凝聚了人们的殷切希望，可依然有其他国家想将其占为己有。例如中国的传统节日端午节，在当时有史料记载，且有来源依据证明端午节是中国古代就有的节日，仍然有个别国家颠倒黑白，称端午节属于他们国家，这就属于文化底线被触碰的现象。

在文化多元化的环境中，坚守自己的初心。中华传统文化应当成为自己学习外来文化的准绳,并帮助家人、同学等周边的人多多了解中华优秀传统文化。我相信,在我们的共同努力下,中华传统文化的光芒会更耀眼,坚守中华文化的心会更坚定。

我的演讲完毕,谢谢大家!

程颖萱

2020 年 12 月 22 日

师生一起交流这篇演讲稿的内容存在的问题,发现该生对文化安全的内涵理解不深,还停留在表象上,对如何防范文化安全,谈的也不是很清楚。最关键的是,对演讲的对象——中学生关注不够,缺少针对性。

(三) 师生一起阅读群文

我们阅读几篇相关文章,在这些文章中找出我们演讲中需要的素材,借鉴其中的结构,做好修改的准备。

(四) 师生一起修改演讲稿初稿

修改要求:

1. 针对文化安全的某一方面,不面面俱到。

2. 有针对性地进行论述,要从现实生活的事实入手,重在提出防范办法。

修改稿:

守护文化安全,担当青年责任

尊敬的老师们、亲爱的同学们:

大家好!我叫程颖萱,来自天格班,今天我演讲的题目是《守护文化安全,担当青年责任》。

大家还记得吗?不法青年试图挑战"一国两制"的法律底线,国家把他们绳之以法,因为他们触碰政治文化安全的底线;自媒体时代,我们对娱乐产业顶礼膜拜,与传统产业渐行渐远;部分青年铺张浪费,不以为意,丢掉了勤俭节约的美德,只为满足自己的口腹之欲;听闻知名教授热衷于抄袭论文,我们感到脊梁骨一股凉风袭过。

凡此种种，莫不告诉我们，我们要增强文化安全意识，作为一名中学生、一个青年，我的责任是什么？

周恩来总理在南开中学读书的时候，曾自豪地说出自己的理想："为中华之崛起而读书。"试问，今天的我们有没有勇气说出"为中华之伟大复兴而读书"的豪言壮语？民族伟大复兴，首先就是文化的复兴，这就需要我们守护好国家文化安全。

梁启超说："少年智则国智，少年富则国富，少年强则国强，少年独立则国独立。"这就告诉我们，青年对于国家具有不可推脱的责任。我们要警惕西方强势文化对我们的影响，这种影响往往是潜移默化的，是借助思维方式、价值观念，行为习惯等手段，逐步渗透的，这对我们青年来说挑战不可谓不大。

在法国的《乌合之众》一书中，我们看到："没有传统就没有文明。"对于传统文化中的精华我们要继承与弘扬，爱国一直是传统文化的主线，这对我们形成正确的政治文化观念有不可替代的作用。近现代历史一再证明：只有中国共产党才能救中国，只有中国共产党才能发展中国。这次新冠疫情，我们再一次感受到共产党的伟大组织能力，我们见证了前所未有的战斗力。这一点是大家有目共睹的。

习近平总书记深刻指出："历史和现实都表明，一个抛弃了或者背叛了自己历史文化的民族，不仅不可能发展起来，而且可能上演一场历史悲剧。"清代龚自珍说："灭人之国，必先去其历史。"由此可见，铭记历史对守护国家文化安全至关重要。2019 年 3 月 4 日接见政协会议的文艺界、社会科学界委员时，习近平主席指出："共和国是红色的，不能淡化这个颜色"。当前，红色教育正如火如荼地举行，作为青年的我们，理应积极参与其中，认真学习"红色文化"，坚定中国特色社会主义文化自信，心怀祖国，放眼世界，增强民族自豪感和责任感。

守护国家文化安全，青年人要有担当，让我们一起努力，为实现民族伟大复兴而努力！谢谢大家！

程颖萱

2020 年 12 月 24 日

（五）结语

文化安全要建立在文化先进的基础上，文化越先进，越占领文化制高点、道德制高点,文化越安全。

作为一个中学生,我们要从三个方面来建构自己的文化安全观念:

首先,要培养关键能力。我们要有文化自信,我们中华民族的文化有几千年,要充分吸收优秀文化传统的成果,就要在平常的学习中,培养自己的解读能力,让优秀传统文化砥砺自己的品格。

其次,要形成必备品格。我们不能做井底之蛙,也不能成为民粹主义,我们要睁眼看世界,要充分吸收世界各国的优秀文化,壮大自身,比如我们吸收佛教文化,有了禅宗。我们中华文化有很大的包容性,也善于吸收其他文化的精神。

最后,要拥有价值观念。现实中有很多的错误思潮正在我们身边,这需要我们有批判的精神,有质疑的眼光,能在与错误思想的交锋中保持中国本色,坚守社会主义核心价值。

四、 教学评价

表 1　教师教学评价

评价项目	评价内容	权重	分数
教学目标	教学目标明确,整合学科教学与国家安全教育要素	20分	
教学内容	教学内容新颖,有时代性,理论联系实际	20分	
教学方法	能运用语文学科的方式,演示与讲解相结合	20分	
教学过程	师生互动强	20分	
教学效果	学生参与度高,学习目标完成得好	20分	

表 2　学生学习评价

评价项目	了解★★★★★	重点了解★★★★★	非常了解★★★★★
国家文化安全内容			
国家文化安全隐患			
维护文化安全策略			
社会主义先进文化			

五、 教学反思

国家安全教育内涵丰富,这需要我们选择一个点进行教育,和学科教学整合在一起。就高中语文来说,在表达交流中培养学生的能力,这一点非常重要。这次课程设计,我抓住"访谈"和"演讲"两个表达交流的形式,从学生的原有认识出发,逐步引导学生走近文化安全。在收集信息的过程中形成正确的观念,在写作中表达自己的认识。

在教学过程中,教师要提供学生学习支架,比如访谈内容的设计,对于高一学生来说,访谈还是新事物,需要老师的帮助。对于国家文化安全的认识,要由浅入深,这就需要教师主动搜集重要文章让学生阅读,特别是人民网、光明网的文章。

六、 扩展链接

(一)曾仕强.中华文化自信[M].北京:中央编译出版社,2016.

(二)余秋雨.中华文化四十八堂课[M].武汉:长江文艺出版社,2017.

国家安全　头等大事

杭州师范大学附属中学　王雪芹

一、案例使用

高中学生主题班会。

二、教学目标

1. 认识个人与国家关系，增强国家安全意识。了解总体国家安全观，掌握国家安全基础知识，初步树立国家利益至上的观念。

2. 正确认识面临重大新发突发传染病疫情威胁的情况下，如何积极应对。

3. 网络安全必须践行"没有网络安全就没有国家安全，没有信息化就没有现代化"的理念，强化依法治网、技术创新、国际合作等，合理规范使用网络。

4. 树立对国家的"五个认同"意识。

三、教学重点

1. 正确认识面临重大新发突发传染病疫情威胁的情况下，如何积极应对。

2. 网络安全的重要性以及强化依法治网、合理规范使用网络。

四、 教学难点

对生物安全的正确认识和对新冠肺炎疫情的认识和科学防护。

五、 教学方法

讲授法、讨论法。

六、 教学过程

(一) 导入

1. 国家安全的重要性:

在 2020 年 10 月 26 日至 29 日在北京举行的第十九届中央委员会第五次全体会议中出现的高频词是"安全",由此可见,国家安全的重要性和紧迫性。习近平总书记指出:"我们党要巩固执政地位,要团结带领人民坚持和发展中国特色社会主义,保证国家安全是头等大事。"没有国家的安全、社会的稳定、经济的发展,公民个人的安全和利益都无从谈起。

国家安全是国家生存和发展的基本前提与重要保障,是安邦定国的重要基石,关乎整个国家和民族的生存死亡。国家安全事关我们党执政兴国,事关人民幸福安康,事关国家长治久安。

国泰民安是人民群众最基本、最普遍的愿望。实现中华民族伟大复兴的中国梦,保证人民安居乐业,国家安全是头等大事。要以设立全民国家安全教育日为契机,以总体国家安全观为指导,全面实施国家安全法,深入开展国家安全宣传教育,切实增强全民国家安全意识。要坚持国家安全一切为了人民、一切依靠人民,动员全党全社会共同努力,汇聚起维护国家安全的强大力量,夯实国家安全的社会基础,防范化解各类安全风险,不断提高人民群众的安全感、幸福感。

2. 国家安全的定义(PPT 展示):

《国家安全法》第二条规定:国家安全是指国家政权、主权、统一和领土完整、人民福祉、经济社会可持续发展和国家其他重大利益相对处于没有危险和不受内外威胁的状态，以及保障持续安全状态的能力。

3. 国家安全的基本内容（16 项）（PPT 展示）：

政治安全、国土安全、军事安全、经济安全、文化安全、社会安全、科技安全、网络安全、生态安全、资源安全、核安全、海外利益安全、生物安全、太空安全、极地安全、深海安全。

4. 维护国家安全的意义

保证一个国家的安全不仅是不受外国侵略，而且在国内也要稳定，要反对颠覆。并且随着国家安全的提出，我国有了一个概念性的转折，由毛泽东时代的"战争与革命"发展成为了"和平与发展"。这样进一步提升了中国的国际地位，强调了经济战略。

（二）引出课题

师：2020 年 2 月 14 日，习近平总书记在中央全面深化改革委员会第十二次会议上强调："要从保护人民健康、保障国家安全、维护国家长治久安的高度，把生物安全纳入国家安全体系，系统规划国家生物安全风险防控和治理体系建设，全面提高国家生物安全治理能力。"下面我带大家了解一下生物安全的重要性。

（背景资料 PPT 展示）

自农耕社会以来，瘟疫与灾荒就是一直伴随人类社会发展的梦魇。进入 21 世纪，环境变化、科技发展与社会经济全球化加速，不断刺激各类生物因子的自身扩张与传播，逐步推动生物安全潜在危机的突显与激化，使危害来源更为广泛，形式更为多样，引发的生物安全问题日益严峻。

20 世纪 70 年代，现代生物技术被广泛应用于医学、工业、农业、环境等领域，并成为许多国家重点发展的领域，现代生物技术的水平甚至被作为综合国力的重要参考。

现代生物技术的发展和普及，导致技术门槛越来越低。不仅科研机构能够利用生物技术进行科学研究，恐怖组织也能利用生物技术制造生物武器。进入 21 世纪以后，生物恐怖活动开始出现。9·11 事件发生一周后，美国遭受了生物恐怖袭击。自此，生物恐怖活动作为生物安全的重要内容开始受到重视。生物安全开始包含消除生物技术滥用的负作用、生物实验室的安全隐患等方面的内容，生物安全的概念得到扩充并受到广泛关注。

师：把生物安全作为国家总体安全的重要组成部分，坚持平时和战时结合、预防和应急结合、科研和救治防控结合。

我们来了解一下人类历史上的传染性疾病和基因污染问题。

1. 传染性疾病及生物武器

黑死病、霍乱、天花、埃博拉、非典、新型冠状病毒（简称"新冠病毒"）等。

（1）黑死病

黑死病一般指鼠疫，是由鼠疫耶尔森菌感染引起的烈性传染病，属国际检疫传染病，也是我国法定传染病中的甲类传染病，在法定传染病中位居第一位。

它主要在啮齿类动物间流行，鼠、旱獭等为鼠疫耶尔森菌的自然宿主。鼠蚤为传播媒介。最初症状是腹股沟或腋下的淋巴肿块，然后，胳膊上和大腿上以及身体其他部分会出现青黑色的疱疹，这也是黑死病得名的源由。本病传染性强，病死率高。鼠疫在世界历史上曾有多次大流行。

从 1348 年到 1352 年，它把欧洲变成了死亡陷阱，断送了欧洲三分之一的人口，总计约 2500 万人。在今后 300 年间，黑死病不断造访欧洲和亚洲的城镇，威胁着那些劫后余生的人们。

1348 年德国编年史学家吕贝克记载死亡了 90 000 人，最高一天的死亡数字高达 1500 人；在维也纳，每天都有 500—700 人因此丧命，根据俄罗斯摩棱斯克的记载，1386 年只有 5 人幸存。1467 年，俄罗斯死亡 127 000 人；甚至历史上著名的英法百年战争也曾由于爆发了鼠疫被迫暂时停顿下来。对于黑死病的起源却有多种说法。英国科学家最新研究结果表明，这场灾难的起源很可能是因为一颗小彗星在进入地球大气层后发生爆炸，造成灰尘遮天蔽日引发全球"核冬天"，并间接造成农作物绝收、饥荒和瘟疫大流行的恶果。

而利物浦大学的研究人员认为，通过研究黑死病的传播方式，可以得出结论，它并不是淋巴腺鼠疫，而是由一种类似埃博拉的病毒引起的，并且是在人与人之间直接传染的。这种病毒的感染者有可能在 24 小时内死亡，其死亡率高达 50%—90%。

虽然关于黑死病的起源有多种说法，但英国利物浦大学的邓肯教授和斯科特博士提出的一项理论却引起了众多科学家的认同。他们认为黑死病可能只是暂时蛰伏，有可能再次爆发。

（2）埃博拉病毒

埃博拉病毒是一种十分罕见的病毒，1976 年在苏丹南部和刚果（金）的埃博拉河地区发现它的存在后，引起医学界的广泛关注和重视，"埃博拉"由此而得名。它是一种能引起人类和其他灵长类动物产生埃博拉出血热的烈性传染病病毒，其引起的埃博拉出血热是当今世界上最致命的病毒性出血热。

埃博拉病毒的生物安全等级为 4 级（艾滋病为 3 级，SARS 为 3 级，级数越大防护越严格）。病毒潜伏期可达 2 至 21 天，但通常只有 5 天至 10 天。

埃博拉病毒主要通过体液（汗液、唾液、血液）传染，潜伏期为 2 天左右。感染者均是突然出现高烧、头痛、咽喉疼、虚弱和肌肉疼痛，然后是呕吐、腹痛、腹泻。发病后的两星期内，病毒外溢，导致人体内外出血、血液凝固、坏死的血液很快传及全身的各个器官，病人最终出现口腔、鼻孔和肛门出血等症状，患者可在 24 小时内死亡。

由于埃博拉病毒致死率极高，因此被美国疾病管制局归类为最高等级生物恐怖主义的工具。被认为是最可怕的威胁公共安全、公共健康的潜在生物武器。

埃博拉病毒曾在冷战期间被考虑作为针对苏联的生物武器，1992 年，日本的奥姆真理教领袖麻原彰晃曾带领 40 名成员赴扎伊尔，希望获得此病毒作为大屠杀工具，但最后并未成功。

埃博拉是人类迄今未能征服的致命杀手，是世界医学界面对的一道难以解读的"哥德巴赫猜想"。

（3）非典

非典是指重症急性呼吸综合征（英语：SARS），于 2002 年在中国广东发生，并扩散至东南亚乃至全球，直至 2003 年中期疫情才被逐渐消灭的一次全球性传染病疫潮。

非典是一种传染性疾病，主要是由重症急性呼吸综合征（SARS）冠状病毒感染引起，密切接触患者的医务人员和家属是感染 SARS 的高危人群。

非典为法定传染病乙类首位，并规定按甲类传染病进行报告、隔离治疗和管理。

2017 年 11 月，中国科学院武汉病毒研究所的研究正式揭示，SARS 冠状病毒起源于蝙蝠中的病毒重组，这证实了蝙蝠是 SARS 冠状病毒的自然宿主。

全球首例非典：黄杏初是广东省东部地区河源市一个普通农民，是中国首例被报告感染 SARS 的病人，同时也是全球首例。参与早期抢救、转送黄杏初的 9 名河源市人民医院医护人员，最终确诊感染上了非典。也正因为他传染了很多人，黄杏初后来被人们称为"毒王"。

（4）非典对社会的影响

中国大陆多所大学的正常教学进度被打乱，北京市的中小学全面停课。全国很多省市都实行了中小学全面停课，很多地区改变了以往的考试执行顺序以适应特殊时期，如北京采用了等分数揭晓后再填报志愿的顺序，导致出现了严重的报考"扎堆"现象，进而导致了复读人数的大幅上升。

许多原定于在中国大陆举行的体育赛事都被迫转移到其他国家进行，如原定于在中国举办的国际足联女子足球世界杯移至美国举行；3月30日，国际冰球联合会宣布取消原定于北京举行的2003年世界女子冰球锦标赛；国际排联决定将世界女排大奖赛全程改在意大利举行。

（5）新冠病毒

2019新型冠状病毒是一种中医病名，2020年1月12日，世界卫生组织正式将其命名为2019-nCoV。冠状病毒是一个大型病毒家族，已知可引起感冒以及中东呼吸综合征（MERS）和严重急性呼吸综合征（SARS）等较严重的疾病。新型冠状病毒是以前从未在人体中发现的冠状病毒新毒株。

2020年1月20日　事件爆发，钟南山院士告知：新冠可以人传人。

　　　　　　　　　国务院下达重视疫情和人民生命健康的指示。

2020年1月23日　凌晨两点，武汉市发布交通封城的通告。

2020年1月24日　全国各地纷纷启动一级响应。

2020年1月29日　全国170 000名医务人员投入一线救援，全国41支医疗队伍支援武汉。

2020年2月4日　武汉火神山医院开始首批医疗队员进驻，并于当日收治首批患者。

学生讨论：10天左右建成火神山和雷神山医院，"两山速度"彰显中国力量，体现了"人民至上，生命至上"（对伟大祖国的认同和对社会主义制度的自信）。

① 疫情产生的国际影响

受新冠疫情影响，原定于2020年7月举办的东京奥运会与残奥会，分别延后到2021年7月23日及8月24日开幕。

欧足联宣布停止欧冠及欧联杯，据外媒称报道，欧洲杯恐延期至2021年。

五大联赛方面,意大利总理宣布意甲和所有体育赛事都被暂停,意甲联赛停摆。

② 给社会秩序带来风险

在阿尔及利亚,控诉政府腐败的抗议者人数有所下降。

在乌克兰,抗议者袭击了载有从中国武汉撤离的乌克兰人的公共汽车。

委内瑞拉、巴西和意大利发生了越狱事件。更广泛地说,这种疾病导致的灾难性的经济影响很可能播下未来混乱的种子。

学生讨论:国内、国外新冠肺炎疫情的发展情况对比,说明了什么?

小结:现在只有中国在疫情方面管控及时有效,所以我们为是中国人感到骄傲和自豪,对伟大祖国表示认同。国家统一,民族团结,社会稳定,才能有幸福的生活。

2. 基因污染: 转基因技术

转基因技术应用在人类社会各个领域中,较为常见的包括了利用转基因技术生产的农作物,以及利用转基因技术生产疫苗等。

含有转基因作物成分的食品被称之为"转基因食品",其与非转基因食品具有同样的安全性。世界卫生组织以及联合国粮农组织认为:凡是通过安全评价上市的转基因食品,与传统食品一样安全,可以放心食用。

转基因安全也是要我们警醒的方面:"黄金大米事件"。

湖南省衡阳某小学 25 名学生于 2008 年 6 月 2 日随午餐每人食用了 60 g"黄金大米"米饭,该米饭是由美国塔夫茨大学汤文光在美国进行烹制后,未按规定向国内相关机构申报,于 2008 年 5 月 29 日携带入境,在 6 月 2 日午餐时,将加热的"黄金大米"米饭与白米饭混合搅拌后,分发给受试儿童食用。该项目在伦理审批和知情同意告知过程中,刻意隐瞒了试验中使用的是转基因大米,没有向学生家长提供完整的知情同意书,违反了国务院农业转基因生物安全管理的有关规定,存在学术不端行为,涉事的相关人员因此受到处罚。

小结:转基因食品的出发点和落脚点是不断满足人们日益增长的物质文化生活需要。因此,科技应该"以人为本",面对转基因技术和转基因食品可能带来的人类健康的风险、生态风险和生物多样性的不利因素,还是要加强科学研究和监测。

师:目前,已经进入 21 世纪信息化时代,计算机网络技术的快速发展和广泛应用为人类社会带来了深刻的变革,为人类的生活、学习、娱乐带来了很多便利,所以网络安全必须践行"没有网络安全就没有国家安全,没有信息化就没有现代化"的理念。

3. 关于网络安全

（1）中华人民共和国网络安全法

国家倡导诚实守信、健康文明的网络行为,推动传播社会主义核心价值观,采取措施提高全社会的网络安全意识和水平,形成全社会共同参与促进网络安全的良好环境。

国家保护公民、法人和其他组织依法使用网络的权利,促进网络接入普及,提升网络服务水平,为社会提供安全、便利的网络服务,保障网络信息依法有序自由流动。任何个人和组织使用网络应当遵守宪法律,遵守公共秩序,尊重社会公德,不得危害网络安全,不得利用网络从事危害国家安全、荣誉和利益,煽动颠覆国家政权、推翻社会主义制度,煽动分裂国家、破坏国家统一,宣扬恐怖主义、极端主义、宣扬民族仇恨、民族歧视,传播暴力、淫秽色情信息,编造、传播虚假信息扰乱经济秩序和社会秩序,以及侵害他人名誉、隐私、知识产权和其他合法权益等活动。

小结:网络是一把双刃剑,利用得好会给我们带来好处:开阔视野、舒缓心情、查找资料、可以克服心理障碍、与外界交流。但是也有强大的隐患:沉迷于游戏、损伤身体、影响学习,甚至走上犯罪的道路。

（2）下面请看短片:《微信陷阱》(视频)

合作讨论:看完影片你有什么感悟(结合自己的经历)?

(三) 总结

"微电影"《微信陷阱》由浙江省公安厅根据真实案例改编。获全国首届平安中国微电影视频比赛一等奖。当今社会网络在我们生活中无处不在,大家一定要擦亮眼睛,保持警惕性,打赢新时代反间谍斗争,必须人人有意识、人人尽责任、人人做贡献。公民和组织如发现危害国家安全行为,拨打 12339 或在网站 www.12339.gov.cn 上进行举报。

(四) 课后拓展

1. 学习了这节主题班会课后,你有什么收获?（结合具体实例）

2. 作为一名内高班学子,在新冠肺炎病毒还没有彻底攻克的情况下,在生活和学习中要怎样正确认识生物安全?

3. 就如何正确利用网络,写一篇心得体会。

七、 教学评价

这节课对学生来说接收的信息量还是比较大的,课程设计借助 PPT 的展示,学生听得还是比较认真,在讨论环节,大家发言积极,对生物安全方面的知识更感兴趣,了解到人类历史上的传染性疾病,以及目前新冠肺炎病毒在全球蔓延的现状。通过我国对病毒的控制及时有效,激发起学生对祖国的自豪感和对社会主义制度优越性的体验。在网络安全这一环节,通过观看"微电影"《微信陷阱》让学生警醒,提醒学生在网络上不能轻易加陌生人,不轻信陌生人。大家要合理规范使用网络,为青少年创造一个风清气正的网络空间。

八、 课后反思

在教学中以老师讲为主,学生有互动,每个环节都有小结。这节课的容量有点多,学生在最初听得比较认真,师生互动有效果;到后面讲网络安全内容时,学生有点激动,有人在小声抱怨学校手机管控太严。教师就这个话题,引导学生展开了网络的使用不当有危害性的话题讨论,整体反映还不错。课结束后,有学生找我说收获蛮大的。"课后拓展"有一项写一篇心得体会,学生在体会中写道:"当今社会,科技高速发展。5G 的应用,让我们在享受网络带来的便利的同时,也面临着网络安全的问题。我们要提高安全意识,保护国家机密,坚定文化自信,警惕网络的不当使用给国家带来危险"。"正处于高中阶段的我们,父母不在身边,有一些叛逆,还比较易冲动,最重要的是缺乏社会阅历,这样成为坏人使坏的最好的目标。微信附近的人、游戏好友……别有用心的人通过各种手段向我们的生活渗透,骗取信任从而达到不可告人的目的,所以我们要保护自己。"

总体来说,这节主题班会是成功的一节课。

初中篇

认识总体国家安全观

安徽省铜陵市第二中学　阮全海

一、设计依据

（一）内容依据

本课依据的是教育部印发的《大中小学国家安全教育指导纲要》精神，以习近平新时代中国特色社会主义思想为指导，贯彻党的教育方针，落实立德树人根本任务，牢固树立和全面践行总体国家安全观，构建具有中国特色的国家安全教育体系，系统推进国家安全教育进课程、进教材、进校园，全面增强大中小学生的国家安全意识，提升维护国家安全能力，为培养社会主义合格建设者和可靠接班人打下坚实基础。

本课依据课程标准的相应部分是"我与国家和社会"中的"积极适应社会的发展"。具体对应的内容标准是："感受个人成长与民族文化和国家命运之间的联系。"

本课依据的学科教材是义务教育教科书八年级上册《道德与法治》（部编版）第九课《树立总体国家安全观》第一框题《认识总体国家安全观》的具体内容。

（二）学情依据

八年级学生能够熟练使用现代通讯终端，通过多种渠道收集信息，对安全问题有一些接触和了解，如食品安全、交通安全、校园安全、隐私安全等。但是，由于学生缺乏主动性和一定的分析辨别能力，他们对国家的政治安全、经济安全、军事安全、社会安全等方面的认识较为模糊。对于长期生活在和平与安定环境中的初中生来说，他们对国内外安全领域面临的复杂形势缺乏切实的感受和必要的了解，很难充分意识到国家安全的重要性和我国面临的严峻安全形势,对树立和坚持总体国家安全观了解不多,认识不足。

基于以上学情,本节课采用《道德与法治》学科课堂教学形式,对学生进行国家安全方面的教育,目的在于引导八年级学生理解国家安全的含义及其重要意义,正确理解和全面把握我国安全形势面临的挑战,树立和坚持总体国家安全观。

二、 教学目标

(一)情感、态度和价值观目标:感受国家安全与每个人息息相关;增强忧患意识,居安思危,树立总体国家安全观。

(二)能力目标:理解国家安全对个人成长的重要作用,客观把握我国国家安全面临的形势,深刻理解总体国家安全观的丰富内涵。

(三)知识目标:理解国家安全的重要意义;了解总体国家安全观的基本内涵、中国特色国家安全道路、国家安全体系。

三、 教学策略

(一)以"国家安全认知澄清——国家安全意义分析——国家安全形势探究——国家安全思想保障"为活动路线,以信息技术和多媒体技术运用为手段,以活动任务和情境问题为导向,引导学生开展探究性学习,多层面、多维度认识和把握总体国家安全观。

(二)坚持以教师为主导、学生为主体,组织学生开展课前准备、体验感悟、比较分析、交流分享等具体活动,提高学生的信息意识、勇于探究的学习能力,发展学生的国家认同、政治认同等核心素养。

四、 教学重点及难点

(一)教学重点:国家安全的重要性。国家安全不仅关系着社会发展进步、民族复兴,而且与每个公民息息相关。教师要引领学生从历史与现实的比较、分析和感受中,充分认识国家安全的重要性,树立维护国家安全的意识。

(二)教学难点:树立总体国家安全观。总体国家安全观地位重要,内涵丰富,思想深邃,需要准确领会,牢牢把握。教师要从我国面临的安全形势、习总书记关于总体国家安全观的重要论述、贯彻落实总体国家安全观的措施等方面对有关知识进行适当补充,帮助学生全面把握总体国家安全观。

五、 课时安排

1 课时(45 分钟)

六、 课前准备

(一)自主学习:阅读教材,了解国家安全的含义、国家安全的重要性、总体国家安全观的基本内涵。

(二)搜集资料:我国维护主权、经济发展、人民生活方面的发展成就;关于我国粮食安全、主权和领土安全、海外利益安全形势等相关文字、图片或者视频资料;我国维护国家安全的重大举措。

(三)资料整理:小组分工合作,将发展成就与历史进行比较;分析安全问题的客观原因;将安全举措进行分类。

七、 教学过程

(一) 导入新课

教师利用多媒体播放全民国家安全教育日宣传片《国家安全——我们在一起》,全体学生观看视频。

设问:你知道什么是国家安全吗? 国家安全与我们有什么关系? 你觉得我们的国家安全吗?

教师总结:国家安全是实现国家利益的根本保障,关系人民幸福、社会发展和中华民族伟大复兴。国泰民安是全体人民的共同愿望,国家安全与每个人息息相关。本节课,我们将以"国家安全"为话题,分四个篇章对相关问题进行探究。

(二) 新课教学

目标导学一：国家安全的含义。

活动一：国家安全认知澄清。

多媒体展示：国家安全是指国家政权、主权、统一和领土完整、人民福祉、经济社会可持续发展和国家其他重大利益相对处于没有危险和不受内外威胁的状态,以及保障可持续安全状态的能力。

1. 交流分享：根据国家安全的含义,结合自己的生活经验,你发现了哪些与我们日常生活有关的国家安全事件？ 这些事件分别属于国家安全哪个方面的内容？

学生回答略。

2. 教师点拨：随着时代的发展,国家安全已经拓展到了经济、政治、文化、社会、生态环境、网络空间、国际交往等各个领域。国家安全也不仅只是国家安全机关、公安机关、军事机关等部门的专项职责,国家安全与我们每个人的生活息息相关。

过渡：国家安全涵盖的领域非常广泛,涉及国家、社会及个人生活的很多方面。那么,国家是否安全对我们会有怎样的影响呢？

目标导学二：国家安全的重要性。

活动二：国家安全意义分析。

1. 学生展示：我国维护主权状况之今昔比较;我国人民生活状况之今昔比较。

2. 交流分享：看了这两则材料,请你谈谈感受？

3. 探究思考：分析总结上述两个材料,谈谈你对国家安全与国家发展、人民幸福生活之间的关系的认识。

学生回答略。

教师点拨：通过今昔对比,我们一方面能感受到我国经济社会发展取得了巨大成就,为此感到骄傲和自豪;另一方面我们应该认识到,国家安全是国家生存与发展的重要保障,是人民幸福安康的前提。

过渡：随着我国的快速发展,我国的综合国力显著增强,人民的幸福感、安全感和获得感不断增强。但是实际上,我国还面临着复杂的安全形势。

目标导学三：树立总体国家安全观。

活动三：国家安全形势探究。

1. 小组展示：根据课前分组安排，小组代表分别展示我国的粮食安全形势、主权和领土安全形势、海外利益安全形势等相关文字、图片或者视频材料。

2. 探究分享：除了上述材料中的问题，我国还存在哪些国家安全问题或者挑战？出现这些国家安全问题有哪些客观原因？

学生回答略（教师可以提示学生从安全内容、时空领域、内外环境等方面思考）。

教师点拨：今天，我国国家安全的内涵和外延比历史上任何时候都更丰富，时空领域比历史上任何时候都更宽广，内外因素比历史上任何时候都更复杂，我国面临着复杂的安全形势。

过渡：我国国家安全面临着复杂的形势，我们要有危机意识。面对危机，我们如何才能转危为安呢？

活动四：国家安全思想保障。

教师展示：习总书记关于国家安全的重要论述（视频略）。

1. 阅读感悟：习总书记关于总体国家安全观的重要论述包括哪些方面？

教师引导学生阅读教材，从基本内涵、安全道路和安全体系三个方面把握总体国安家安全观。

2. 交流分享：近年来，为贯彻落实总体国家安全观，党和政府在经济、文化、社会、生态、外交等各方面采取了哪些具体措施？

学生回答略（教师可以提示学生从相关政策、法律、活动、宣传等角度思考）。

教师点拨：总体国家安全观全面概括了国家安全的深刻内涵，指明了中国特色国家安全道路，统筹构建了国家安全体系，为我们认识和维护国家安全指明了方向。党和政府在各个方面采取了积极有效的措施，坚决贯彻和落实总体国家安全观，国家安全有了可靠保障，国家发展和人民生活就有了保证。

（三）总结提升

本堂课我们学习了有关国家安全三个方面的基本知识，探究了我国在维护国家安全方面取得的成就和面临的挑战，明确了我国贯彻落实总体国家安全观的战略部署和保障措施。希望每个同学在今后的学习和生活中，高度重视国家安全，时刻关注国家安全，积极维护国家安全，与国家同呼吸、共命运，在为国家安全和发展作贡献的过程中书写华彩的人生篇章!

八、 教学反思

国家安全教育课堂教学,要落实立德树人的教育目标,教师必须了解国家安全教育的指导思想、教育目标、基本原则和教育内容等要求,在教学实践中尊重学生认知发展规律和教育教学规律,选择合适的教学资源,设计合理的教学内容,开展有效的课堂活动,追求良好的教学效果,以满足学生发展和适应社会发展需要。

本节课堂教学依据教育部《大中小学国家安全教育指导纲要》、义务教育课程标准、部编版八年级义务教育《道德与法治》教材设计教学内容和教学目标。在了解学生学情和学生认知水平的基础上,按照"是什么""会怎样""怎么样""怎么办"的思路演进,设计了四个课堂教学活动。坚持以教师为主导、学生为主体,以具体任务和问题为导向,引导学生动手、动眼、动脑,积极参与课前活动和课堂活动,在互动探究中学习。

从课前准备来看,学生搜集的材料比较丰富,分工协作效果良好,为课堂探究活动打下了基础。在课堂活动参与方面,学生能够运用已学知识和生活经验进行有效交流互动,课堂气氛活跃,教学过程比较顺畅。从课后学生的反馈来看,大部分学生能完整把握基本理论知识,国家安全意识和危机意识有所增强,对党和政府贯彻落实总体国家安全观有了理解和认同。总体上来说,本节课完成了预期的教学目标和教学任务。

由于学生还存在生活经验、兴趣爱好、知识基础和思维水平等方面的差异,部分学生没有全程和全面参与课堂,在知识、能力和思想方面没有得到有效发展。我还需要加强专业理论知识学习,在分层设计、差异教学、分类辅导等方面下功夫,在教学实践中摸索教育教学的方法和艺术。

拒绝性侵害，创和谐社会

福建省龙岩市武平初级中学　兰发荣

一、 课程简介

教学对象：七至九年级学生。

教学准备：提前布置学生课外收集一些性侵害事件案例。

教师准备：若干性侵害事件案例和相应的法律法规；若干防范和应对性侵害行为的主要措施和方法；《学会自我保护，拒绝性侵害》课件一份。

学生准备：收集相关青春期生理变化的资料；调查生活中的哪些环境容易发生性侵害事件；收集性侵害事件造成的恶劣社会影响，甚至引发大规模抗议和冲突事件的资料！

二、 教学目标

（一）引导学生认识什么是性侵害；了解性侵害的主要形式；知道防范和应对性侵害行为的主要措施和方法。提高学生安全防范意识和自我保护能力。

（二）引导学生了解性侵害发生的时间和主要场所，培养学生的观察分析能力和应变处置能力。

（三）使学生能正确地对待生活中的性侵害事件，培养学生珍惜生命、关爱健康的生活态度。

（四）发生性侵害事件要及时汇报，学校及相关部门要及时处理好，预防性侵害事件造成恶劣社会影响,预防因此类事件而引发大规模的抗议和冲突事件,提高校园安全、社会安全、国家安全意识!

三、 教学过程

(一) 以讲述"7 岁男生遭割喉,印度学校社会安全引担忧"事件导入课题

2017 年 9 月 12 日《环球时报》综合报道,"在私立学校尚且发生如此惨案,印度还有什么地方能保证孩子的安全?"据印度媒体 11 日报道,该国知名私立学校瑞安国际学校一名年仅 7 岁的二年级男生,在反抗性侵时惨遭割喉身亡。虽然犯罪嫌疑人以及校方负责人等已经被逮捕,但该案造成的恶劣社会影响连日来不断发酵,并引发大规模的抗议和冲突事件。

据《印度时报》报道,该案 8 日发生在瑞安国际学校古尔冈市的一所分校。当日上午 8 时左右,受害人塔库尔进入学校卫生间方便,当时嫌犯也在厕所内,见到受害人后便上前意图不轨。面对男孩的哭喊与抵抗,嫌犯使用随身携带的刀具对男孩实施"割喉"。媒体形容,这一刀下手极其残忍,嫌犯在男孩左耳下方到整个喉部留下了长长一道伤口。等到被发现时,塔库尔已躺在了一片血泊中,不久后在医院不幸身亡。

印《经济时报》称,凶案发生后,印度警方共拘捕 10 人,并锁定了犯罪嫌疑人 42 岁的校车乘务员库马尔。在警方的突审下,嫌疑人对自己的罪行供认不讳。目前,库马尔面临着谋杀和性侵未遂两项指控。媒体称,嫌犯的性侵行为未能得逞,他的精液残留物是在受害人的校服上发现的。

嫌犯的落网未能平息受害者家属的愤怒,校方的严重渎职更是遭到了学生家长的广泛质疑。受害人父亲瓦伦对《印度时报》称,在儿子惨遭"割喉"之后,校方曾刻意隐瞒事实,谎称"孩子身体状况恶化"。另一位学生家长亚达夫也对校方提出疑问,称家长每年要为孩子支付巨额的学费和设施使用费,一个低级别的员工按理说是无权进入教学区使用卫生间的。他认为,嫌犯虽是"个犯",而校方对此难辞其咎。

《印度斯坦时报》称,事发后仅一日,当地就爆发了激烈的群体事件,以学生家长为主的数百名抗议者在学校外举行大规模示威,要求警方逮捕校领导并将该校永久关闭。抗议者扬言称,如果该校周一仍然正常上课,就把它烧成平地。受害人家属则带领律师和另一批家长来到警局外抗议,嫌犯的住宅也遭"围堵"。

随着事情的发酵,校外 11 日发生了更为严重的暴力冲突,抗议者焚烧了校门口不远处的一家酒水店,警方不得不动用武力强行驱散示威人群。愤怒的抗议者表示,这起凶案并没有表面上那么简单,很多细节说不通。比如,凶犯作为一名乘务员,为何当天要带着一把崭新的刀具上班,又"刚巧"杀死了受害人? 一名家长断言,警察在该案件中肯定有所隐瞒。

印度媒体慨叹,对于孩子来说,校园本应是除了家庭以外最安全的场所,但该国校园却一直是犯罪高发的地方。《印度斯坦时报》报道称,几乎与男童被割喉事件同步,印度德里某私立校一名年仅 5 岁的女童惨遭雇员强奸,德里首席部长科基瓦尔亲自下令严查。前不久在拉贾斯坦邦,8 名"狼师"被控以补习为名轮奸一名 12 岁少女,还录制视频对其进行威胁。

(二) 听完这则新闻后各小组讨论交流(全班分六组,7—8 人为一小组)

第一小组活动:

1. 请你结合生活经验谈谈假如你是故事中的受害人塔库尔,碰到这种情况该怎么办?

2. 学生讨论交流,汇总后小组代表发表看法。

3. 教师小结

(1) 遇到侵害时,首先要保持清醒的头脑,保持镇静,临危不惧。

(2) 遇到侵害时要有坚持反抗到底的信心,软磨硬泡,拖延时间,顽强抵抗。根据周围的环境选择摆脱、反抗、求救的办法。

(3) 寻求适当机会和方式逃脱。例如可先假装同意,使犯罪分子放松警惕,然后寻找机会,使尽全力将他推倒,及时逃跑,并在逃跑时继续呼救。或者出其不意,猛击其薄弱部位,使其丧失侵害能力,趁机逃脱。

(4) 采取积极的防卫措施,利用身边的器物或日常生活用具防卫。

(5) 遭遇陌生人侵害时,要努力记住犯罪分子的体貌特征,保护好现场及物证,及时报案。

在面对侵害时一定要保持冷静,勇敢与其作斗争,不能任其妄为,必要时可随身携带防狼喷雾等工具。

请记住:成长路上,我们与法同行。

第二小组活动：

1. 保护自己的身体，避免受到性侵害，思考并演练处理危险和紧急情况的方法（2人一组）。

2. 问题思考及小结

（1）哪些地方属于身体的隐私部位？告诉学生隐私部位不允许别人触摸。

（2）不能在公共场合暴露自己的隐私部位。

第三小组活动：了解性侵害的定义和性侵害的形式

1. 学生小组讨论：以你现在的经验来看，什么样的行为才能称之为"性侵害"？哪些人容易受到性侵害呢？

2. 学生交流汇报。

3. 教师小结：性侵害是指非意愿性的并带有威胁性的各种攻击性行为，如强奸、猥亵。性骚扰是一种有害的和强迫的性关注，例如：戏弄、触摸或辱骂等。性侵害的对象不仅仅是女孩，也包括男孩。

4. 学生讨论：课前老师布置大家收集性侵害的相关案例，下面请同学们在小组内交流收集到的案例，小组同学讨论、分析性侵害都有哪些形式。

5. 学生交流研讨。

6. 小组代表汇报。

7. 教师小结：常见的性侵害主要有以下几种形式：（1）暴力型性侵害；（2）胁迫型性侵害；（3）社交型性侵害；（4）诱惑型性侵害；（5）滋扰型性侵害。

第四小组活动：

1. 了解如何预防性侵害。要求：2人一小组，用表演方式演示一种预防性侵害的方法。

学生讨论交流：其实在日常生活中，女性往往是性侵害的主要受害者，你认为还有哪些具体的细节需要引起我们注意呢？

2. 小组代表汇报交流研讨结果后教师小结

（1）我们要对性侵犯的行为勇敢地说"不"。

（2）不要轻易接受陌生人或他人的饮料和食品。

（3）不要独自到偏僻的地方，如无人管理的公厕等。

（4）避免黑夜单独外出，如有特殊情况要父母来接。

（5）对于不当或不舒服的身体接触，要勇敢地说"不"。

（6）衣着打扮要得体，不能太暴露，不要随意显露自己身体的隐私部分。

（7）上学、放学或者外出时随时与家长保持联系，尽量要结伴而行。

（8）不单独和异性呆在一个封闭的空间里。即使是在异性老师的办公室，也要开着门。不要随便到歌厅等娱乐场所，不单独和异性约会，尽量不在同学家留宿。

（9）不在网络上和陌生人聊天和视频。尽管在网络上聊天和视频可以娱乐，但应小心谨慎。某些人可能会利用互联网欺骗年青人进入性侵害的情境。

第五小组活动：你还收集到了哪些关于性侵害的法律常识？

1. 学生讨论交流。

2. 教师小结

（1）性侵害未成年人是指加害者以威胁、暴力等方法给未成年人造成性伤害的行为。主要包括强奸、强制猥亵、强迫卖淫等罪名。

（2）性侵害未成年人犯罪不是一般性的刑事犯罪，对其身心健康的影响不仅可能是终身的，而且还危及其家庭和社会，已经演变为十分严重的社会问题。

（3）《刑法》第236条第一款的规定，违背妇女意志，以暴力、胁迫或者其他手段强奸妇女的，处三年以上十年以下有期徒刑。这是强奸罪最普通的定义，是强奸还是通奸主要看是否违背妇女意志，是否采取了暴力、胁迫或者其他手段，如妇女同意则为通奸。但《刑法》第236条第二款还规定，奸淫不满十四周岁的幼女的，以强奸论，从重处罚。也就是说奸淫不满十四周岁的幼女，无论其是否同意，都应以强奸罪论处。这是因为十四周岁以下的幼女对性的认知是不全面的，对他们的性权利必须进行特殊的保护。

（4）简单来说，猥亵是指为了追求性刺激，满足性欲，实施发生性关系以外的淫秽性的下流行为。猥亵他人，必须是强制手段违背了他人的意志才能构成犯罪，但猥亵儿童不需要，只要实施了猥亵行为即可构成犯罪，并且猥亵儿童是从重处罚的。根据最高人民法院、最高人民检察院、公安部、司法部联合颁布的《关于依法惩治性侵害未成年人犯罪的意见》第25条的规定，对未成年人负有特殊职责的人员，实施强奸、猥亵犯罪的，要从严惩处。

女性往往是性侵害事件的主要受害者，特别是不满14周岁的幼女，国家以法律的形式给予了明确的保护。同性性侵害的危害也很巨大……

第六小组活动：

遭遇性侵害后,该怎么做? 学校老师该怎么做,政府该要怎么解决这类社会问题?

1. 受到性侵犯后要及时告诉可信任的人：如父母、老师。

2. 当侵害已成事实的时候,受害者应该勇敢地拿起法律的武器来维护自身合法权益,让不法分子落网,接受法律制裁：要尽量记住歹徒的特征,保护好证据,在家人的陪同下及时到公安机关报案。

3. 老师要强化对学生的全面综合保护意识,当好守护者。未成年人被性侵问题涉及隐私保护,要坚持内外有别、内紧外松,和被害人相关的信息、案情、工作情况、数据等,除按规定报告司法机关外,要严格限制知悉范围,不得擅自扩散,不宜公开报道,也不要通过微信等方式传递相关信息,防止舆论炒作。对被害少年儿童或处于困境的少年儿童,可以整合多方力量提供全方位的综合救助,包括司法救助、生活救助、心理救助等,有效保障未成年人这一特殊群体的权益。

4. 作为政府,立法机关要努力完善立法方面的不足,用法律去保护未成年人的权益,并约束和禁止相关犯罪行为。

5. 执法机关(公安部门)要将相关法律法规贯彻到位,对此类案件要加强侦破力度,并做好保密工作,保护受害者及家属的隐私,同时要严于律己,防止徇私舞弊(例如收礼、搞关系、走后门之类)!

作为社会,要加强对相关法律法规的学习;要保护案件受害者的声誉,不随便议论或指指点点,尊重受害者的隐私;要努力放开观念,营造一个良好的性启蒙教学氛围;不因循守旧、食古不化,及时抛弃一切陈旧错误的观点。

(三) 课堂小练习(检验学习效果 14 题)

下列各项,认为对的请打"○",错的请打"×"。

□1. 一位同学很喜欢讲黄色笑话,这也是一种性骚扰。

□2. 男同学常聚在一起,高声谈论女同学戴胸罩、使用卫生棉等事,这也算是性骚扰。

□3. 只有陌生人会性侵害孩子,认识的人不会这么做。

□4. 被性伤害的孩子,因为觉得很丢脸,怕别人笑,所以大部分不会主动告诉别人,也不会向人求救。

□5. 性侵害儿童的人会挑安静顺从及活泼信任人的孩子下手。

□6. 大人、孩子都可能是侵害儿童的人。

□7. 大声自信地对侵害者说"不"也是儿童自我保护的方法之一。

□8. 好孩子不可能被人性侵害。

□9. 情况若不可控制,变了样,应立即作出反应,不必顾到温和有礼的形象。

□10. 明确表达拒绝的意思且坚持自己的原则。

□11. 爱是尊敬,不是强迫;爱一个人就要尊重他(她)。

□12. 注意酒及饮料,强暴常与酒和暗中下药的饮料有关。

□13. 曾经被性伤害过的孩子,不会再次被伤害,因为他们知道这些坏人所用的方法,不会再受骗。

□14. 受侵害的孩子常常很难拒绝别人。

(四) 教师课堂小结: 免于性侵害的预防方法

1. 你的身体是属于你的,任何人亲近你(包括亲人)若为你带来不舒服的感觉,或你觉得不喜欢,你有权利拒绝,并说"不"。

2. 若有人碰触或抚摸你,事后却要你保密,你不要照做,一定要说出来,因为:

(1) 拥抱、亲吻是很好的,但从来不会是个秘密。

(2) 若你感到不安全、不舒服,你就不必听从对方(大人、小孩、朋友)的话来保密。

3. 每个人都有自己的亲密界限,你可以建立属于自己的亲密界限,并清楚地、有信心地让别人知道这个界限。

4. 若有人问路或请你帮忙,请他(她)找大人,并自己立即走开(若他(她)真的需要协助,会找能力较好的大人,而非小孩)。

5. 不要走近坐在汽车内的陌生人:如陌生人邀请你,不管坐车还是走路,均需拒绝。

6. 身上随时备有零钱,可以打电话。

7. 出入偏僻场所要结伴而行(暗处、公厕……)。

8. 男\女生都可能受到性侵犯。

9. 陌生人\熟人都可能是侵犯者,不是只有外表看起来像坏人才会伤害人("坏人"二字不会写在脸上)。

10. 外出要告诉父母\亲人你的去处\和谁同去,并留下清楚的联络方式(如:电话\住址)。

11. 记住在紧急状况可以请协助你的人拨打电话号码。

12. 遇暴露性器官变态者(社会秩序维护法规定:于公共场合或公众的出入场所,任意裸体或行为放荡姿势者,或有妨害善良风俗、不听劝阻者):

(1) 首要,不表现出害怕状态(理直气壮,不用怕),最好的应对方式就是不予理会(暴露狂在医学上被视为心理层面有病的人,这样的人喜欢透过别人的惊吓与尖叫声来达到自我的生理亢奋)。

(2) 镇静地走到人多之处。

(3) 进入就近的商店,告诉大人向其求助,并打电话报警。

(4) 就近告诉老师、警察。

13. 在建筑物内或偏僻场所遇到状况:

(1) 镇定,假装向某方向喊某人之名或吹哨子(哨子随时要带在身上),然后加速离开。

(2) 用各种借口拖延(如:场地不合适、身体不适、拉肚子……)再伺机脱逃。

(3) 用沙子、袋子……攻击(需视状况,避免无用的攻击而激怒加害者)。

(4) 保护你的生命为最重要(有了生命才有机会制服加害者,避免他再伤害其他人)。

(5) 想尽办法将自己弄得很脏,让对方不想接近你。

14. 受到性伤害时,尽快告诉你信任的大人,若他不信则要继续告诉其他大人,直到有人相信。

15. 只要你愿意说出来,你就是个有智慧又勇敢的小孩。不但你可以得到保护,其他人也可以得到保护;而伤害你的人也有机会被制裁及得到帮助(加害者的特质),避免他再去伤害其他人。

(五) 拓展延伸

课后继续收集相关资料,了解防范性侵害的好办法,我们将开展一次以"保护自我,拒绝伤害"的主题班会,将你的好办法与大家共享,进一步提高我们每个人的校园安全意识和社会安全意识。

四、教学评价

表1 教学评价表

学校	福建省龙岩市武平初级中学	执教者	兰发荣	学科	国家(社会)安全教育
班级	七至九年级学生	课题	《拒绝性侵害,创和谐社会》	课型	新授课

评价项目		评价要求	权重分	得分
学生学习活动(60分)	参与程度	分五个小组活动,小组讨论、探究,小组汇报分享学习成果。	15	
	学习习惯	体现善于倾听、思考、质疑、交流、合作等良好的学习品质。	8	
	过程体验	分五个小组活动。	6	
		自主学习、合作学习贯穿全过程。	8	
		各小组成员自主、合作、探究学习;体验并归纳出有关性侵害各方面的重点知识。	8	
	学习效能	能主动表现自我、表达自己想法。	5	
		分组学习,汇报、分享学习成果。	5	
		通过五个小组活动,体验并归纳出有关性侵害各方面的重点知识,找出预防性侵害的有效方法。	5	
教师教学活动(40分)	教学理念	分小组活动,小组讨论、探究,小组汇报、分享学习成果,调动学习主动性,调动学习热情。	8	
	教学目标	目标表述明确、具体、贴切,重难点确定恰当,关键问题把握准确,目标意识贯穿教学全过程。	8	
	教学内容	重难点把握得当,容量适度。	4	
		符合学生学情,联系实践,创造性使用教材,学科知识、技能得到具体落实。	4	
	教学过程	课前布置学生收集性侵害相关的资料。	3	
		通过分五个小组活动,小组讨论、探究,小组汇报、分享学习成果。	3	
		通过现场模拟表演等活动加深对性侵害相关知识的了解。	2	
		课堂巩固拓展练习。	2	
	教师素养	课件简洁有效,充分扩展教学资源,演示和讲解有机结合。板书精美实用。	3	
		教学语言清晰、准确、简练、通俗、生动、逻辑严谨。	3	

本节课综合评分				
总评	主要亮点	大部分学生能主动参与小组交流与合作,主动汇报、分享学习成果。		
	存在不足	个别学生不主动参与小组交流与合作,在看别人表演。		
	建议	通过更有效的方式,调动学生参与热情。		
注:无法完成教学任务或拖堂超过1分钟的扣3分。				

五、 教学反思

通过本课案例分析和针对家长、学生们认识薄弱环节,我们发现可能导致少年、儿童性侵发生的原因有:1.我们家庭、学校在关于性教育方面知识的缺失;2.法律知识不足,施害者法律意识淡薄;3.性侵儿童的处罚力度不足,导致性侵少年、儿童的案件不止。

(一) 对如何教育少年、儿童防性侵的建议

1. 让防性侵教育走进家庭

(1)防性侵教育从家长抓起。家庭教育是孩子的重要课堂,对于扫除孩子身边存在的危险起到十分重要的作用。

(2)家长正视性教育。我们可以买些相关书籍或者通过网络搜索一些国外的性教育理念,自己先了解,再来教孩子。建议家人跟孩子每天有固定的时间去聊天交流,询问孩子与老师或其他人相处情形,留意孩子的行为、语言,给予孩子更多的关爱。如果孩子提及身体隐私部位的变化或者观察到孩子身上有不寻常的痕迹,家长都要引起重视。

2. 让防性侵教育走进校园

建议学校将防性侵教育在学校中开设并能普及开来,让更多孩子学到他们这个年龄应该懂的知识。

(二) 妇联组织应如何发挥作用

重视对留守、流动儿童的管理和教育。开展"爱心妈妈"结对帮扶留守少年儿童活

动,进行谈心交心、沟通交流,弥补家庭教育的缺失。

(三) 国家要重视性侵害事件,让法律成为保护少年儿童远离性侵的第一道防线

呼吁我们的立法部门全面完善有关儿童保护的法律,加大违规主体的惩罚力度,执法部门对于保护少年儿童安全的法律更应该严格执行,要让犯罪分子从内心敬畏法律,这样才能真正降低性侵少年儿童案件发生的几率。

保证孩子平安健康成长是全社会共同的责任,预防少年儿童性侵害教育不是只靠家庭和一个组织就能完成的,需要在全社会建立健全少年儿童安全教育保护网络,完善现有的儿童安全教育保护工作。

(四) 国家要重视性侵害的危害

作为政府,立法机关要努力完善对于立法方面的不足,用法律去保护未成年人的权益,并约束和禁止相关犯罪行为;执法机关(公安部门)要将相关法律法规贯彻到位,对此类案件要加强侦破力度,并做好保密工作,保护受害者及家属的隐私,同时要严于律己,防止徇私舞弊(例如收礼、搞关系、走后门之类)!作为社会,要加强对相关法律法规的学习;要保护案件受害者的声誉,不随便议论或指指点点,尊重受害者的隐私;要努力放开观念,营造一个良好的性启蒙教学氛围。不因循守旧、食古不化,及时抛弃一切陈旧错误的观点。

学校及相关部门要提供一个优良的环境让学生健康成长,如果发生性侵害事件,老师要强化对学生的全面综合保护意识,当好守护者;学校及相关部门要及时处理好,预防性侵害事件造成的恶劣社会影响,或引发大规模的抗议和冲突事件等学校安全、社会安全事件!

新时代下的中国粮食安全问题

广东省云浮市云浮中学　余杰灿

一、 课程简介

粮食安全是我国的经济安全和资源安全的重要组成部分。国以民为本,民以食为天。我国历来高度重视粮食安全问题,将其视为关系国计民生、国家安全、社会稳定的头等大事。

《乡村振兴战略规划(2018—2022 年)》提出,坚持"以我为主、立足国内、确保产能、适度进口、科技支撑"的国家粮食安全战略,确保"谷物基本自给、口粮绝对安全"。

习近平总书记指出,确保重要农产品特别是粮食供给,是实施乡村振兴战略的首要任务。这充分表明党和政府对粮食安全问题的清醒认识和高度重视,也是我们公民必须认识到的重要国情之一。

本课例适用于初中学段地理学科教学,针对初中学生对珍惜、节约粮食认识不足的现状,开展一节关于粮食安全的专题授课。也可以作为第二课堂,增进学生对节约粮食、保护国家粮食安全的认识和了解。

二、 教学目标

(一) 明确新时代下粮食安全观的概念。从概念出发,明白现时代下的粮食安全观是既要实现粮食数量安全,又要实现粮食质量安全,还要对资源环境友好,保障粮食生态环境安全和资源安全。实现粮食安全的可持续发展。

（二）知道我国粮食安全存在的问题及隐患，增强发展过程中的忧患意识。

（三）积极为保障粮食安全提出策略与建议，从日常生活到社会倡导宣传再到国家政策层面，思考如何保障国家粮食安全，增强国家公民的责任感和主人翁意识。

三、教学过程

（一）情景导入

通过视频创设情境，观看《节约粮食，你我同行》（注：MV1），激发学生的学习兴趣，引发学生思考：在粮食产量连年丰收的情况下，为什么还要提倡节约粮食？（学生思考后分享自己的答案，教师及时点评）

教师引导：我国是个人口众多的大国，解决好吃饭问题始终是治国理政的头等大事。党的十八大以来，以习近平同志为核心的党中央把粮食安全作为治国理政的头等大事。习近平总书记高瞻远瞩、运筹帷幄，提出了新时期国家粮食安全的新战略，带领全国人民走出了一条中国特色的粮食安全之路。

（二）新授课

学生活动一：习近平总书记高度重视粮食安全问题，对粮食安全主动权、耕地红线、粮食储备调节等重要问题都作过深刻阐释。请你查找习近平总书记对粮食安全问题的阐释并在课堂进行分享。（查阅信息，关注国情，分享展示，提升能力）（本环节主要是任务驱动，鼓励学生合作与表达，自主探究与合作探究相结合，激发学生学习的动机）

学生分享后教师展示：

习近平总书记高度重视粮食安全问题，对粮食安全主动权、耕地红线、粮食储备调节等重要问题都作过深刻阐释。如：

1. 2013 年 12 月 23 日，习近平总书记在中央农村工作会议上的讲话时强调："洪范八政，食为政首。"我国是个人口众多的大国，解决好吃饭问题始终是治国理政的头等大事。毛泽东同志说："吃饭是第一件大事。"手中有粮，心中不慌。我国十三亿多张嘴要吃饭，不吃饭就不能生存，悠悠万事，吃饭为大。只要粮食不出大问题，中国的事就稳得住。

2. 2017 年 10 月 18 日,习近平总书记在中国共产党第十九次全国代表大会上的报告中提出:确保国家粮食安全,把中国人的饭碗牢牢端在自己手中。

3. 2019 年 3 月 8 日,习近平总书记参加十三届全国人大二次会议河南代表团审议时强调:耕地红线要严防死守。耕地是粮食生产的命根子。要强化地方政府主体责任,完善土地执法监管体制机制,坚决遏制土地违法行为,牢牢守住耕地保护红线。

4. 2020 年 5 月 23 日,习近平总书记在看望参加全国政协十三届三次会议的经济界委员并参加联组会时强调:中国人的饭碗任何时候都要牢牢端在自己手上,对我们这样一个有着 14 亿人口的大国来说,农业基础地位任何时候都不能忽视和削弱,"手中有粮、心中不慌"在任何时候都是真理。这次新冠肺炎疫情如此严重,但我国社会始终保持稳定,粮食和重要农副产品稳定供给功不可没。

知识讲授一:

粮食安全在不同社会经济发展阶段具有不同的内涵。我国进入新时代以来,粮食安全的国内外环境发生根本变化,粮食安全已被赋予新内涵、新目标。

传统的粮食安全观,即狭义的粮食安全观认为要确保粮食安全就要做到生产自给自足,通过高投入、高耗能提高粮食产量,尽可能多地储备粮食以保障粮食安全,更注重粮食数量安全。

以往关于粮食安全指标体系的研究更侧重于粮食数量安全,对粮食质量安全、生态环境安全、经济安全和资源安全的关注较少,已经不能满足当前发展战略下的粮食安全评估。

新时代粮食安全观,即广义的粮食安全观更加开放,认为粮食安全在确保产能的基础上,要实现粮食的营养、绿色、多元、开放。从生产上要摒弃过去通过要素投入提高粮食产量的做法,进而采用绿色生产的手段,既要实现粮食数量安全,又要实现粮食质量安全,还要对资源环境友好,保障粮食生态环境安全和资源安全。在粮食流通领域要做到市场主导、政府监管,提高粮食生产的经济效率安全。

(要求学生区分两个不同概念,能与时俱进,树立科学精神。)

学生活动二:学生用生活中的实例进行查找我国粮食安全存在的问题及隐患。(学生交流、展示、表达、分享:生生之间、师生之间可以进行互相评论)

(创设情景,任务驱动,提出要求,鼓励合作与表达)

知识讲授二：

我国粮食安全存在以下的问题及隐患：

1. 粮食浪费是我国粮食安全的一大威胁。

2. 居民膳食结构不合理，粮食浪费严重。

3. 粮食种植结构与消费结构不匹配。

4. 耕地和水资源匮乏，高投入的粮食生产方式不可持续。

……

学生活动三： 观看视频：新冠疫情导致粮食安全问题更加突出（注：MV2）

结合我国当前疫情防控，请为保障我国粮食安全建言献策。

（创设情景，提出问题，任务驱动，鼓励合作与表达）

知识讲授三： 粮食安全涉及生态安全、资源安全的范畴，是总体国家安全观的一个有机组成部分。保障我国粮食安全应该做到：

1. 保护我国有限的耕地资源，划出农田耕地保护区，确保耕地资源不被占用和破坏。加强农田水利基础设施建设，完善农田水利建设管护机制，要提高耕地质量和水平。

2. 通过增加科技研发投入，提高国内粮食生产效率。增强粮食可持续发展能力，增强粮食综合生产能力，加强农业科研攻关和技术推广应用，发展科技农业、生态农业、特色农业。

3. 改善城乡居民饮食和消费习惯，减少食物浪费。打通国内食物生产、储存、加工、流通等环节，最大限度减少食物损失。

4. 构建以国内生产为主、国际适当补充的粮食安全再平衡战略。减少对国际粮食的依赖，全面实现我国农业振业，实现谷物基本自给、口粮绝对安全。

结束言：同学们，粮食安全是国家的重要战略组成部分，我们必须牢牢树立粮食安全的意识。保护粮食安全刻不容缓，这对于保障国家粮食安全至关重要。

四、 教学评价

（一）过程评价：对学习态度、积极性、学习习惯、纪律等过程性指标进行分解评价。对学习主动、积极回答问题的学生及学习小组进行表扬。

（二）结果评价：从知识技能、方法与情感态度的发展方面进行评价。对课堂知识进行练习和巩固，组织学生进行课后考试，评估他们对知识的掌握情况。

（三）评价项目：分为整体学习行为评价（小组）、个性学习行为评价（个人）。通过随堂打分、在黑板小组成绩记录栏中评分进行。

五、 教学反思

这节课以任务驱动和问题导学为主，需要学生提前利用网络进行资源查找并进行交流分享，提高了学生搜索整合资源的能力和口头表达能力，在此过程中学生能通过海量的信息数据，筛选相关内容，了解并关注国情，提高主人翁责任感，强化为行动参与，很好地落实学科的核心素养。

国家科技安全融入初中学科教学初探
——以《邓稼先》教学设计为例

上海市嘉定区戬浜学校　刘宏佳

一、 课程简介

科技安全是国家安全的重要标志,是维护国家利益的基础,是提升国家实力的前提,是保障其他领域安全的技术支撑。国家的科技安全是国家安全的重要组成部分,是国家进行社会主义现代化建设的重要保障,而长期以来,人们对科技安全的知识知之甚少,在国际形势错综复杂的情况下,对学生进行国家科技安全教育是非常必要的。根据我校实际情况,结合教育部 2020 年 9 月颁发的《大中小学国家安全教育指导纲要》的精神,整合各学科有关国家安全的教学资源和学习资源,加快完善学校国家安全教学体系,从而增强学生国家安全意识。本课是人教版语文七年级上册第一单元第一课,适用于七年级学生以班级为单位进行语文学习时使用,由于文中涉及特定历史条件下的重大事件,学生需要在课前熟悉当时的国际环境和相关背景。

二、 教学目标

(一) 学科教学目标

1. 了解邓稼先的有关情况及一些相关背景资料,体会作者的写作意图。
2. 抓住重点句段,理解文章丰富的内涵,体会作者的情感。
3. 掌握本文以小标题连缀、自成一体、相对独立而又彼此关联的行文特征,逐步提高写作能力。

4. 了解本文语言句式多变、情感真挚的特点,体会课文恰当地运用语言技巧表达思想感情的写法,积累语言,增强语感。

(二) 国家安全教育目标

1. 学习邓稼先把一切献给科学、献给祖国、不计较个人名利、鞠躬尽瘁、死而后已的无私奉献和爱国主义精神。

2. 通过学习,激发学生学习国家安全知识的兴趣,理解科技安全的重要性,初步树立国家利益至上的观念。

3. 通过延伸、拓展学科知识,引导学生主动运用所学知识分析国家安全问题,理解总体国家安全观。

三、 教学过程

(一) 观看视频,激趣导入

请同学们观看视频《"两弹一星"之父》。

策略与意图:

"两弹一星"(核弹、导弹和人造地球卫星)是由新中国第一代领导人亲自决策、领导和指挥并迅速取得成功的伟大科学工程。在西方制裁、封锁和中苏关系破裂等国际不利形势下,中国依靠自己掌握的科学知识和智慧,艰苦奋斗,完成了研制导弹、核武器和发射人造地球卫星的战略任务,从根本上改善了国家的安全环境,奠定了新中国在国际上的地位。在研发过程中,很多科学家用生命维护国家安全,他们对国家民族的贡献是一般人无法替代的,然而,有些人却不为人所知。这些鲜为人知的杰出人物,是更高尚的,也是伟大的。"两弹元勋"邓稼先就是这样一位高尚的、伟大的人物。

(二) 朗读课文,整体感知

1. 教师播放示范朗读磁带,学生听读。

2. 字词解释

邓稼 jià 先　元勋 xūn　至死不懈 xiè

鞠 jū 躬尽瘁 cuì　选聘 pìn　无垠 yín　殷 yān 红

可歌可泣：值得歌颂赞美,使人感动的流泪。形容事迹英勇悲壮,非常感人。歌：歌颂,赞叹;泣：流泪。

元勋：立大功的人。

鞠躬尽瘁,死而后已：兢兢业业,不辞辛劳,直到死了为止。形容辛勤地贡献自己的一切。鞠躬：弯着身子,表示恭敬谨慎。尽瘁：竭尽劳苦;瘁：辛劳。已：止。

当之无愧：当得起某种称号或荣誉,没有愧色。当：承当,承受;无愧：不惭愧。

家喻户晓：每家每户都明白、都知道。喻：明白、了解;晓：知道。

截然不同：断然不一样,形容毫无共同之处。截然：分明地,显然地。

马革裹尸：用马皮包裹尸体。指英勇作战,死于沙场。

层出不穷：接连不断地出现。层：重迭,重复;穷：穷尽。

3. 学生自主交流阅读感受,并集体评议。教师归纳讨论意见。

策略与意图：

从解析字词入手,让学生简单了解邓稼先的生平经历和贡献,肯定邓稼先"两弹元勋"的地位,赞扬邓稼先"鞠躬尽瘁,死而后已"的光辉一生。在同美国"原子弹之父"奥本海默的对比中来写邓稼先,体现中国的原子弹工程没有任何外国人参加,是自力更生搞出来的,写邓稼先在极端困难的条件下,面临重点领域核心技术受制于人、原始创新能力不足等问题,身先士卒、不怕牺牲,为维护国家科技安全起到了至关重要的作用。

(三) 深层探究,理解课文

1. 思读课文,理清全文思路,理解文章的六个部分之间的联系

(1) 概括文章六个部分的大意,并想想全文六个部分之间有什么联系。

(2) 文章六个部分的小标题拟得怎么样？介绍自己最欣赏的一个小标题,并说说理由。这些小标题给你怎样的启示？

(3) 在写邓稼先之前,为什么先概述我国一百多年的历史？文章第四部分为什么写"我"？

(4) 课文有没有详细介绍邓稼先对国家安全的重大贡献？请谈谈你对此的理解。

学生四人一组讨论。小组长组织小组成员逐题交流,需要人人发言,如有不同意见,可交付老师评议,教师可说出自己的看法,供小组参考。然后每组选一个代表进行

全班交流。

策略与意图：

全文六个部分紧密关联。第一部分是全文的引子；第二、三部分简介邓稼先的生平经历和贡献，在对比中突现出邓稼先的气质、品格和奉献精神；第四部分从侧面写出邓稼先贡献之大，是对第二部分的扩展；第五部分重点写出了邓稼先超凡的才能、坚强的意志、坚定的信念、敢为祖国献身的崇高精神，是第二部分的具体化；第六部分，总结全文，突出他对维护国家科技安全所作的巨大贡献。

这些小标题拟得新颖、概括力强，突出本部分的核心内容和丰富意蕴。第一部分小标题为《从'任人宰割'到'站起来了'》，这个小标题如恢宏的画面，给人纵深的历史感，在这个巨大的背景下推出邓稼先，说明邓稼先是对这一巨变作出贡献的科学家，对国家科技安全产生了巨大影响。第五部分小标题《我不能走》非常出色，言为心声，一句简短的话语，道出了邓稼先身先士卒、不怕牺牲的气概，有先声夺人的表达效果。体现了作者取舍材料的高超艺术和谋篇布局的匠心独运。

（1）作者概述中国一百多年来的历史，在中国一百多年来的历史乃至世界的背景上推出邓稼先，是为了说明邓稼先是对维护国家科技安全作出巨大贡献的科学家。

文章第四部分是写作者自己内心所受到的震荡，作者为中华民族自豪，为 50 年的朋友邓稼先而骄傲，这从侧面写邓稼先的贡献之大。而且流露出作者对民族的一腔热情，对老朋友的满怀厚意。

（2）课文没有详细介绍邓稼先的生平事迹和巨大贡献。按照常理，邓稼先是"两弹元勋""两弹一星"功勋的获得者，文章应把重点放在叙述邓稼先对研制"两弹"的巨大贡献上，可作者却出乎意料，没有介绍事情的具体细节，而是着重叙写邓稼先精神与气质以及自己与邓稼先的交往。之所以这样写，并不是因为他对国家安全贡献不大，而是以下两方面原因：邓稼先的功绩无人不知，再重复出现这些材料，显得冗繁；何况自己与邓稼先分别二十余年，对邓稼先工作的具体情况不可能了解太多，这样可以扬长避短；再者，邓稼先是自己 50 年的朋友，写朋友，自然饱含着对老朋友不尽的思念、对朋友的认同钦佩。

2. 悟读课文，对文章进行深层研究，突出重点，化解难点。

（1）研读第三部分，设计相关题目指导学生精读课文。

① 为什么把邓稼先与奥本海默对比着写？请概述两人最本质的区别。

② 为什么说奥本海默"佩服他、仰慕他的人很多,不喜欢他的人也不少"?

③ "在我所认识的知识分子当中"中的"我所认识的"能去掉吗? 为什么?

④ 邓稼先能够说服两派不对吵对打,解围的原因是什么?

⑤ "邓稼先是中国几千年传统文化所孕育出来的有最高奉献精神的儿子""邓稼先是中国共产党的理想党员",谈谈你对这两句话的理解,这两句话流露出作者什么样的思想感情?

⑥ 钱三强选聘邓稼先,葛罗夫斯选聘奥本海默,其实这样的"伯乐"还很多,你能举出几个吗?

同桌讨论后发言。

策略与意图:

① 把邓稼先与奥本海默对比着写,更能鲜明地突出邓稼先的性格品质和奉献精神。他们最本质的区别在于性格和为人。奥本海默锋芒毕露,而邓稼先却忠厚平实,从不骄傲。

② 因为他才华出众、聪明过人,所以人们佩服他、仰慕他;但由于他经常打断别人的报告、锋芒毕露,所以不少人不喜欢他。

③ 不能去掉。因为作者不可能全部认识一个群体的所有成员,这表现了作者实事求是、高度负责的态度。

④ 因为他没有私心,人们绝对相信他,充分体现了邓稼先的人格魅力和无私格局。

⑤ "邓稼先是中国几千年传统文化所孕育出来的有最高奉献精神的儿子"是指邓稼先与锋芒毕露的奥本海默有着根本的不同。中国几千年传统文化就讲究人与人之间的关系和谐,和睦相处,讲究为人忠厚、谦虚、真诚、朴实。邓稼先汲取了传统文化的精华,并变成了自己的气质品格。"邓稼先是中国共产党的理想党员"是指,"他没有私心,人们绝对相信他",中国共产党的宗旨就是全心全意为人民服务,就是领导、团结广大人民一起向前,邓稼先把这奉为自己的行动准则,因此他是理想党员。这两句话流露出作者对老朋友的崇敬与赞扬之情。

⑥ 如熊庆选聘华罗庚,华罗庚选聘陈景润。

(2) 选取学生感兴趣的部分品味研究,并提出相关问题。

① 文章引用《吊古战场文》和五四时期的一首歌,有什么作用?

② "可是理论是否正确永远是一个问题",这句话该如何理解?

策略与意图:

① 引用唐代李华《吊古战场文》,显示了邓稼先工作地点的荒凉、工作的艰辛,增加了邓稼先精神的悲壮色彩。引用五四时期的《中国男儿歌》,赞颂了邓稼先就是只手撑天空的响当当的中国男儿,也从侧面烘托了他对维护国家科技安全所作的巨大贡献。

② 理论的正确与否要靠实践去检验,在核武器试验时检验理论,危险巨大。但邓稼先为了突破关键技术,扭转我国科技基础薄弱、受制于人的局面,还是毅然决然地选择了用实践检验。

(四) 体验与反思,畅谈学习感受

针对内容或形式来谈邓稼先的贡献对国家安全的重要性。

(五) 课堂小结

这是一篇回忆性散文,也是一篇人物传记。课文以中华几千年文化为背景,以一百多年来的民族情结、50 年的朋友深情为基调,用饱含感情的语言介绍了一位卓越的科学家、爱国者,为国家安全有巨大贡献的中国人民的儿子——邓稼先。邓稼先的科学精神、科学态度值得我们去学习,但他的无私奉献精神和用生命维护国家科技安全的态度更值得我们尊敬。

(六) 课后拓展

围绕国家安全,以《邓稼先给我的启示》为题写一篇文章。

四、 教学评价

坚持教学目标、教学内容、教法学法、教学过程、教学效果几个方面的综合评价,最终实现课堂教学的知识传递、价值引导作用,让学生能够知行合一、以知促行、以行求知。

表1 国家安全教育效果评价表（学生用）

学生姓名：＿＿＿＿＿ 班级：＿＿＿＿＿ 学科：＿＿＿＿＿ 教师：＿＿＿＿＿

评价要素	主要指标（权重）	A	B	C	个人自评	学生互评	教师评价
知识掌握情况		能理解国家安全的重要性	基本理解什么是国家安全	国家安全的概念还比较模糊			
安全意识发展情况		国家安全意识强烈	有基本的国家安全意识	国家安全意识淡薄			
解决问题能力		主动学习愿望强烈	有学习方法但主动性不强	缺乏学习的方法和手段			
合作交流能力		在合作交流中的观点鲜明，表达清晰	在合作交流中没有明确的观点	我行我素，基本不参与合作交流			
课后作业质量度		能独立完成国家安全的相关作业且质量高	能独立完成国家安全的相关作业，但质量不高	不能独立完成国家安全的相关作业			

表2 国家安全教育效果评价表（教师用）

教研组：＿＿＿＿＿ 教师姓名：＿＿＿＿＿ 任教学科：＿＿＿＿＿ 任教班级：＿＿＿＿＿

评价项目	质量标准	分值	得分
体现单元意识（5分）	★有国家安全设计意识与体现	5分	
科学设计目标有效促进达成（10分）	☆教学目标中应包含学科教学目标与国家安全教育目标，符合学生认知水平	5分	
	★依据教学目标设计课堂教学活动和课后练习	5分	
教学过程清晰（10分）教学结构合理且融入国家安全教育元素（10分）	☆呈现教学内容有系统和条理、由简到繁	5分	
	★将教学内容与国家安全知识相融合	5分	
	☆设计有意义的课堂反馈训练或练习	5分	
	★适时概括学习要点，并能简明扼要、突出重点（包括：学科知识要点和国家安全知识要点）	5分	

续　表

评价项目	质量标准	分值	得分
师生有效沟通 关注反馈指导 (20分)	☆对教学环节中的难点有明确的预设	5分	
	★对于预设的难点,有解决对策的设计 (包括:对学生课堂反应给予有建设性的反馈)	5分	
	★设计运用多种方式获取教学目标是否逐步达成的信息	5分	
	★学生对国家安全教育内容和学习方式是否感兴趣 (通过问卷调查和学生访谈及时了解学生的真实想法)	5分	
科学设计问题 引导学生学习 (40分)	★各教学环节的问题明显呈示,表达清楚,指向明确 (与各环节的教学目标对应)	10分	
	★各环节的问题之间有明确的递进关联,形成有逻辑的问题链 (与课时目标的分解对应)	10分	
	★运用除讲授以外的多种教学方法	5分	
	☆学习活动能提供大多数学生参与学习活动的机会	5分	
	★学习活动能促进学生的互动与合作	3分	
	☆选用合适的媒体资源,运用时机与方式恰当	4分	
	★提出与学生认知水平相吻合的开放式问题 (如:针对国家安全的案例进行分析)	3分	
规范课后记录 体现反思实效 (5分)	☆撰写课后记录和教学反思或教学心得 (包括:学科教学反思和国家安全教学反思)	2分	
	★反思内容有实效(1.成功之处,或有效经验;2.不足之处,或无效环节及其成因;3.调整改进对策;4.国家安全教育融入是否科学合理)	3分	
等第	合计	100分	
补充描述:			

综合评定等第说明:优(90分以上);良(80—90);中(60—79);需努力(60以下)。
标识说明:☆基础项　★重点项
评价者签字:_____　日期:_____

五、教学反思

　　本课程挖掘语文教材《邓稼先》中的国家安全资源,在中国一百多年来的历史乃至世界的背景上推出了为维护国家科技安全作出巨大贡献的科学家——邓稼先。旨在引导学生重视国家安全,培养国际安全意识,进而提升维护国家安全能力。

（一）以史为鉴，引导学生重视国家安全

本节课采用了"创设情境""合作探究"和"研读评价"的教学方法，既激发了学生的学习兴趣，又符合学生的认知规律。在教学内容的选择上，不拘泥教材的限制，而是以1898年西方列强瓜分中国的情况为例，说明旧中国是怎样"任人宰割"的，让学生明白国家安全与国家兴衰和民族振兴息息相关，从而烘托国家安全的重要性。学生初步了解了国家安全基本常识，感受到个人生活与国家安全息息相关，增强了爱国主义情感。

（二）学科融合，培养学生国家安全意识

作为一线教师，在教授学科知识的基础上，还应当结合时代要求，充分考虑学生的认知发展特点，努力贴近学生生活、学习和思想实际，设计适合本学段学生学习的国家安全内容和形式。七年级学生对国家安全已经有一定的认识，大部分学生的心中已经萌发了爱国主义情怀，但他们对国家安全的重要性还知之甚少。所以，本节课充分考虑了学生的学习特点，符合学生年龄特征，密切联系学生实际，紧贴世情、国情、社情，运用多媒体影像资料激发学生兴趣，较好地融入了国家安全教育的相关内容，学生的国家安全意识在学习过程中明显提升。

（三）多种形式，提升维护国家安全能力

通过小组合作学习和探究，给学生搭建了一个展示自己的舞台，引导学生理解中华民族的命运与国家关系，把总体国家安全观的知识转化为国家安全素养和国家安全能力，让学生努力成长为担当民族复兴大任的时代新人。通过国家安全教育，使学生能够深入理解和准确把握总体国家安全观，牢固树立国家利益至上的观念，增强自觉维护国家安全意识，具备维护国家安全的能力。

六、扩展链接

（一）关于"两弹一星"

1999年9月18日，在中华人民共和国成立50周年之际，党中央、国务院、中央军委隆重表彰为我国"两弹一星"事业作出突出贡献的23位科技专家，并授予他们"两弹

一星功勋奖章"。追授王淦昌、邓稼先、赵九章、姚桐斌、钱骥、钱三强、郭永怀"两弹一星功勋奖章"。

"两弹一星"最初是指原子弹、导弹和人造卫星。"两弹"中的一弹是原子弹,后来演变为原子弹和氢弹的合称;另一弹是指导弹。"一星"则是人造地球卫星。

(二) 关于邓稼先

邓稼先,1924 年出生在安徽省怀宁县一个书香门第之家,1945 年抗战胜利时,邓稼先从西南联大毕业,他于 1947 年通过了赴美研究生考试,于翌年秋进入美国印第安那州的普渡大学研究生院。由于他学习成绩突出,不足两年便读满学分,并通过博士论文答辩。此时他只有 26 岁,人称"娃娃博士"。1950 年 8 月,邓稼先在美国获得博士学位九天后,便谢绝了恩师和同校好友的挽留,毅然决定回国。同年 10 月,邓稼先来到中国科学院近代物理研究所任研究员。此后的 8 年间,他进行了中国原子核理论的研究。

50 年代末,邓稼先从物理学讲坛上"消失"了,他的身影闪现在核武器研制的基层第一线。他为我国的核武器研制事业兢兢业业、呕心沥血,孜孜不倦地奋斗了 28 年,为我国第一颗原子弹和第一颗氢弹试验成功立下了卓越的功勋。在临终前他提出的要求就是去看看天安门。留给后人的话仍是如何在尖端武器方面努力,并叮咛:"不要让人家把我们落得太远……"他生前知道他的人不多,甚至他的岳父在原子弹爆炸成功后还问"是谁为中国制造了原子弹?"可以说当时邓稼先的名字鲜为人知,功绩举世瞩目。

1986 年,积劳成疾的邓稼先被癌症夺去了生命。在生命的最后一个月里,他 28 年的秘密经历才得以披露,"两弹元勋"的美名才开始传扬。

走进国家网络安全

上海市青浦区第一中学　张　瑜

一、课程简介

适用年级：六年级

总课时：16 课时

课程类型：拓展型课程

本课程以习近平总书记关于总体国家安全观的论述为指导，从"树立正确网络安全观""防止泄露国家机密""维护个人信息安全""做国家安全小卫士"等方面，讲述国家安全的重要性，引导学生认识网络安全是国家安全的核心组成部分，从而增强维护国家网络安全的意识和行为自觉，全面树立总体国家安全观，关注国家安全，承担社会责任，提高个人信息安全的自我保护能力。

二、背景分析

我校以"生态素养培育"定位办学特色，构建特色课程体系，形成了包括环境特色课程群、生命特色课程群、社会特色课程群三大类的特色课程群，每周固定一节课的上课时间，学生自主选课参与学习。本课程隶属于社会特色课程群，关注国家网络安全，增强学生自觉维护国家网络安全的意识；审视国家网络安全，增强学生维护国家网络安全的情感；维护国家网络安全，促使学生成为一名爱党爱国的国家安全小卫士，落实立德树人的教育目标，树立总体国家安全观。

我校积极开发社会资源,引入网络安全相关领域的高校教授、学科专家,为国家网络安全教育提供专业支持;积极开发校外实践基地,增加学生安全教育活动体验;积极组建志愿者团队,带领学生进社区开展宣传国家网络安全教育的活动;积极配置电子阅读室,使校内外网络通畅,图书馆藏有丰富的专业期刊与图书、音像资料,能为课程的开设提供充足的保障。

任课教师张瑜是 2020 年度国家安全教育教师国家级培训首批学员、区初中信息科技学科兼职教研员,经过高层次学历培训,掌握了一定的教学理论和研究方法,并已有多项研究成果获奖或发表。

课程实施以来,学生积极参与,不仅增强了自觉维护国家安全的意识,而且提高了维护国家安全的能力。

三、 课程目标

(一)了解国家安全,知道网络安全是国家安全的核心组成部分,理解国家网络安全的重要意义,树立总体国家安全观。

(二)学习网络安全知识与法律法规,模拟信息泄露和电脑中毒,感受个人信息安全的重要性,树立国家网络安全意识。

(三)体验软件功能和虚拟情境,分析可能威胁国家安全的行为,提高国家安全防护意识和行为自觉。

(四)设计"国家安全在我心中,国家安全我在行动"宣传手册,牢固树立国家利益至上的观念,增强自觉维护国家安全意识,初步具备维护国家安全的能力,培养专注、深入等品质。

(五)开展宣传国家网络安全教育的活动,拓展国家网络安全知识视野,参加社会实践活动,体验实践的快乐与意义。

四、课程内容

第一单元： 树立正确网络安全观

第1课：网络安全是什么？

内容：知道什么是网络安全，明确学习目的。

实施要求：

1. 互动交流，熟悉"走进网络安全"课程，分享课程纲要，明确学习目的。

2. 通过观看视频，交流讨论，理解网络安全是国家安全的核心组成部分，增强自觉维护国家安全的意识。

第2课：网络安全为何重要？

内容：理解网络安全的重要性，让互联网更好地造福国家和人民。

实施要求：通过浏览有关网络安全信息的相关网站，完成网络安全信息与动态数据分析表，组内交流对网络安全重要性的认识，对网络安全有初步感悟。

【链接】中华人民共和国工业和信息化部官网.

第3课：网络安全法知多少？

内容：学习《中华人民共和国网络安全法》，让互联网在法制轨道上健康运行。

实施要求：通过学习《中华人民共和国网络安全法》，结合实际，围绕网络安全形势进行组内研讨交流，提高学生网络安全意识。

【链接】

1. 中华人民共和国国家安全法.
2. 中华人民共和国网络安全法.

第4课：如何树立正确的网络安全观？

内容：学习习近平总书记关于总体国家安全观的论述，树立正确的网络安全观。

实施要求：

1. 通过学习习近平总书记对国家网络安全工作的重要指示，深入理解国家网络

安全的现实意义;

2. 通过参与国家网络安全宣传周知识竞赛活动,拓展知识视野,增强国家安全意识。

【链接】国家网络安全宣传周官网.

第二单元: 防止泄露国家机密

第 5 课 : 什么是国家秘密?

内容:知道什么是国家秘密,理解保守国家秘密的重要性。

实施要求:通过观看视频,交流讨论,深入了解国家秘密的密级分为"绝密""机密"和"秘密",树立敌情观念,加强保密意识。

第 6 课 : 我泄露了国家机密?

内容:防止泄露国家机密——公民人人有责。

实施要求:

1. 通过观看"微视频",了解到保守国家秘密的重要性,知道对危害国家利益、威胁国家安全的行为要时刻保持警惕。

2. 通过体验软件功能、体验虚拟情境,组内完成"微报告",交流生活中可能存在的威胁国家安全的行为,提高安全防护意识,掌握国家安全的维护行为。

第 7 课 : 大数据时代下的国家安全

内容:了解大数据时代下的国家安全面临的挑战,知道没有网络安全,就没有国家安全。

实施要求:

1. 通过观看图片、阅读材料,了解大数据时代下国家安全面临的许多挑战及对策,拓宽国际视野。

2. 案例分析,交流讨论,养成关注国家安全的习惯,善于观察,勤于动脑,不断提高防范意识和防范能力。

第 8 课 : 网络浏览爱国教育基地

内容:上网搜索并浏览爱国教育基地,增强爱国爱党意识。

实施要求：通过网络浏览爱国教育基地，如毛泽东纪念馆，学习前辈精神，铭记历史，不忘初心，坚定维护国家安全的信念。

【链接】毛泽东纪念馆网站.

第三单元：维护个人信息安全

第9课：你的个人信息安全吗？

内容：了解个人信息安全的重要性，树立个人信息安全防护意识。

实施要求：

1. 通过播放徐玉玉事件的新闻，分析个人信息泄露的原因，树立个人信息安全防护意识。

2. 通过设计模拟现实情境下的问题链，使学生感受个人信息安全的重要性，提升个人信息保护意识。

第10课：你的密码设置安全吗？

内容：了解计算机密码存在的安全隐患，做遵守网络道德的网民。

实施要求：

1. 通过观看视频，交流生活中密码被盗案例，激起学习密码安全知识的兴趣。

2. 通过体验"密码安全检验"等软件，了解设置安全密码的重要性，做一名遵守网络规范并能够保护好个人信息的网民。

第11课：你还敢随意蹭免费 WiFi 吗？

内容：公共场所需谨慎使用免费 WiFi。

实施要求：通过观看视频，体验 wireshark 软件，感受公共场所使用免费 WiFi 存在的安全隐患，引出常见的公共场所使用免费 WiFi 的安全措施。

第12课：如何保护手机个人信息？

内容：知道保护手机中个人信息安全的措施。

实施要求：通过观看视频，互动交流，实践操作，交流手机中个人信息安全的防护措施，树立敢于尝试的科学意识。

第 13 课：如何安全使用手机 APP?

内容：知道安全使用手机 APP 的措施。

实施要求：

1. 通过观看视频,互动交流,了解手机 APP 的概念,知道合理利用手机 APP 资源。

2. 通过学习,深入体验,知道安全使用手机 APP 的一些措施,提高利用信息技术解决问题的能力。

第 14 课：如何保护微信账号安全?

内容：知道保护微信账号安全的措施。

实施要求：通过使用微信扫二维码,模拟信息泄露场景,体验信息泄露的过程,感受保护网络社交工具微信账号安全的重要性,提高个人信息安全意识和行为自觉。

第四单元： 做国家安全小卫士

第 15 课：设计国家网络安全宣传手册

内容：设计并制作国家网络安全宣传手册。

实施要求：通过观看视频,互动交流,深刻理解习近平总书记说的"网络安全为人民,网络安全靠人民"的丰富内涵;自觉为维护国家安全出谋划策,设计一份"国家安全在我心中,国家安全我在行动"宣传手册,展开想象,巧妙创设,增强爱国情怀。

第 16 课：进社区宣传国家安全教育

内容：进社区进行"国家安全在我心中,国家安全我在行动"宣传活动。

实施要求：组织志愿者进社区进行"国家安全在我心中,国家安全我在行动"宣传活动,通过分发宣传手册、悬挂宣传横幅、互动小品等形式宣传国家安全教育的相关内容,让国家安全观深入人心,营造国家安全、人人有责的浓厚社会氛围。

五、 课程评价

（一）评价原则

1. 自评与他评相结合

评价以自评、互评（小组评价）与师评相结合为原则，基于不同的学习表现，针对不同层次的学生，给出不同的评价结论。

2. 终结性评价与过程评价相结合

设计能体现客观性、具有针对性的科学评价体系，实施中既注重结果性评价，又关注过程性评价。

3. 定量评价与定性评价相结合

打破单一的横向评价、定量评价、结果评价方式，代之以横向与纵向、定量与定性相结合的评价。横向评价关注学生在班级中的相对位置，纵向评价注重学生个体的进步，以纵向评价为主。实施定量与定性相结合的评价，以定性为主。

（二）评价方法

1. 即时评价

即时评价即口头评价，而光用"好"与"不好"、"对"与"不对"的评价结论，缺乏语言感染力，也无法满足学生的学习需求。评价要穿插于整个教学过程，注重多元化、发展性，利用鼓励性、诊断性语言，及时肯定学生的成就，指出学习中的问题，促进学生可持续发展。

2. 自评、互评与师评

相应评价工具（见表1）。

表1 "网络安全""微课程"学习评价表

项目	评价量规		自评	互评	师评
新时代的隐蔽战线 ——保护网络安全	理解网络安全的内涵和现实意义。	深刻理解★★★			
		比较理解★★			
		基本理解★			

项目	评价量规		自评	互评	师评
	完成《网络安全信息与动态数据分析表》,交流对网络安全重要性的认识。	分析深入★★★			
		分析一般★★			
		分析欠到位★			
		交流中能明确发表观点★★			
		交流时观点不鲜明★			
	参与国家网络安全宣传周知识竞赛活动。	得分在86分以上★★★			
		得分在85分以下、70分以上★★			
		得分在69分以下★			
防止泄露国家机密——公民人人有责	理解国家秘密的内涵及密级的划分。	深刻理解★★★			
		比较理解★★			
		基本理解★			
	体验软件功能和虚拟情境,向同伴分析可能存在的威胁国家安全的行为。	列举出3个及以上★★★			
		列举出2个★★			
		列举出1个★			
	分析防止泄露国家机密的防护措施。	分析深入★★★			
		分析欠深入★★			
		分析一般★			
维护个人信息安全——公民基本权利	分析个人信息泄露的原因。	分析深入★★★			
		分析欠深入★★			
		分析一般★			
	结合模拟现实情景,交流如何保护个人的重要信息。	积极交流,观点鲜明★★★			
		交流中能明确发表观点★★			
		交流时观点不鲜明★			
	认真学习网络安全知识,提升个人信息安全防护意识和行为自觉。	积极学习★★★			
		学习较积极★★			
		学习一般★			

续　表

项目	评价量规		自评	互评	师评
做国家安全小卫士——做什么,怎么做	设计并制作国家网络安全教育宣传手册	主题鲜明,界面美观,体现国家安全教育要求,富有创意★★★			
		主题明确,版面内容与形式比较符合要求★★			
		有主题,版面内容与形式基本符合要求★			
	进社区宣传国家安全教育	积极参与★★★			
		参与比较积极★★			
		一般性参与★			
值得记载的学习成果:		老师的话:			

主要参考文献:

[1]《总体国家安全观教育读本》编写组. 总体国家安全观教育读本[M]. 北京:光明日报出版社,2016.

[2] 侯娜,池志培. 总体国家安全观研究新探[M]. 北京:中国商务出版社,2020.

[3]《国家安全知识百问》编写组. 国家网络安全知识百问[M]. 北京:人民出版社,2020.

[4] 王一军,吕林海. 校本课程开发:小学案例[M]. 上海:华东师范大学出版社,2009.

[5] 崔允漷. 校本课程开发:上海经验[M]. 上海:华东师范大学出版社,2011.

[6] 张雪梅,等. 特色校本课程开发范例解读[M]. 南京:江苏教育出版社,2010.

[7] 奚晓晶. 校本课程之科目设计[M]. 上海:上海科技教育出版社,2011.

[8] 周文叶. 中小学表现性评价的理论与技术[M]. 上海:华东师范大学出版社,2014.

表2　教学方案1

单元	第二单元:防止泄露国家机密		单元课时	4	
主题	我泄露了国家机密?	总课时	1	第1课时	
背景分析	包括该主题在本单元和本门课中的地位和作用、学生已有知识基础、学习重点和难点分析三部分。 习近平总书记强调做好新形势下的保密工作,关系国家治理体系和治理能力现代化的实现,关系综合国力和核心竞争力的提升,关系党和国家事业的成败安危和永续发展。本单				

	元的主要内容是"防止泄露国家机密",属于本课程的核心内容。保守国家秘密,事关公民的切身利益,也是公民应尽的责任。本主题选自第二单元的第二课时,是在学生树立总体国家安全观的意识下展开的主题学习,引导学生从理论走向实践,实现对第一课时学习内容的延续。同时,本课的学习主题落脚于国家层面,也为后续学习个人层面的安全防范奠定了基础,具有承上启下的重要作用。 　　六年级的学生在第一单元的学习中已经了解了总体国家安全观的基本内容和重大意义,知道网络安全是国家安全的核心组成部分;在第二单元的第一课时中了解了国家秘密的密级分为绝密、机密和秘密,初步具备了保密意识。但是对于国家机密,学生总感觉离自己比较遥远,认为自己是根本不可能泄露国家机密的。 　　本节课的学习重点是能列举威胁国家网络安全的行为。引导学生通过观看视频和体验软件功能,了解保守国家秘密的重要性,分析操作过程中可能威胁国家安全的行为,知道对危害国家利益、威胁国家安全的行为要时刻保持警惕,以此增强国家安全意识,落实学习重点。本节课学习难点是初步掌握国家安全的维护行为。组织学生扮演军工领域工作人员,体验面对不同情境时如何保守国家机密、维护国家安全,从而提高安全防护意识,初步掌握国家安全的维护行为,突破学习难点。	
教学目标	1. 通过观看"微视频",了解保守国家秘密的重要性。 2. 通过体验软件功能,分析生活中可能存在的威胁国家安全的行为。 3. 通过体验虚拟情境,交流如何保守国家机密、维护国家安全,完成"微报告"。	
学与教活动设计	结合具体教学内容和教学方式,按照教学环节,设计学生活动和教师活动 (一)情景导入 教师:引入课题,播放一段标题为《随手拍,随意发,泄露国家机密》的"微视频",并出示两个问题。 问题1:视频中老黄的行为所造成的后果,给人们留下哪些启示? 问题2:生活中的哪些行为,有可能泄露国家机密? 学生:观看视频,思考这两个问题,并互相交流。 【设计说明】"微视频"中的老黄,将随手拍的飞机照片和相关视频在网上发布,无意间泄露了军用飞机的起落地点、周围地貌和路标等国家机密信息。学生通过观看"微视频",了解到保守国家秘密的重要性,知道对危害国家利益、威胁国家安全的行为要时刻保持警惕,以此增强国家安全意识。 (二)活动体验 1. 体验软件功能 要求:学生安装 Google earth 软件,或登录 Google 在线卫星地图,体验该软件的功能,分析操作过程中可能威胁国家安全的行为,全班交流展示,完成分析"微报告",并上传到学习平台。 2. 体验虚拟情境 要求:学生扮演军工领域工作人员,体验面对不同情境时如何保守国家机密、维护国家安全,完成分析"微报告",并上传到学习平台。 情境一:传输涉密文档、资料。 情境二:使用手机谈论涉密信息。 情境三:境外人员试图以金钱诱惑获取国家机密。	(备注或反思) 通过紧密联系生活的视频,引导学生思考日常生活中的随意行为是否存在安全隐患,增强国家安全意识。 创建轻松的学习氛围,让学生在活动体验中感悟操作过程中可能威胁国家安全的行为。

【设计说明】学生通过体验软件功能、体验虚拟情境，完成分析"微报告"，交流生活中可能存在的威胁国家安全的行为，学会居安思危，从而提高安全防护意识，保守国家机密，掌握国家安全的维护行为。 （三）延伸活动 要求：学生登陆中共中央网络安全和信息化委员会办公室官网，学习习近平总书记关于《树立正确的网络安全观》的重要指示。 【设计说明】学生学习习近平总书记关于《树立正确的网络安全观》的指示，理解"没有网络安全就没有国家安全"的深刻含义，增强网络安全防护能力。 （四）课后拓展 拓展材料：信息安全的本质在于技术主导权 　　网络信息技术是全球研发投入最集中、创新最活跃、应用最广泛、辐射带动作用最大的技术创新领域，是全球技术创新的竞争高地。一段时间以来，西方一些发达国家，尤其是美国，以安全为理由拒绝使用华为的设备，其根本原因，就是华为在 5G 技术上的领先地位，给欧美发达国家带来了危机感。 　　信息技术一直是美国领先，第三次科技革命和产业变革主要就是信息技术的革命，在这方面美国占有绝对的优势，但以华为为代表的中国信息技术企业，依靠大量的研发投入和员工的勤劳智慧，攻克了一项又一项的技术难关，掌握了 5G 核心技术。 　　数字化时代，信息安全至关重要。它关系到国家的安全和主权，社会的安定和文化的传承，它的重要性也随着全球信息化进程的加快变得越来越重要。谁掌握了技术的主导权，谁就掌握了信息的安全，掌握了信息安全的主动权。从一个侧面可以看出来，过去所谓的信息安全，主要是技术落后的国家，追赶型的国家，信息安全的风险最大，而发达国家，特别是美国这样的发达国家，信息安全对他们来讲只是一些技术上的改进和更新的问题，只是对一些技术漏洞进行修补的问题，不存在根本上的信息安全威胁。 　　随着 5G 时代的到来，情况发生了很大的改变。就一个国家安全来说，只要进行一定的技术防范，就不存在安全方面的隐患。例如，5G 技术下，可以在发送端将信息加密，在接收端解密。也就是说，消息在被传输到达终点之前不进行解密。这样一来，即使在传输中间节点被攻击也不会造成信息泄露，除了信息加密，还可以利用信息完整性、可用性和抗抵赖性保证信息安全。由此可以看出，信息技术主导权非常重要。只有掌握了技术主导权，才能有自己国家的信息安全。 　　习近平总书记曾说过，高端科技就是现代的国之利器。近代以来，西方国家之所以能称雄世界，一个重要原因就是掌握了高端科技。真正的核心技术是买不来的。正所谓"国之利器，不可以示人"。只有拥有强大的科技创新能力，才能提高我国的国际竞争力。为此，要努力做到以下四点： 　　第一，加大投入的力度，我们过去对关键核心技术，特别是"卡脖子"的技术，投入不足，重视不够。一些关键装备，关键零部件，核心的器件都严重依赖进口，像我们的光刻机、芯片、发动机，数控机床、触觉传感器等等，80%以上都依赖进口。	此处是本节课的重点，要充分调动学生参与热情，要有意识地引领学生亲身体验虚拟情境，在活动中孕育思维，学会居安思危，维护国家安全。 拓展资料的学习，有助于促进学生领悟网络安全的重要性，领会信息安全的本质在于技术主导权，潜移默化地引导学生积极向上，科技报国。

	第二,攻克核心技术,我们还需要发挥新型举国体制的优势。我们一定要集中力量办大事,统一思想,整体谋划,顶层设计。充分发挥科学家、企业家的聪明才智,攻克一个一个难关,取得技术主导权。只有如此,我们才能真正获得国家的科技安全和信息安全,以及国家的政治安全,最后才有整体的国家安全。 　　第三,培养科技领军人才和一流的科学家队伍。解决核心技术,掌握技术主导权,必须要有科技领军人才,要创造条件让这些科学家充分发挥聪明才智,包括制度环境、法律环境、生活环境。只要这种创新、创造、创业的土壤具备了,领军型的科技人才就会源源不断地涌现。 　　第四,要加强国际合作。在全球范围内整合人才、技术,整合各种创新要素和各种创新资源。近些年来,美国能源部前部长朱棣文、英国皇家工程院院长安道琳、微软公司前董事长比尔·盖茨、麻省理工学院校长雷欧·拉斐尔·莱夫等一批具有很高国际影响力的国外专家,相继加入中国科学院和中国工程院外籍院士队伍。他们为我国工程科技的发展添砖加瓦,也培养了大批科技人才。外籍院士越来越多,是我国扩大国际科技创新合作、不断融入全球科技创新网络的一个缩影。(来源:学习时报)
备注	

表3　教学方案2

单元	第三单元:维护个人信息安全		单元课时	6
主题	你的个人信息安全吗?	总课时　1	第1课时	
背景 分析	包括该主题在本单元和本门课中的地位和作用、学生已有知识基础、学习重点和难点分析三部分。 　　本单元的主要内容是"维护个人信息安全",第一、二单元是从国家层面探讨网络安全问题,本单元是从个人层面探讨网络安全问题,第四单元是要学生从自身做起,积极宣传国家网络安全教育,所以本主题在整个课程中起到了承上启下的过渡作用。本主题选自本单元第一课时的内容,是整个单元的开篇。 　　六年级的学生在之前的课程学习中已经树立了总体国家安全观的意识,知道国家安全是国家生存发展的前提、人民幸福安康的基础、中国特色社会主义事业的重要保障,但是学生的网络安全防护意识比较淡薄,个人网络信息安全保护的手段和方法存在缺陷。 　　本节课的学习重点是能分析个人信息泄露的原因。引导学生通过观看视频,思考事件中个人信息泄露的原因,并互相交流,激发个人信息安全防护意识,落实学习重点。本节课学习难点是保护个人的重要信息。引导学生通过模拟信息泄露和电脑中毒情境,交流如何保护个人的重要信息,提升个人信息安全防护意识和行为自觉,突破学习难点。			
教学目标	1. 通过观看视频,分析个人信息泄露的原因,树立个人信息安全防护意识。 2. 通过模拟信息泄露和电脑中毒情境,交流如何保护个人的重要信息,提升信息保护意识。			

学与教活动设计	结合具体教学内容和教学方式,按照教学环节,设计学生活动和教师活动 （一）情景导入 教师：导入课题,播放一段有关山东省高考录取考生徐玉玉因个人信息遭泄露被电信诈骗致死事件的新闻视频。 学生：观看视频,思考事件中个人信息泄露的原因,并互相交流,激发个人信息安全防护意识。 【设计说明】通过播放徐玉玉事件的新闻,让学生分析个人信息泄露的原因,使学生了解个人信息安全的重要性,树立个人信息安全防护意识。 （二）模拟现实活动 要求：1.模拟信息泄露,学生输入个人手机号码和姓名,登陆学习网,完成信息安全问卷调查。2.模拟电脑中毒,学生扫描二维码,登陆学习系统,学习有关计算机病毒防治的知识。 辅助教师：根据平台上学生填写的个人信息,模拟信息泄露情景,向部分学生发送垃圾短信或打骚扰电话。 学习系统：学生在学习计算机病毒防治知识过程中,有对话框不断弹出,模拟病毒干扰计算机正常使用。 问题1：哪些信息对个人来说是重要的? 问题2：如何保护个人的重要信息? 【设计说明】通过面对模拟情景,再回答问题,使学生感受个人信息安全的重要性,提升个人信息安全防护意识。 （三）知识拓展 学习要求： 1. 观看《网络个人信息防护"四谨慎"》视频,理解个人信息防护是网络安全的重要一环,交流如何安全防护个人信息安全,增强个人信息安全防护意识和行为自觉。 2. 观看2020年国家网络安全宣传周《网络安全》"微视频",系统学习网络安全知识,提升个人信息安全防护意识。 【设计说明】学生通过观看系列视频,进一步理解个人信息安全的重要性,提升个人信息安全防护意识和行为自觉。	（备注或反思） 导入课题,激发学生对信息安全的认知,唤醒学生的信息安全防护意识。 学生登陆学习网,必须先输入个人信息后,方可获得学习资源,无形中可能造成个人信息的泄露。 学生扫描二维码,学习计算机病毒知识,在学习的过程中有对话框不断弹出干扰学生的学习,模拟电脑遭受网页恶意程序的攻击。
备注		

表4　教学方案3

单元	第四单元：做国家安全小卫士	单元课时	2
主题	设计国家网络安全宣传手册	总课时	第1课时
背景分析	包括该主题在本单元和本门课中的地位和作用、学生已有知识基础、学习重点和难点分析三部分。		

	习近平总书记对国家网络安全工作作出重要指示,国家网络安全工作要坚持网络安全为人民、网络安全靠人民,保障个人信息安全,维护公民在网络空间的合法权益。本主题选自本单元第一课时的内容,本单元的主要内容是"做国家安全小卫士"。本主题属于本课程中重要内容,学生用自己的实际行动表达维护国家安全的强烈意识,在参与和体验中学做一个爱党爱国、有责任心的共和国小主人。 　　六年级的学生在之前的课程学习中对国家安全的重要性有了直观了解,牢记身为中华儿女要严格保守国家机密,维护国家安全,没有那些无私忘我地为国家安全服务的隐蔽战线战士,就没有我们现在的幸福生活,这种浓烈的爱党爱国情感,将激发学生用自己的实际行动表达维护国家安全的强烈意识。 　　本节课的学习重点是理解习近平总书记说的"网络安全为人民,网络安全靠人民"的丰富内涵。引导学生通过大数据时代网络安全攻防战知识的讲解,深刻理解没有网络安全就没有国家安全,加强国家安全教育,增强学生国家安全意识,落实学习重点。本节课学习难点是设计、制作国家安全教育宣传手册。组织学生为维护国家安全出谋划策,设计"国家安全在我心中,国家安全我在行动"宣传手册,从而提高安全防护意识,初步掌握国家安全的维护行为,突破学习难点。	
教学目标	1. 通过观看视频,深刻理解习近平总书记说的"网络安全为人民,网络安全靠人民"的丰富内涵。 2. 通过为维护国家安全出谋划策,设计一份"国家安全在我心中,国家安全我在行动"宣传手册。	
学与教活动设计	结合具体教学内容和教学方式,按照教学环节,设计学生活动和教师活动 (一) 情景导入 教师:引入课题,播放一段《大数据时代的网络安全攻防战》视频剪辑。 学生:观看视频,进入充满庄严氛围的情景。 【设计说明】这段视频剪辑讲述的是一个国家某一重要行业的信息系统,如果在战时受到破坏,就有可能损失几百万平方公里国土,将涉及几亿人的生存。通过大数据时代网络安全攻防战知识的讲解,开展国家安全教育,增强学生国家安全意识。 (二) 我来宣传 要求:为维护国家安全出谋划策,以图文结合的方式设计一份"国家安全在我心中,国家安全我在行动"宣传手册。 【设计说明】通过以"网络安全"为主题的国家安全教育系列活动,学生对国家安全的重要性有了直观了解,并深刻理解习近平总书记说的"网络安全为人民,网络安全靠人民"的丰富内涵,懂得没有网络安全就没有国家安全,没有那些无私忘我地为国家安全服务的隐蔽战	(备注或反思) 通过观看视频,激发学生爱国情怀,增强国家安全意识,为后续的设计、制作国家安全宣传手册作铺垫。 通过精心设计并制作"国家安全在我心中,国家安全我在行动"宣传手册,巩固与提升学生维护国家安全意识和行为能力。

	线战士,就没有我们现在的幸福生活。这种浓烈的爱党爱国情景氛围,将激发学生用自己的实际行动表达维护国家安全的强烈意识。而设计、制作一份宣传手册,能促使学生化认识为行动。其教育价值:一方面,结合国家安全教育,对学生加强思想政治教育,促使信息科技教学与德育有机结合,在培养学生掌握网络安全知识与技能的同时,进一步激发学生爱党、爱国、爱社会主义的情感,让学生在参与和体验中学做一个爱党爱国、有责任心的共和国小主人;另一方面,通过学生亲手制作宣传手册,及时检测其学习效果,进而优化课堂教学,以此提高学生学习的积极性、主动性和培育可持续发展的信息素养,巩固与提升学生维护国家安全意识和行为自觉。	
备注		

北魏政治和北方民族大交融

无锡市积余实验学校　唐伟达

一、 课程简介

本课适用于部编版七年级历史上册第四单元第四课《北魏政治和北方民族大交融》的教学。

适用教学对象：七年级学生。

场景要求：学校教室日常教学。

道具物料：电脑、投影仪等多媒体设备。

规模范围：一个教学班级。

教学时长：一课时。

二、 教学目标

（一）学科教学目标

《义务教育历史课程标准（2011 年版）》中要求：通过学习北魏孝文帝改革，初步理解民族交往、交流、交融对中华民族发展的意义，其中涉及国家安全教育中"文化安全"。据此我将本课的学科教学目标侧重为：通过分析史料、识读地图和文物图片，理解孝文帝改革的影响；收集和整理民族交融的表现，理解民族交融对中华民族发展的意义；从北方地区民族交融的表现，认识改革对历史发展的推动作用，增强对中华民族的民族认同感，培养家国情怀。

(二) 国家安全教育目标

根据《大中小学国家安全教育知识要点》中文化安全领域的要求,我将本课的国家安全教育教学目标定为:通过魏晋南北朝时期的民族交融,知道中华优秀传统文化在不断创新发展,不能固化、僵化;从北魏汉化的过程中,加强对中华优秀传统文化的热爱,增进文化自信,培养文化遗产保护意识。

三、 教学过程

(一) 教学设计理念

考虑到学校实际教学情况,依据《大中小学国家安全教育指导纲要》相关内容,选取部编版七年级历史上册第 19 课《北魏政治和北方民族大交融》一课作为"文化安全"内容载体,涉及的知识点有"中国优秀传统文化的创新发展""文化自信和文化向心力缺失""加强文化认同——热爱中华传统文化""加强文化遗产保护与利用——利用好文化遗产"。在本课例设计中,以"洛阳"为线索,以"洛阳城在魏晋南北朝的发展"为时间轴展开。国家安全教育教学目标的落实重点在教材第三部分"北方地区的民族交融"及课后思考题。

(二) 课堂教学

1. 导入新课

师:北宋史学家司马光在《过故洛阳城》中写道:"若问古今兴废事,请君只看洛阳城。"河南洛阳有着4000年的建城史和1500多年的建都史,是一个汉文化底蕴极为深厚的城市。西晋末年,中华大地上战火纷飞,狼烟四起。北方中原地区上演了朝代更迭最为频繁的一幕。直到一支来自草原的部落在洛阳站稳脚跟,纷争局面才宣告结束。今天,就让我们一起走进那个胡风汉韵的民族交融的时代。

2. 新课讲授

师:洛阳地理位置独特,地处"天下之中",是古人所谓的"中国",它为中华民族的形成和发展起到了重大作用。请同学们想一想,之前所学的哪些朝代曾在洛阳定都呢?

生：东周、东汉、三国魏国和西晋。

师：从黄帝时期开始，生活在洛阳周边的氏族部落，通过多种方式的交往融合，形成了华夏族。春秋末年，华夏族同周边少数民族交往和斗争，渐渐融为一体。历史上的洛阳既积极引领民族的交融，也曾冷眼静观民族的隔阂。西晋灭亡后，北方进入十六国时期，有一个政权最终统一了黄河流域。请大家回忆，是哪个民族的什么政权？

生：氐族建立的前秦统一了黄河流域，当时的皇帝是苻坚。

师：前秦疆域十分辽阔，请同学们在书上找到，前秦疆域各到哪里？

生：东到大海，南到汉水，西到龟兹，北到沙漠。

师：苻坚雄心勃勃，想要灭掉南方的汉族政权东晋，完成全国的统一。但是一场战争击碎了苻坚的美梦，这就是淝水之战。公元 383 年，前秦出动百万大军，浩浩荡荡杀向东晋。苻坚自信地说，把军队的马鞭扔进河里，足以阻断河流，可见他是志在必得，东晋王朝危在旦夕。担任东晋一方总指挥的是大家在语文课学过的历史人物谢安。隐居在浙江会稽东山、年过四十的谢安在国家遇到危难时，放弃了安逸的生活，选择承担治国安邦的大任。大战前夕，两军隔淝水列阵对峙。谢安派侄子谢玄任前线指挥，谢玄要求秦兵略向后移，以便渡河决战。苻坚想乘晋军渡河之机猛攻，乃挥军稍退。不料军中间谍趁机大喊"秦军败了"，秦军以为是被晋军打败，于是撤退变成了逃窜，秦军大败。苻坚仅率少量部众狼狈逃回北方。请同学们仔细阅读课本第 93 到 94 页内容，找一找淝水之战中的成语故事有哪些？

生：风声鹤唳、草木皆兵、投鞭断流和东山再起。

师：老师概括为"战前，投鞭断流雄心壮，东山再起谋图存；战时，草木皆兵信心虚；战后，风声鹤唳野心消"。根据教材的提示，我们知道前秦当时号称"百万大军"，为何就被仅仅八万军队的东晋以少胜多呢？请同学当一回"小小政治家"，从课本上描述的细节分析前秦失败的原因。

生：从战前的强征各族人民，拼凑士兵八十万可以看出，前秦发兵，人民无意愿，缺乏民心支持。从战时间谍一呼而士兵大乱奔逃、一溃而不可收拾可以看出前秦的士兵没有斗志，不愿意作战；从战后的前秦政权迅速土崩瓦解、北方再度分裂混战可以看出民族隔阂，没有民族的认同感。

师：前秦和西晋一样没有处理好民族关系，民族压迫会使国家动摇。在前秦崛起过程中灭亡了一个叫"代国"的政权，这一政权是拓跋鲜卑建立的。鲜卑族拓跋部原本生活在大兴安岭的深山老林之中,十六国时期迁到了内蒙古草原并建立政权。前秦瓦解后,拓跋鲜卑复国,建立北魏,定都平城。439 年北魏太武帝拓跋焘统一了北方。此时北魏政权出现了新的问题。请大家在课本上第 94 页内容中找一找是什么问题?

生:民族习俗导致统治困难。

师:在北魏第七任皇帝孝文帝登基后,农民起义仍然不断。当时,汉族出身的冯太后独揽大权,她凭借着自己对胡汉双方的了解开始改革。孝文帝也在冯太后的历练中成长。公元 490 年,冯太后去世,24 岁的孝文帝开始亲政,虽然改革却遇到了阻力,但是他有一个新的想法。请大家阅读这一段材料思考:孝文帝的处理方案是什么?

(课件展示"国家兴自北土,徙居平城,虽富有四海,文轨未一,此间用武之地,非可文治,移风易俗,信为甚难。崤函帝宅,河洛王里,因兹大举,光宅中原。——魏收《魏书》")

生:孝文帝觉得平城无法治理好国家,想迁都洛阳。

师:迁都并非一帆风顺。咱们班的五位同学为大家准备了一段精彩的历史小短剧,掌声欢迎。

师:494 年孝文帝完成迁都洛阳的目标。但仅仅迁都还不能解决孝文帝面临的政治困难。请大家结合课本第 95 页内容找一找,迁都后的孝文帝还采取了哪些措施?

生:进一步推行汉化措施,规定官员在朝廷中必须使用汉语,禁用鲜卑语;以汉服代替鲜卑服;改鲜卑姓为汉姓;鼓励鲜卑贵族与汉人贵族联姻等。

师:左边这张是北魏帝王出行仪仗图,中间众人簇拥的是皇帝,他穿的衣服是宽衣博带、高冠长袖,和右边鲜卑男子的常服有明显区别,说明当时采取什么措施?

生:穿汉服。

师:《资治通鉴》中记载了当时孝文帝下达的一道圣旨,说明采取什么措施?据说自孝文帝禁止讲鲜卑语后,皇后仰仗自己的身份,在宫廷里一直讲鲜卑语,这无疑是对孝文帝改革的公然挑衅,皇后被孝文帝发现后,最终被贬为庶民。

生:说汉语。

师:有学者统计,北魏前期鲜卑和汉族的通婚次数较少,中期次数有了明显增多,孝文帝更是带头和汉族名门通婚,说明采取什么措施?

生:与汉人通婚。

师:东汉洛阳城和北魏洛阳都设置了太尉府和司徒府,太尉、司徒都是汉族的官制,说明采取什么措施?

生:学汉制。

师:孝文帝通过一系列汉化措施,有没有实现他的目标呢?

(课件展示:自晋、宋以来,号洛阳为荒土,此中谓长江以北,尽是夷狄。昨至洛阳,始知衣冠士族,并在中原。礼仪富盛,人物殷阜,目所不识,口不能传。——杨衒之《洛阳伽蓝记》)

生:孝文帝改革,进一步促进了北方的民族交融,增强了北魏实力。

师:之前我们学过一次成功的改革:商鞅变法。请大家结合商鞅变法和孝文帝改革思考,改革取得成功的原因有哪些? 成功的改革与社会发展之间有什么关系?

生:改革者坚持不懈、改革措施顺应时代潮流、获得人民支持等,成功的改革可以推动社会进步。

师:孝文帝在洛阳做的一切,使这座古城化身为一座宏大的桥梁,在一个大动荡的时代,凝聚人心,连结天下,沟通未来。北方地区出现了各民族的大交融。请同学们结合课本第 95 页内容,和左右两边的同学讨论找一找北方地区民族交融的表现有哪些?

师:鱼羊鲜汤这道菜说明了什么?

生:民族认同得到增强。

师:从"自北魏建国至魏孝文帝执政前近一百年,北魏境内各族人民起义多达八十余次"和"孝文帝改革后 15 年间,只发生 6 次暴动事件"可以看出什么?

生:民族矛盾得到缓和。

师:北方民族交融在这样的背景下轰轰烈烈地展开了。这种大交融,对我国历史产生了怎么的影响? 请大家根据下面两则材料,结合课本第 96 页内容分析。

生:丰富了中华民族的物质文化和精神文化,为隋唐时期多民族国家的繁荣与发展奠定了基础。

3. 课堂小结

师:如今在洛阳孝文帝陵墓的周围散落着无数村庄,千古皇陵已逝,生活在这里的人们已经分不出谁是鲜卑人,谁是汉人了。表面看来,孝文帝的改革,是拓跋族改变了自己的民族传统习惯,但作为部落首领,他完成了祖先的意愿,使整个拓跋鲜卑彻底融入华夏文明之中。正是有了这样一次次的民族大交融,才使中华民族的发展犹如滔滔江水,奔流不息。时至今日,我国始终把处理好民族关系作为国家政治生活极为重要的内容。习近平总书记在十九大报告中提到"铸牢中华民族共同体""各民族像石榴籽一样紧紧抱在一起"。为了各民族共同发展,大家了解到我们国家有哪些政策措施呢?

(学生讨论后自由回答)

(三) 课后拓展

1. 有人说:"孝文帝的汉化不值得肯定。北魏未改革之前已经存在了上百年,而改革后,北魏只有三十多年,就被东、西魏所取代。因此他的文化路线是一条加速北魏国家和鲜卑民族衰亡的路线"你是否同意这种观点?请说明理由并撰写一篇 200 字左右的历史小论文。

2. 为弘扬中华民族优秀传统文化,请你查阅相关资料后设计一张历史小报,介绍魏晋南北朝时期的不同民族生活风貌,并附上 100 字左右的说明文字。

课后拓展内容一周后交流。

四、教学评价

依据《大中小学国家安全教育指导纲要》和《义务教育历史课程标准(2011 年版)》中的评价原则和方式,重视过程性评价。现将评价量表设计如下:

表 1　学生课堂评价量表

评价指标	表现描述及赋值		学生自评	小组互评	教师评价
课堂表现 (20%)	积极参与课堂活动,思维活跃,兴趣浓厚。	0—10			
小论文 (40%)	内容丰富,论点明确,论据客观。无科学性错误,体现论从史出,史料实证。体现总体国家安全观方向。	0—10			
历史小报 (40%)	画面布局合理,主体健康,体现民族融合及文化、精神价值。文字说明简洁明了,能帮助了解设计意图。	0—10			

说明:评价量表赋值已将权重考虑在内。综合评价结果分为 4 等:85 分及以上为"优秀";70—84 分为"良好";60—69 分为"一般";60 分以下为"需努力"。

五、 教学反思

本课是七年级上册第四单元中的第四课。该主题讲述了三国两晋南北朝时期的政治、经济、社会生活和民族关系等方面的重要内容。从时代上看,三国两晋南北朝是介于秦、汉和隋唐这几个统一时期之间的中间时期,即合久必分的分裂动乱阶段,但分久必合的统一融合趋势也已比较明显,各民族在争执交锋中有新的交流交融,历史将重新由分裂走向大一统,也为即将到来的隋唐鼎盛打下基础。此课所包含的内容即南北朝时期北朝中鲜卑族建立的北魏政权进行了一场有着深远意义的孝文帝改革,此改革由于主旨是向中原汉族学习,全面实行汉化政策,对中华民族的大融合起到了深远影响,对于强调民族团结、反对任何的分裂的当今,有深刻的启迪作用。从国家安全教育的角度考虑,适合用于"文化安全"这一领域的教学。现在将我的一些想法写出来,以便今后更好地教学。

我对本课的线索设置是古城洛阳。虽然说在之前的教学中都强调了洛阳在多个王朝曾作为都城的重要性,但学生社会阅历较少,没去过洛阳,对洛阳没有较多的了解。但我在本课中将洛阳这个线索进行首尾呼应应该算是一个亮点。

初中历史课程标准的要求是通过北魏孝文帝改革,初步理解民族交往、交流、交融对中华民族发展的意义,因此在本节课开头我加入了课本上没有的一部分内容:春秋战国时,华夏族已经和周围的少数民族有民族交融,使学生了解到北魏并不是民族交融开始的时期。今天中华民族的多姿多彩并不是汉族的一枝独秀,而是多民族共同繁荣。

按照时间顺序,第一部分教学内容是前秦和东晋的淝水之战,因不是课程目标重点,因此采用了教师简单讲解战争过程、学生阅读课本找相关成语的方式。之后要求学生通过分析课本对战争细节的描述,分析东晋以少胜多的原因。虽然七年级学生古文基础薄弱,但从培养学生论从史出的意识来看,这种处理方式可以换成让学生阅读原版的史料来分析。

孝文帝改革措施第一点"迁都"部分的讲述安排了学生表演历史剧。因准备时间较短,虽然学生素质较高,现场效果较好,但没有演出历史剧的感觉。之后可以提前让学生制作相关道具,提高学生历史代入感。

孝文帝迁都之后的改革措施的讲述和之后民族交融的表现虽然论从史出,但老师讲的过多,提问环节大多是学生集体回答,没有设置深度学习的问题,没有体现学生的主体地位。

因本课内容较多,孝文帝改革本可以联系今天中国改革开放之后取得的成就,让学生体会到成功的改革能促进社会发展,以及改革过程的艰难。

文化安全的内容虽在大部分课堂教学尤其是孝文帝改革中涉及,但真正引起学生思考的部分是课后拓展中关于北魏在孝文帝改革后迅速灭亡与文化安全之间的关系。因七年级学生阅历有限,只能借助课后查阅资料自行理解,需要教师及时跟进反馈。

六、 资料链接

历史小短剧剧本:孝文帝迁都。

人物:旁白、孝文帝、拓跋澄、大臣甲、大臣乙、大臣丙、大臣丁。

(旁白):上朝。

(孝文帝踱步上台,于正中面对臣子坐下。台下高呼"万岁")

孝文帝:南齐素来为我大敌,我准备近期大举讨伐南齐,你们意下如何?

(众臣子面露难色)

拓跋澄:臣认为如此兴师动众,时机还不成熟。

孝文帝:(大怒)国家是我的国家,你想阻挠我用兵么?

拓跋澄:(激动地)国家虽然是陛下的,但我是国家的大臣,明知用兵危险,哪能不讲?

孝文帝:(不悦地)此事暂且定下,退朝!

(旁白):孝文帝回到宫中,下旨单独召见拓跋澄。

拓跋澄:拜见陛下!

孝文帝:免礼。(语气和蔼地)老实告诉你,我刚才向你发火,是为了吓唬大家,我真正的意思不是打仗,而是迁都。我们已统一黄河流域,武力可以平天下,但不能治理天下。平城是个用武之地,不适宜进行政治改革。现在我要移风易俗,用汉族先进的礼仪文化来治理国家,必须迁都才行。这回我出兵伐齐,是想借此机会迁都中原,你认为怎样?

拓跋澄：(恍然大悟)臣错怪陛下了。既是为了国家发展,迁都之事,我定当全力支持。

(旁白)：公元 493 年,孝文帝亲率三十多万大军南下,从平城出发到达洛阳。正好碰到秋雨连绵,足足下了一个月,到处泥泞不堪,行军十分困难,孝文帝仍然披盔戴甲骑马出城,下令继续进军。

大臣甲、乙：陛下,行军至此,秋雨连绵,人马早已疲惫不堪,万不可继续前行,望陛下三思而行。

孝文帝：这次我们兴师动众,如果半途而废,岂不是给后代人笑话？ 如果不能南进,就把国都迁到这里。诸位认为怎么样？

(一些大臣面露不情愿之色)

大臣甲：陛下,万万不可迁都啊,它会招致王公贵族的反对,望陛下审慎抉择。

大臣乙、丁：(作揖)陛下,请三思。

孝文帝：(略作沉思)那好,今天就请各位议一议,到底应不应该迁都？

大臣甲：平城为都是祖上定下来的,我们久居平城,百姓安居乐业,迁都会引起大家的不安啊！

大臣乙：陛下,迁都可是个不小的工程,要耗费多少人力、物力、财力啊！ 从国家大计考虑,万万不可迁都！

孝文帝：(转向拓跋澄)爱卿,你的意见呢？

拓跋澄：陛下,我认为迁都是明智之举。目前,我们的统治重点在中原,我们的经济来源也在中原,迁都将有利于我们对中原地区的统治。我们要将眼光放远些,虽然目前要耗费一些人力、物力、财力,但一旦迁都成功,洛阳优越的自然条件将带给我们更多的财力和物力。(转向各位大臣)你们说是不是这样？

大臣丙：我同意迁都。平城自然条件恶劣,地处偏北,地形多山,气候干旱,气温偏低,不适宜农业生产,所产粮食还不够我们日常生活所需,况且我们还常年遭到北方柔然族的威胁；而洛阳是汉朝古都,有发展基础,且地理条件优越,气候宜人,是理想的建都之地。臣以为,迁都只会给我们带来发展机遇。商朝的"盘庚迁殷"就是很好的例子。

大臣甲：平城为都是祖宗定下来的,条件再不好,也是我们的家,怎能随便迁往别处呢？ 我看你们是安稳日子过腻了,自找罪受！

拓跋澄：话可不能这么说。我们不可只顾眼前安逸享受,不顾国家发展,安于现状只会导致国家衰亡。

大臣丁：（怀疑地）中原地区是汉人之地，人多势众，我们鲜卑人少，迁都洛阳，人生地不熟的，生活习俗也不相同，会不会导致我们民族的丧失而使魏朝成为汉人的天下？请陛下三思。

（大臣甲、乙频频点头，表示赞同）

大臣丙：陛下，如果不迁都，我们躲在这偏远的地方，又如何能统治广袤的中原地区？况且汉族文化比我们先进，文明比我们发达，有很多值得我们学习的地方，如他们的礼仪文明、政治制度，对我们都非常有用。冯太后的许多改革措施不也是向汉人学习的吗？只有向汉族学习，才能促进自己的发展。相反，如果我们目光短浅，思想保守，停滞不前，一旦汉族强大起来，我们的民族还如何立足？

拓跋澄：对。我们不仅要迁都，更要改变我们民族落后的习俗，加强同汉族的联系，促进民族间的和睦相处，只有这样，我们的政权才能巩固。

（各大臣针锋相对，互不相让，争论不休）

孝文帝：作为帝王，应以四海为家，南征北战不是常事吗？况且平文皇帝曾以乐根山为都，昭成皇帝以盛乐为都，到通武皇帝时才迁都平城，怎么独独我就不能迁都？（恼怒地）如果你们不同意迁都，那我们只好继续南下。

（众大臣犹豫不决，窃窃私语）

孝文帝：你们还犹豫什么：同意的往左边站，不同意的站在右边。

（拓跋澄抬腿站到左边，有的大臣犹豫了一下，看到孝文帝态度坚决，也跟着站到左边）

齐呼：只要陛下停止南伐，我们同意迁都洛阳。

（旁白：公元494年，孝文帝派拓跋澄回到平城，将鲜卑贵族全部迁到洛阳。至此，孝文帝迁都顺利完成）

七、扩展链接

（一）推荐阅读文献

1. 中华人民共和国教育部. 义务教育历史课程标准(2011年版)[M].北京：北京师范大学出版社,2012.

2. 中华人民共和国教育部. 中国历史（七年级上册）［M］. 北京：人民教育出版社. 2018.

3. 朱绍侯, 齐涛, 王育济, 编. 中国古代史（上册）［M］. 福州：福建人民出版社. 2010.

4. 许斌. 统编初中历史教科书教学设计与指导　中国历史［M］. 上海：华东师范大学出版社. 2020.

（二）影视

1. 纪录片《中国通史》第 34 集《门阀统治》.
2. 纪录片《中国通史》第 36 集《孝文帝改革》.

满江红·岳飞

溧阳市燕山中学　管立华

一、课程简介

（一）燕山中学《国学润心——国家安全教育》课程简介

燕山中学《国学润心》课程是学校为了发展需要、提高学校办学品质、提升学校的育人功能、培养社会主义合格接班人，于 2016 年开设的校本课程。开设之初的本意，是学习中国传统经典文化的深刻内涵，传承中华文化精神。笔者于 2020 年 11 月份参加华东师范大学举办的"国安培训"后，向张玉春校长汇报并建议在《国学润心》课程中，强化国家安全教育并纳入课程。张校长大为赞赏，并嘱托我依托这块教育阵地，组织策划国家安全教育教学，开辟燕山中学教育的新篇章！经张校长同意并批示，在课程中增设《国学润心——国家安全教育》栏目。以下是张校长为《国学润心——国家安全教育》写的前言：

国学经典中蕴藏着中国五千年历史中的智慧精髓，内容博大精深，流传的经典浩如烟海。传统经典中承载着"仁义忠恕孝悌礼信"的道德伦理观，铭刻着伟大的爱国主义精神，蕴含着丰富的国家安全理念，构成中华传统文化的核心价值体系。

自古以来国家安全就是安邦定国的重要基石，是中华民族人民根本利益所在。健全国家安全体系，加强国家安全法治保障，提高防范和抵御安全风险能力，在当今以及今后一段时间内，尤为重要。发展和创新传统经典，让青少年通过学习国学经典中精选的相关内容，不仅可以培养他们古典文化底蕴和优雅情怀，而且有助于他们丰富国家安全知识，拓展国家安全内涵，认识个人成长与国家安全的关系，弘扬爱国主义主旋律，对青少年增强国家安全意识，树立总体国家安全观，培养合格的社会主义接班人具有重要的现实意义。

让传统经典中的国家安全观根植于青少年幼小的心灵,从小牢固树立国家安全理念,掌握国家安全基础知识,树立国家利益至上的观念,保障国家长治久安,两个一百年目标必将实现,中华民族伟大复兴必将实现!

张玉春

2020 年 12 月于燕中

(二)适用教学对象:初中阶段所有学生。

(三)场景要求

1. 多功能教室。

2. 国学园。

3. 星火传递馆(党团活动室)。

4. 航模馆、未来科技馆。

(四)道具物料:南宋岳飞抗金 PPT、多媒体设备、便携式扩音器、团旗、团徽、红领巾等。

(五)规模范围:两个班(100 人)。

二、教学目标

(一)国学经典教学目标

1. 培养学生阅读国学经典名篇的能力和习惯,认识个人发展与国家安全的关系,培养爱国主义情操。

2. 通过阅读,帮助学生了解中国传统文化经典,使学生深刻理解维护国土安全的重要意义。

3. 能够熟读、背诵部分经典内容,领会政治安全、军事安全对实现国家长治久安的重要意义。

(二)国家安全教育目标

1. 深入贯彻党的十九大精神和习近平总书记的总体国家安全观,认真落实国家安全教育相关文件精神。

2. 牢固树立和认真贯彻总体国家安全观。认识个人发展与国家安全的关系,维护国土安全,强化政治安全、军事安全的重要意义,增强国家安全意识。

3. 了解总体国家安全观,掌握国家安全基础知识,树立国家利益至上的观念。

(三) 燕山中学"国学润心——国家安全教育"《满江红·岳飞》教学指导思想

国学经典经历了几千年历史长河的洗礼、沉淀,是我国民族文化的精髓,通过学习国学经典文化,让中国传统文化在学生心底多一些积淀,多一些感悟,激起学生对中国文化的浓厚兴趣,在学习过程中获得古诗文经典的基本熏陶和修养,认识个人发展与国家安全的关系,维护国土安全,强化政治安全、军事安全的重要意义,弘扬爱国主义主旋律,增强国家安全意识。

(四) 教学重难点

重点之一是让学生先理解经典国学《满江红·岳飞》内容的基本含义,倡导学生先诵读,并初步背诵所学内容;重点之二是,在教学中将国土安全、政治安全、军事安全等国安教育渗透其中,加强学生的爱国主义教育,增强国家安全意识。

难点是学生正确理解所学内容。这些经学都是古文,古文与白话文相比,学生不容易理解。因此,如果这些难点得到突破,将会进一步树立学生的总体国家安全观。

(五) 主要措施

1. 学生自学为主,先进行诵读,再尝试背诵。教师导学为辅,结合党团建活动室、航模馆、科技馆等现场教学,给学生搭建充分展示自我的平台,养成学生独立学习的习惯。

2. 以赏识教育为主,通过适当的激励制度,激发并提高学生学习国家安全知识的兴趣。

3. 课堂形式多样,让学生从视、听、说、演、现场观摩等各个角度感受到国家安全教育的重要意义。

三、 教学过程

(一) 国学经典《满江红·岳飞》教学设计

1. 课型：国学经典欣赏。

2. 课时：2 课时。

3. 教具：南宋岳飞抗金 PPT、多媒体设备、便携式扩音器、团旗、团徽、红领巾等。

4. 教学目标

知识点

(1) 诵读体会诗歌所表达的思想内容及包含的国家安全知识。

(2) 岳飞抗金的精神品质，在现今国际国内错综复杂关系环境中的重要意义。

能力点：赏析诗歌的语言。

教育点：诵读诗歌，体悟作者的爱国主义情感，把握个人发展与国家安全的关系。

重难点：把握诗歌叙事情境，体会诗人的思想感情，领会政治安全、军事安全、国土安全的重要意义。

(二) 教学过程

第一课时（经典诵读与交流）

1. **歌曲导入**

(1) 播放杨洪基歌曲《满江红》，创设情境。

教师提问：《满江红》歌词是谁创作的？ 是在什么样的背景下创作这首歌词的？

学生讨论并发表看法，教师小结并用多媒体展示：

作者简介：岳飞（1103—1142），字鹏举，相州汤阴（今河南省汤阴县）人。南宋时期抗金名将、军事家、战略家、民族英雄、书法家、诗人，位列南宋"中兴四将"之首。主要成就：收复建康、襄阳六郡、商州、虢州；平定曹成、张用等游寇势力。

创作背景：这首词大约作于宋高宗绍兴六年（1136 年）。岳飞第二次出师北伐，攻占了伊阳、洛阳、商州和虢州，继而围攻陈、蔡地区。但岳飞很快发现自己是孤军深入，既无援兵，又无粮草，不得不撤回鄂州（今湖北武昌）。此次北伐，岳飞壮志未酬，在镇守鄂州时写下了千古绝唱的名词《满江红》。

（2）诵读诗歌

教师提问：请同学们将这篇诗词诵读一遍，并思考诗词中反映出哪些国家安全因素？

学生 A 回答：国家领土被侵占了。

学生 B 回答：岳飞的部队因为孤军深入撤回了，军事上不顺利。

教师提问：还有呢？

学生：……

教师讲解：首先，国土被金人侵占，国土安全受到严重挑战。其次，本来军事很顺利，因为后援军队不能及时跟进而后撤，说明军事安全也不能很好保障。这一切，又是南宋朝廷政治上腐败、苟且偷安造成的，所以政治安全很重要。

教师提问：请同学们结合老师刚才讲的政治、军事、国土三个方面，谈谈现今我们国家面临的问题。

学生 A 回答：我们国家现在有中国共产党的坚强领导。

学生 B 回答：我们军队在边疆和印度军队打仗，把敌人打得落荒而逃。

学生 C 回答：老师，台湾什么时候收回来？

教师解答：同学们回答得很好。特别表扬向我提问的同学，虽然我不能告诉你们台湾收回来的具体时间，但我可以明确告诉你们，只要坚持中国共产党的领导，一定会收回来的，中华民族伟大复兴一定会实现！

学生气氛热烈，掌声持久不停！（课堂第一次高潮）

教师进一步讲解：岳飞的这首满江红英勇而悲壮，抒发他扫荡敌寇、还我河山的坚定意志和必胜信念，反映了深受分裂、隔绝之苦的南北人民的共同心愿，深为人们所喜爱，它真实、充分表现了作者抗击金兵、收复故土、统一祖国的强烈的爱国精神。

（请同学们自由诵读词作，感受岳飞气壮山河的爱国豪情，领会国家安全的重要意义）

2. 诵读品味

本词洋溢着爱国主义激情，找出你喜欢的句子，加以赏析，并有感情地朗读。

（1）怒发冲冠，凭栏处，潇潇雨歇。抬望眼，仰天长啸，壮怀激烈。

教师提问：岳飞为何如此忧愤？

学生回答：因为南宋朝廷苟且偷安、政治腐败，重用奸臣秦桧。

教师讲解：看到自己的家园被烧杀抢掠,看到自己的兄弟姐妹被奸淫掳掠,看到敌人的凶残暴虐,而奸臣当道,因此而忧愤。

（2）三十功名尘与土,八千里路云和月。莫等闲,白了少年头,空悲切。

教师提问：岳飞面对困境是如何处理的? 试说明个人发展与国家的关系?

学生回答：岳飞选择积极有为,坚决保家卫国。但是国家政治腐败,能力强的岳飞得不到重用,却重用奸臣秦桧。说明个人的发展离不开国家稳定和政治清明。

教师补充：该同学回答得非常好,掌声在哪里? 我们和岳飞生活在不同社会环境,国家重视人才培养,法律制度健全,免费实行义务教育,在座同学一定要努力学习,报效祖国!

学生：掌声!!!（课堂第二次高潮）

（3）靖康耻,犹未雪;臣子恨,何时灭。驾长车踏破,贺兰山缺。

教师提问：这句诗反映出岳飞怎样的思想感情?

学生回答：坚持真理,爱国忧民,击败敌人的决心!

教师补充：是的,当我们面临困难和挫折时候,不是消极气馁,而是要坚持真理,奋发有为,这是中华民族的伟大精神!

（4）壮志饥餐胡虏肉,笑谈渴饮匈奴血。待从头,收拾旧山河,朝天阙。

教师提问：这句诗又反映出岳飞怎样的思想感情?

学生回答：反映出岳飞对敌人的痛恨以及对美好生活的向往。

教师补充：是的。敌人是凶残的,我们必须坚决给予打击。自100多年前鸦片战争以来,我们国家同样面临严重危机。所幸的是1921年中国共产党成立以来,带领中国人民,不断走向一个又一个胜利,才有了我们现在全面达到小康的幸福生活。但革命的道路还很长,我们下面的目标是两个一百年目标和中华民族的伟大复兴,这个重担,将由你们年轻一代来实现。我坚信,你们一定不会辜负时代的重托!

学生：热烈掌声!!!（课堂第三次高潮）

内容小结：这首词,代表了岳飞"精忠报国"的英雄之志,表现出一种浩然正气、英雄气质,表现了报国立功的信心和乐观主义精神。把收复山河的宏愿,把艰苦的征战,以一种乐观主义精神表现出来。这首词,反映出国土安全、政治清明对个人成长的重要作用。反映出军事安全,在维护国家领土、维护国家利益方面的重要意义,有助于增强学生国家安全意识,树立总体国家安全观。（再读本词,读出豪壮之势）

3. 背诵拓展

（1）尝试背诵《满江红》。

（2）对比阅读《小重山》。

小重山·岳飞

昨夜寒蛩不住鸣,惊回千里梦,已三更。起来独自绕阶行,人悄悄,帘外月胧明。

白首为功名,旧山松林老,阻归程。欲将心事付瑶琴,知音少,弦断有谁听。

这首《小重山》与《满江红》虽风格迥异,却从另一个角度表达了岳飞隐忧时事的爱国情怀。

教师结语:

岳飞戎马一生,126 仗全胜的战绩使他无愧于"常胜将军"这个称号,"精忠报国"的信念已经深深地长在了他的心中。他只有国家,他做的每一件事都无愧于国家。他的名字将被永远地载入史册,留存于历史的长河中。

当前的世界,国际关系错综复杂,台湾尚未收复,局部地区风云变幻。2014 年 4 月 15 日,习近平总书记在中央国家安全委员会第一次会议中,提出了 11 种国家安全并全面阐述了总体国家安全观:要构建集政治安全、国土安全、军事安全、经济安全、文化安全、社会安全、科技安全、信息安全、生态安全、资源安全、核安全等于一体的国家安全体系。

第二课时（现场教学与探讨）

1. 国学园现场教学

通过参观国学园,了解中国著名民族英雄卫青、文天祥、郑成功、邓世昌等故事。

卫青(? ～前 106 年),字仲卿,河东平阳(今山西省临汾市)人,汉朝名将、军事家。卫青出身贫寒,精于骑射,担任平阳公主的骑奴。随着姐姐卫子夫入宫,得到汉武帝宠幸,授建章宫监、侍中、太中大夫。时常随汉武帝围猎,深得赏识。元光六年(公元前 129 年),出任车骑将军,参加龙城之战,大胜而归,册封关内侯。多次进攻匈奴,收复河套地区,带领霍去病等将领,赢得漠南之战、漠北之战,重挫匈奴势力。

文天祥(1236—1283),初名云孙,字宋瑞,又字履善。道号浮休道人、文山。吉州庐陵(今江西省吉安市青原区富田镇)人,南宋末年政治家、文学家,抗元名臣,民族英雄,与陆秀夫、张世杰并称为"宋末三杰"。

郑成功(1624—1662),本名森,又名福松,字明俨、大木。福建泉州南安人,祖籍河南固始,汉族,明末清初军事家、抗清名将,民族英雄,其父郑芝龙,其母名田川氏。弘光时监生,因蒙隆武帝赐明朝国姓"朱",赐名成功,改名朱成功,并封忠孝伯,世称"郑赐姓""郑国姓""国姓爷",又因蒙永历帝封延平王,称"郑延平"。主要成就:东南抗清,驱逐荷兰殖民者,收复台湾,创建明郑。

邓世昌(1849—1894),男,汉族,原名永昌,字正卿,广东广府人,广东番禺县龙导尾乡(今广东省广州市海珠区)人,清末北洋水师名将,伟大的民族英雄。邓世昌是中国最早的一批海军军官中的一个,是清朝北洋舰队中"致远"号的舰长。1894年中日甲午战争时为致远号巡洋舰管带(即舰长)。1894年9月17日在黄海海战中壮烈牺牲,谥壮节公,追封太子少保衔。光绪帝挽联如此写道:此日漫挥天下泪,有公足壮海军威。

为纪念邓世昌的伟大牺牲,人们创作了《甲午风云》《英雄邓世昌》《甲午大海战》等多部文学、影视、戏曲作品,以歌颂其英雄壮举,还有多处纪念馆可供纪念、瞻仰、凭吊。

教师提问:上述民族英雄在国家安全方面做了一件共同的事情,是什么?

学生回答:坚决抗击敌人,维护国土安全。

知识解答:国土安全包括领土以及自然资源、基础设施安全等方面,核心是指领土完整、国家统一、边疆边境、领空、海洋权益等不受侵犯或免于威胁的状态,是国家生存和发展的基本条件。面临境内外分裂势力的挑衅。维护国土安全必须加强国防和外交能力建设。

(请同学相互探讨交流,你还知道哪些民族英雄维护国土安全方面的事迹)

2. 星火传递馆现场教学(党团活动室)

中国共产党是中国工人阶级的先锋队,同时是中国人民和中华民族的先锋队,是中国特色社会主义事业的领导核心,代表中国先进生产力的发展要求,代表中国先进文化的前进方向,代表中国最广大人民的根本利益。党的最高理想和最终目标是实现共产主义。

中国共产主义青年团是中国共产党领导的先进青年的群团组织,受中国共产党中央委员会管辖;同时,受中国共产党的委托领导中国少年先锋队的工作,指导中华全国学生联合会开展工作。中国共产主义青年团为党培养、输送了大批新生力量和工作骨干。共青团加强思想政治工作,把思想政治工作贯穿所开展的全部工作;带领青年在经济社会发展中发挥主力军和突击队作用;贯彻党管青年原则,充分发挥党联系青年的桥梁和纽带作用,为党做好青年群众工作;高举爱国主义旗帜,坚决维护和发展全国各族青年之间的平等团结、互助和谐;为把中国建设成为富强民主文明和谐美丽的社会主义现代化强国,为最终实现共产主义而奋斗。

部分学生参加入团仪式,少先队员佩戴红领巾。

教师提问:新中国成立以来,特别是近阶段,中国面临哪些国家安全问题?

学生 A:国土安全,台湾还没有收复,还有南海问题和印度的边疆问题等。

学生 B:网络安全,经常有不法分子发表反动言论。

学生 C:军事安全,美国对我国进行军事威胁。

教师补充:是的,这几位同学回答得非常好。所以,我们要树立牢固的总体国家安全观,要构建集政治安全、国土安全、军事安全、经济安全、文化安全、社会安全、科技安全、信息安全、生态安全、资源安全、核安全、太空安全等于一体的国家安全体系。

知识解答:

军事安全包括军事力量、军事战略和领导体制等方面,是国家安全的重要保障和保底手段。面临世界军事变革深入发展带来的挑战和潜在战争风险。维护军事安全必须贯彻落实习近平强军思想,全面推进国防和军队现代化建设。

网络安全包括网络基础设施、网络运行、网络服务、信息安全等方面,是保障和促进信息社会健康发展的基础。面临网络基础设施安全隐患和网络犯罪等威胁。维护网络安全必须践行"没有网络安全就没有国家安全,没有信息化就没有现代化"的理念,强化依法治网、技术创新、国际合作等,树立网络空间主权意识。

(请学生相互探讨和交流,如何自觉维护国家安全,做一名优秀的共青团员)

3. 航模馆、未来科技馆现场教学

航模馆现场教学

南海在中国国防安全战略中独具重要地位,南海作为中国周边最大的边缘海,南海占据极其重要的地理位置,兼具巨大的航运价值和军事价值。

第一,南海地理位置极其重要,是我国南部的重要安全屏障。

南海总面积 350 多万平方公里,其中中国拥有的海域超过 210 万平方公里。有效控制此海域,能使我国防御纵深增加上千公里,对于抵御强敌入侵、维护陆地安全具有

突出意义。

第二,南海航运价值巨大,对我国重要战略物资运输十分重要。

我国与东南亚、南亚、西亚、非洲以及欧洲等地来往的海上航线都经过南海诸岛海域,我国通往国外的 39 条航线中,有 21 条通过南沙群岛海域,60％的外贸运输从南沙经过。

第三,在我国四大边缘海中,南海的军事价值使其独具重大战略意义。

冷战结束后,作为世界上最大的陆海复合型国家,我国的陆地安全基本得到保障。出于国防安全与经济安全的考量,我国开始发展海上力量,南海的军事价值大幅提升。

现阶段,充分开发南海的军事价值能够使中国补齐在国防建设方面的短板(缺乏有效的二次核反击力量、海军远洋作战能力不足、部队信息化程度不高等),从而有效改善整个国防安全态势。这也是中国在南海加强军事基地建设的主要动因。

在地图上看,其实中国的版图不仅仅是像一只公鸡,因为那仅仅是陆地版图的形状。如果把海洋国土算进去,中国应该是像一支火炬,960 万平方公里的陆地领土面积是熊熊燃烧的火焰,而富饶广袤的南海则是火炬的握把,承载着中华民族建设海洋强国的希望。

教师提问:南海问题属于国家安全的哪一方面?

学生回答:国土安全。

教师提问:南海方面我们面临哪些问题?如何解决?

学生回答:美国的军事威胁。发展海军的军事力量。

(请同学探讨和交流,发展我国海上军事力量对维护国家安全的重要战略意义?)

未来科技馆现场教学

广义的未来科技引领未来发展的科学技术,包括高科技、最新科技、前沿科学技术、和未来可预见科学技术等。狭义的未来科技定义是指超越现实的科学技术。未来科技与高科技、最新科技以及前沿科学技术等的概念完全不同,而且是有本质区别的。后者代表刚刚被人类发明、创造并能够掌握和使用的,代表人类科研成果的先进的科学技术。而未来科技强调的是,人类能够预期或未能预见到的,至今仍未被人类发明或使用的,只有将来某一时期才被人类所掌握和使用的科学技术。

教师提问:未来科技对维护国家安全有什么重要意义?

学生回答:未来科技的突破,无论是对国家的政治、军事、经济等各个方面的安全都具有重要作用。

知识解答：科技安全包括科技自身安全和科技支撑保障相关领域安全，涵盖科技人才、设施设备、科技活动、科技成果、成果应用等多个方面，是支撑国家安全的重要力量和技术基础。面临重点领域核心技术受制于人、原始创新能力不足等问题。维护科技安全必须重视人才培养、突破关键技术。

（请同学探讨和交流，举例说明高新科技在维护国家安全方面的重要意义）

4. **课后拓展**

请同学课后查阅资料，了解国家安全体系包含哪些内容？对国家安全现状进行评估并收集相关案例。

四、 教学评价

国家安全教育评价方案。

中国面临着对外维护国家主权、安全、发展利益，对内维护政治安全和社会稳定的双重压力，各种可以预见和难以预见的风险因素很多，非传统领域安全日益凸显。因此，在中小学加强国家安全教育，形成科学评价方案，是当前国家安全教育的迫切需要。

第二课堂是当前中学国家安全教育的重要途径，是教师和学生进行教学活动的主要形式，为了促进国家安全教育深入学生，提高国家安全教育质量，特制定本课堂教学评价方案。

（一）教学目标评价

教师能突出总体国家安全观，针对所教内容，科学、准确地设计教学目标，做到：

1. 目标明确，从一个或者多个方面讲解国家安全。

2. 目标具体、适度，突出知识、能力目标与国家安全教育有机相融，和谐统一。

量化评价标准每项 5 分，总计 10 分。

（二）教学内容评价

1. 教师能准确把握国家安全教育内容的重点、难点，讲授的内容正确。

2. 国家安全教学内容的设计联系学生的生活实际，政治站位正确，引导学生树立总体国家安全观。

量化评价标准：第 1 项 3 分，第 2 项 7 分，总计 10 分。

（三）教学行为评价

1. 课堂上，教师是否能够有效地组织学生进行国家安全教育学习。

2. 教师能以学生为主体，重视国家安全知识的形成过程，重视学生的自学能力、实践能力、创新能力的发展。

3. 课堂上能营造宽松、民主、平等的学习氛围，对学生学习国家安全知识的评价恰当、具体、有激励性。

4. 能够根据国家安全教育的重点、难点之处，精心设计问题。

5. 根据国家安全教育内容和学生实际，恰当地选择教学手段，合理运用多种教学资源。

量化评比标准：第 1—5 项，每项 5 分，总计 25 分。

（四）学生行为评价

1. 看学生的学习状况，积极地以多种感观参与到学习国家安全知识活动之中。

2. 看学生的参与状态，学生要全员参与，有效参与国家安全教育课程。

3. 看学生的学习方式，是否主动学习国家安全知识，是否积极对国家安全知识提出问题。

4. 看学生在自主、合作、探究学习国家安全知识上的表现。

5. 看学生学习国家安全知识的体验与收获。学生在学习过程中，是否 90% 以上的学生能够相互交流知识、体会、情感。

量化评价评价标准：第 1—4 项，每项 5 分；第 5 项，15 分；总计 35 分。

（五）教学效果评价

1. 看教学目标达成度如何，是否促进学生的国家安全知识与能力、情感态度、价值观的全面发展。

2. 看教学效果的满意度，学生积极主动参与，90% 以上的学生掌握了总体国家安全观，获得了国家安全知识，发展了能力，有积极的情感体验。

3. 看课后拓展是否体现国家安全知识，收集整理资料效果好。

量化评价标准：第 1 项 3 分；第 2 项 3 分；第 3 项 9 分。总计 15 分。

（六）教学特色评价

教师在教学方式、方法上和国家安全知识的生成点上，教学机智与智慧上的闪光点有不同寻常之处。

评价标准：具备上述中的某一点或几点评价。

分数：2—5 分。

注：1. 以上各项的评价形式分：自评、同事评、学生评、领导评等。

2. 评价等级划分：90 分以上为"优秀"；80—89 分为"良好"；60—79 分为"合格"；60 分（不含 60 分）以下为"不合格"。

五、 教学反思

当前的世界"百年未有之大变局"正加速演进，地缘重心东升西降、国际格局南升北降大势不改，大国竞争复杂激烈，地区热点乱变交织，世界迎来充满变数、机遇挑战并存的 21 世纪 20 年代。在国际关系错综复杂、国内政治安全和社会稳定双重压力背景下，党中央高瞻远瞩，全面阐述总体国家安全观，构建国家安全体系，加强中小学国家安全教育，在传统课堂教学中贯彻和渗透国家安全教育尤其显得紧迫与必要。那么，如何在初中教育教学中加强国家安全教育呢？经过华东师范大学培训和结合自己教学的思考与实践，我总结了以下策略：

（一）培养学生关心、学习国家安全知识的浓厚兴趣

学习任何知识都需要兴趣，国家安全教育作为以政治思想素养提升为主要目的的学科渗透，很多知识看起来都比较生动活泼，能激发学生产生浓厚的学习兴趣。但是，在实践中会出现教师讲无可讲、学生认为不重要、与升学无关等情况，影响国安教育效果。如何培养学生学习掌握国家安全相关知识的兴趣呢？

1. 精心设计导入，以时事热点作为切入点，培养学生学习国家安全知识的兴趣。

导入是课堂教学的起始环节，"好的开始是成功的一半"。教师在"导入"这一环节

中应想方设法收集时事热点,激发学生的学习兴趣,把他们的思绪带进特定的情境中。教学中导入的方式有很多,教师能够创设悬念,抓住学生心弦,联系生活实践,创设情境,让学生感受到学习国家安全知识的重要意义,培养爱国主义情操,维护国家安全稳定。

2. 组织国家安全知识竞赛活动,培养学生学习国家安全知识的兴趣。

教师在教育教学中通过组织和开展各种形式的国家安全知识竞赛活动,如黑板报、手抄报、绘画、书法、朗诵比赛等。充分调动学生学习兴趣,激起他们比、追、赶、超的欲望,使他们在参与各种活动中获得知识,达到国安教育的目的。

3. 树立国家安全榜样模范,培养学生学习国家安全知识兴趣。

每一个人都期望得到他人的肯定,学生更是如此。在国家安全教育过程中,教师把握好时机,为学生创造成功的机会,并抓住他们的每一个闪光点,多鼓励、表扬他们,从而让他们享受到成功的喜悦,增强自信心,更愿意、更努力去学习。

(二) 发挥学生学习国家安全知识的主体作用

教师在国家安全教育中以学生为主体,唤醒学生的主体意识,充分发挥学生的主体作用。教学实践也证明:学生的主体意识愈强,他们在参与学习活动中实现自我的自觉性就愈大,从而也就愈能在教育活动中发挥自我的能动力量,调整、改造自身知识结构、心理状态和行为方式。

实际上,课堂教学是师生共同活动的过程,教师在教学活动中要发挥自我的主导作用,学生必须在教师的引导下发挥自我的主体作用。那么,国家安全教育中怎样才能真正发挥学生的主体作用呢?一方面,教师要改变自我的主角,由课堂主演变为课堂导演,由课堂控制者变为学生学习的启发者、引导者,以充分调动学生的主观能动性;另一方面,教师要将课堂主动权还给学生,为学生创造主动参与的机会,如精心设计一些问题,让学生动脑思考、动手操作、合作讨论,从而创造性地解决问题。

(三) 采用多种教育手段,提高学习国家安全知识的效率

1. 国家安全知识教育建议广泛使用多媒体,因它集文字、图像、声音、动画于一体,能够变抽象为具体,化难为易,能充分调动学生学习国家安全知识积极性,提高课堂教学效率。

2. 重视国家安全现场教学的重要作用。一是充分利用学校的现有教育资源。如党团活动室、升旗仪式国学园、科技馆等。二是充分利用当地的革命教育基地或者博物馆进行教育。三是走入社区,请革命老战士、老党员进行国家安全教育。

总而言之,教师应将国家安全教育与各种传统教学手段有机结合,使国家安全教育真正渗透学生学习生活的各个方面,培养合格的社会主义接班人。

(四) 结语

国家安全教育是安邦定国的重要基石,是全国各族人民根本利益所在,是完善国家安全战略和国家安全政策,维护国家政治安全,统筹推进各项安全工作的重要保障。健全国家安全体系,加强国家安全法治保障,提高防范和抵御安全风险能力,必须从孩子抓起。所有的国家安全教育工作者责任重大。

国家安全教育进体育课堂之双手正面头上掷实心球

绍兴市上虞外国语学校　牟　林

一、课程简介

（一）教学背景

当今世界，正面临百年未有的大变局，发展与安全并重，机遇与挑战并存。国外，全球经济发展动力不足，局部冲突和动荡频繁；国内，各种风险因素明显增多，党面临的考验长期而复杂，面临的危险尖锐而严峻。在国内外因素的交织作用下，维护国家安全和社会稳定的任务十分艰巨。习近平总书记指出，实现中华民族伟大复兴的中国梦、保证人民安居乐业，国家安全是头等大事。坚持总体国家安全观，统筹国内国际两个大局，发展与安全两件大事，是新时代维护和塑造国家安全、坚持和发展中国特色社会主义的必由之路。2018 年 4 月 9 日，《教育部关于加强大中小学国家安全教育的实施意见》印发实施，2020 年 10 月 26 日，第一期国家安全教育教师国家级培训在华东师范大学正式开班，号召全体教师以"星火燎原"之势在自己学科内把国家安全教育向全体学生乃至全社会进行教育和宣传。本堂教学案例设计用于探究如何在七年级体育课上融入总体国家安全观教育。

（二）学科分析

体育曾被奥运之父顾拜旦喻为"和平年代的战争"，它在形成之初就与团队、对抗、胜利、荣誉等紧密相连，在促进民族团结、维护社会稳定、树立国家形象、彰显综合国力方面起到了不可替代的作用。学校体育作为促进学生身心发展、提高学生身体素质、培养学生团结精神、增强学生爱国热情的主阵地,在宣传国家安全教育方面有其他学科不可比拟的优势。根据体育课程的特殊性,通过合理的设计,体育课堂可以在学生进行技能学习和锻炼的同时融入总体国家安全观的知识,扩展学生的知识结构,丰富学生的知识内涵,让学生在潜移默化中接受多方面的教育,达到润物无声、寓教于乐的效果。

(三) 教材分析

双手正面头上掷实心球是七年级(水平四)体育与健康的教材内容,是国家学生体质健康标准的测试项目,共3课时。本课为第1课时,教学内容由"双手正面头上掷实心球"和"素质练习"两部分组成,该项目的学习能够起到锻炼学生协调性,同时发展学生的手臂、腰腹、腿部等力量的作用;素质练习主要以短距离接力跑的形式,提高学生灵敏素质和快速反应能力。

总体国家安全观核心要义主要包括"五个要素";实践要求包括"十个重视";体系构成包括传统与非传统安全共16个领域。本堂课是总体国家安全观初次进课堂,初一学生对此还比较陌生,因此,教师选取了"国家安全日""总体国家安全观五要素""国家安全举报电话"三个比较简单易记的知识点融入课堂,作为暗线贯穿课堂始末。其他国家安全知识将在后面课程中逐渐加入。

本堂课打算通过音乐、器械、游戏等教学手段把国家安全观的知识与体育锻炼相结合,力求在提高学生兴趣、增强学生自信、培养团队意识和顽强意志品质的同时,让学生接受爱国主义教育,并对国家安全观有个初步的认识。

(四) 学生分析

初一年级的学生正处于生长发育的旺盛阶段,他们活泼、好动,由于刚完成从小学生到中学生的升级,他们很大承度上仍保留着小学生的心理特征。以形象思维为主,注意力容易被新奇的事物吸引,喜欢比较轻松刺激的运动项目。双手正面头上掷实心球既要求技术,也要求力量,通常学生的学习兴趣不高。在教学中,首先要激发学生的学习兴趣,让学生积极主动地参与到运动中去,只有让学生思想上有了重视,才会有好的教学效果。

总体国家安全观目前还处于向全国中小学广泛推广的初期,学生对总体国家安全关的概念和相关知识还比较陌生,所以在宣传和推广上需要从最基础、最简单的知识入手,逐渐深入和扩展。

二、 教学目标

(一) 国家安全教育目标

学生能准确说出国家安全日(4 月 15 日)、总体国家安全观的五大要素(以人民安全为宗旨,以政治安全为根本,以经济安全为基础,以军事、文化、社会安全为保障,以促进国际安全为依托)、国家安全举报电话(12339)共三个国家安全的知识点。

(二) 学科教学目标

1. 认知目标

能够理解"鞭打"的动作术语和完成该动作的动作要领;能明白团队协作在比赛中的重要意义。

2. 技能目标

90%左右的学生能按要领完成"蹬地、收腹、挥臂"的动作,基本掌握躯干和上肢的"鞭打"动作;能通过接力跑发展灵敏素质,提高快速反应能力。

3. 情感目标

在学、练中互助互学,增强自信;在游戏中团结协作,提高兴趣;同时培养学生的集体意识和爱国热情。

(三) 教学重、难点

教学重点:

发力顺序。

教学难点:

动作不协调,发力不顺畅。

三、课前准备

(一) 场地设计

如图 1。

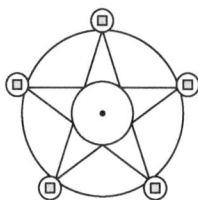

图 1　场地设计图

(二) 背景音乐

《国家安全之歌》《空军之歌》《海军之歌》《我和我的祖国》、不同
警报声、炮弹发飞行虚拟声、炮弹爆炸声等。

(三) 卡片准备

如图 2。

正面：

背面：

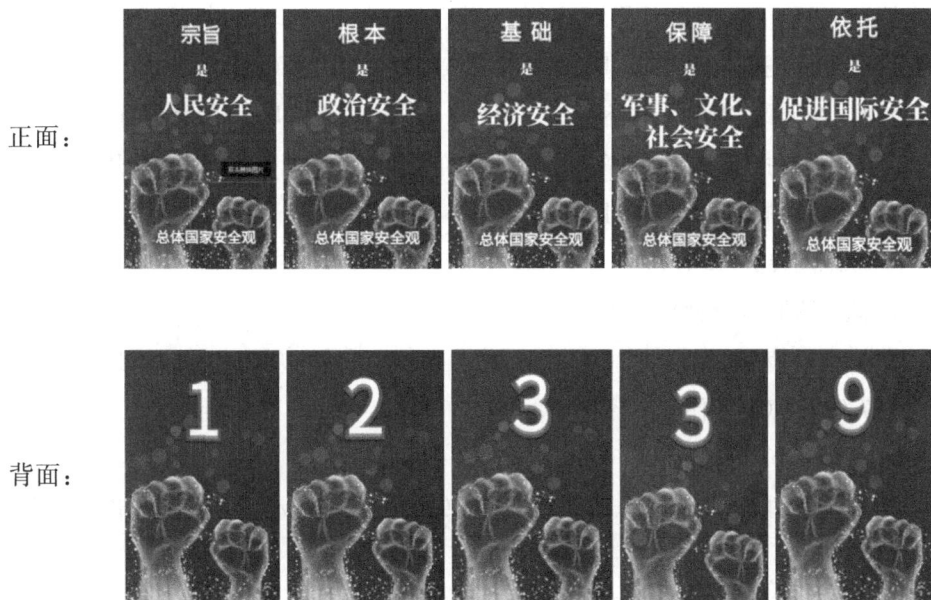

图 2　卡片设计图

设计意图：本课场地设计结合总体国家安全观五要素关系图设计,老师提前把实
心球和分别印有总体国家安全观五个要素的卡片放入五个不透明的器材箱内,摆在五

角星的小圆圈上,目的是让学生一到场地就诧异为什么今天的运动场地跟平时迥然不同,五个神秘的箱子更能激发起学生的好奇心和探知欲望。以初一学生的心理特点一定有不少同学问老师今天上什么内容,如果老师再故作神秘,那他们的好奇心会更强。与此同时播放《国家安全之歌》烘托氛围,让学生随着铿锵的节奏和热血的歌声心潮澎湃,从而达到提高学生兴奋性和更加期待本课内容揭晓的目的。

四、 教学过程

(一) 准备部分(10 分钟)

1. 课堂常规(30 秒)。

2. 语言引入(30 秒)

教师:同学们,从刚才这首热血澎湃的歌曲中,大家能联想到些什么?(根据歌词,学生的回答中一定会有"军队""战争""军人""安全""和平"等字眼)

教师:说起军队,我们就能想到铁的纪律和整齐划一的步伐;说到战争,我们就能想到武器;那谈到安全,大家觉得现在的生活安全吗?(学生回答)

教师:今天我们学习的内容就跟上面几个词语有紧密的联系,具体是什么呢? 我们等会儿揭晓。接下来我们先像军人那样跟随老师的口令进行队形练习和热身运动。

设计意图:师生互动,拉近距离;启发思考,制造悬念。

3. 原地间转法(15 秒)。

4. 队列队形(3 分钟)

绕场地圆圈和五角星边线一路纵队慢跑,在教师口令和哨声的指挥下进行分队、合队的队列练习(音乐伴奏:《空军军歌》)。

5. 活动关节(2 分 30 秒)

行进间徒手操:头部运动、肩部运动、体转运动、腹背运动、踢腿运动(音乐伴奏:《海军军歌》)。

6. 热身游戏:"当危险来临"(2 分 30 秒)

方法:教师通过音响播放不同的安全警报,学生在跑进时听到警报后以最快的速度躲进五角星顶上的安全区(小圆圈)内,警报声结束仍没找到或被挤出圈的同学视为躲避失败,将受到 5 个俯卧撑的惩罚。游戏进行 5—6 次。

设计意图：运用防空、消防、110警车等不同的警报,意在告诉学生危险分很多种类;利用不能容纳全体人员的"安全区"进行游戏,意在告诉学生安全青睐有准备的人,同时引出下面的国家安全教育(播放音:五种不同警报声音)。

7. 国家安全教育(45 秒)

(当最后一次游戏时学生躲进安全区后)

教师:同学们,刚才大家听到了不同的警报声,说明生活中的危险不止一类。一个国家如果没有安全作保障,就没有人民的幸福的生活。2014 年 4 月 15 日习近平总书记面对当前复杂的国内外形势提出"总体国家安全观"的概念,大家知道总体国家安全观包括哪几要素吗?(学生回答通常是"不知道"居多)

教师:请每组同学打开安全区的宝箱,一起大声地把卡片上的字念出来。

(学生分组齐读:以人民安全为宗旨,以政治安全为根本,以经济安全为基础,以军事、文化、社会安全为保障,以促进国际安全为依托)

教师:是的。总体国家安全观的要素一共就是刚才同学们念出的五个,跟我们国旗上五角星的数量相同,请大家记住 4 月 15 日是我们的国家安全日。接下来请大家每人拿一个实心球站到五角心内的圆圈上,同时请一名同学把器材箱放到老师所站的位置。

设计意图:让学生了解总体国家安全观概念、向学生传播总体国家安全观五要素的内容和我国国家安全日的准确时间,安全教育之后自然地完成取器材、移开器材箱、队伍调动等工作,为后面教学活动作好准备。

(二) 基本部分(30 分钟)

1. 双手正面头上掷实心球（18 分钟）

教师提问:刚才同学们提到过战争,古代战争攻城掠池时常用到一种远程武器,大家想想是什么?(老师比划正面头上掷实心球的动作加以引导)

学生回答:投石机。

教师引入:是的。那同学们有没有掰弯过直尺,然后利用它的反弹力弹射物品?马上我们学习的双手正面头上掷实心球的技术就跟他们的原理有共通之处。

(1)教师进行完整动作示范,给学生建立完整动作表象(2次)。

(2)教师提问:请同学们根据刚才提到的尺子、投石机的原理,结合教师的动作想一想,我们在完成这一投掷动作时是怎样的发力顺序,主要发力点在哪里,身体各部位如何发力?

(3)学生思考,模仿体验,教师引导学生总结出从脚→腰腹→手臂→手腕→手指的用力顺序。

(4)教师带领学生从脚的站位开始进行逐个动作的探究学习,在学生总结的基础上引出"鞭打"动作的要领,然后通过学生分组练习、教师指导、学生相互纠错等形式完成对双手正面头上掷实心球的徒手练习(若干次)。

(5)教师带领下,学生进行完整徒手动作练习,通过优秀学生展示、小组练习等形式纠错、提高。

(1)→(5)组织队形:如图3。

要求:积极动脑,认真体会,同学间相互观察,相互纠错。

(6)学生持球退到外侧大圈,在教师统一指挥下从外侧大圆向内进行投掷练习。(8—12次)组织队形:如图4。

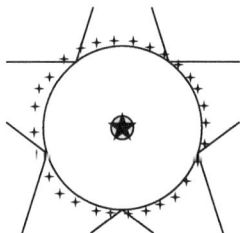

图3　组织队形图　　　　　图4　组织队形图

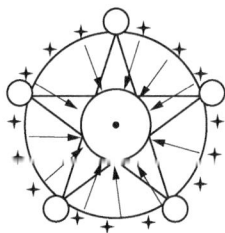

要求:听从教师指挥,结合炮弹飞行、炮弹爆炸模拟声,统一进行投球和捡球,投掷中重点体会发力顺序,做出尽量高质量的"鞭打"动作,注意安全。

(7)最后一次投掷后,收球于中心区的器械箱内。

2. 素质练习:"夺宝接力跑"游戏（12分钟）

规则:学生分五组呈一路纵队站在五角星顶上的小圆圈处,听到指令后起跑,第一名学生快速跑到中心点触摸本组"宝箱",然后返回与下一名同学进行拍手接力,直到最后一名同学才能打开宝箱,从箱中取出教师指定的"宝藏"带回,最先完成的组为胜。

组织队形:如图5。

要求：注意安全，活而不乱。

（1）教师讲解游戏规则，并向各组强调最后一名同学取出的是箱子里教师指定数字的卡片。

（2）游戏共 5 次，教师指定取出的卡片顺序是"1、2、3、3、9"。

（3）5 次游戏结束后，教师向学生宣传，游戏中数字连起来为 12339，就是国家安全举报电话，5 张卡片的另一面就是我们国家安全观的五要素。

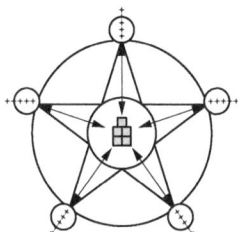

图 5　组织队形图

设计意图：通过素质练习提高学生在本课的运动强度，运用游戏的形式激发学生的练习兴趣，同时把国家安全举报电话号码融入"夺宝游戏"中，让学生了解举报电话的同时，再次复习总体国家安全观的五要素知识。

（三）结束部分(5 分钟)

1. 放松活动

背景音乐：《我和我的祖国》。

设计意图：放松身心，唤起爱国热情。

2. 师生小结

教师对本节课双手正面头上掷实心球的学习作点评，再次复习国家安全日、国家安全举报电话、总体国家安全观五要素知识。

布置作业、课后拓展。

要求学生课后加强手臂、腰腹力量锻炼，同时了解总体国家安全观关于"国家安全构成"的相关知识，为下次课作准备。

收还器材，宣布下课。

五、 教学评价

传统的体育课通常是教师进行技术教学，学生进行技能锻炼，再通过一些游戏或比赛，让学生达到强身健体的目的。本堂课在教学设计上不但遵循了体育学科的基本规律，而且在体育传统教学的基础上巧妙地融入了总体国家安全观的知识和对学生的爱国主义教育，目标明确，给原本平淡的体育课堂注入了一道灵魂，让课堂得到升华，提高了体育课堂的品质。

从最初的场地设计,到利用学生心理和不同的声音对课前、课中学练气氛的营造,再到对教学内容的循序渐进、合理搭配,以教学方式上的轻松多变,充分展示出教师对这堂课的精心打磨和别具匠心。本课紧紧围绕国家安全教育和学科教学两个目标,以学生为主体开展教学,教师仅通过适当的引导,让学生自己去探索、提炼所学知识、技能的重难点及其规律,再让学生用这些通过实践得出的经验指导自己下一步的学习,真正达到了让学生在课堂上用心、用脑、学以致用的目的。

六、 教学反思

根据体育素质课的教学原则和要求,不能利用较长的时间对理论知识进行深入系统的讲解而影响实际的身体锻炼时间,因此,国家安全观在体育课堂中的传播需要化整为零,要结合不同时机、不同教学内容进行长期的渗透和灌输。总体国家安全观的构成领域广泛,与其他学科相比,体育课堂在国家安全教育上更具包容性,比如:在学习传统体育文化时我们可以融入"文化安全、文化自信"的内容;学习投掷项目时我们可以聚焦"军事安全";欣赏大型体育赛事时引入"政治安全、社会安全"等等。但初中阶段学生的心理变化较大,利用情景教学和游戏教学更适用于七年级这样的低年级学生,要把总体国家安全观的知识合理融入八、九年级的体育课堂还需要进行更多方面的尝试。

表1 双手正面头上掷实心球(水平四)教案

教学内容	1. 投掷:双手正面头上掷实心球。 2. 素质:接力跑。		课次	3—1
课型	新授课		学习阶段	水平四
教学目标	1. 能够理解"鞭打"的动作术语和完成该动作的动作要领;能明白团队协作在比赛中的重要意义;能说出我国国家安全日(4月15日)、总体国家安全观的五大要素、国家安全举报电话(12339)共三个国家安全知识点。 2. 90%左右的学生能按要领完成"蹬地、收腹、挥臂"动作,基本掌握躯干和上肢的"鞭打"动作;能通过接力跑发展灵敏素质,提高快速反应能力。 3. 在学、练中互助互学,增强自信;在游戏中团结协作,提高兴趣;同时培养学生的集体意识和爱国热情。			
教学重点、难点	教学重点:用力顺序。 教学难点:动作不协调,发力不顺畅。			

教学过程	教学内容	学、练标准	组织形式	练习次数	练习时间
准备部分 （10分钟）	1. 课堂常规。 2. 原地间转法、队列队形。 3. 行进间徒手操。 4. 小游戏："当危险来临"。	1. 快、静、齐。 2. 精神饱满、注意力集中。 3. 动作到位、活动充分。 4. 活而不乱。	1.2 集合队队形。 3.4 教师带领绕场地进行。 要求：精力集中，动作到位。	2—3次 5—6次	30″ 3′15″ 2′30″ 2′30″
基本部分 （30分钟）	1. 投掷：双手正面头上掷实心球 （1）教师进行完整动作示范。 （2）学生模仿练习，探究发力顺序和方法。 （3）教师带领下进行分解动作学练。 （4）教师叫口令，学生进行完整徒手动作练习。 （5）持球实际体验性练习。 2. 素质练习："夺宝接力跑"游戏 （1）教师讲解游戏规则。 （2）分小组接力跑比赛。	（1）分快慢两次进行完整动作示范。 （2）认真观察模仿、积极探索思考。 （3）注意要领，认真体会。 （4）重点体会发力顺序，让动作连贯协调。 （5）持械中以体会正确动作和感受发力为主，忽略远度。 （1）认真听取游戏规则。 （2）按规则进行游戏比赛。	要求：发力正确，"鞭打"动作有力。 要求：服从指挥、注意安全。 要求：注意安全、活而不乱。	2次 若干次 2—3次 10—12次 8—12次 5次	1′ 1′ 8′ 3′ 5′ 12′
结束部分 （5分钟）	1. 放松活动。 2. 师生小结。 3. 收还器材，宣布下课。	1. 随音乐放松上、下肢肌肉，力量适中。 2. 认真听取教师小结。	要求：身心放松。	1次 1次	2′ 2′ 1′
场地器材	足球场、实心球35只、音箱1只、卡片5套（25张）、小器材箱5只。	练习密度	练习强度	平均心率	
		35%—40%	1.6—1.7	130次	

小学篇

音乐学科中构筑文化安全防线案例

——《新年来了》

上海市嘉定一中附属小学　江　雪

一、 课程简介

在我们身边,不难发现这样的现象:万圣节孩子们"古灵精怪"地变装,嘴里喊着"不给糖就捣蛋",却不了解上巳节(农历三月初三)发展到唐朝,长安城内男女老少盛服而出,在曲江宴饮、郊游的传统;圣诞节孩子们都知道圣诞老人的传说,对善良、大方的圣诞老人充满喜爱,却不了解乐善好施的中国古代慈善家范蠡"裸捐三次,散尽其财,以分与知友乡党"的故事……每当洋节日悄然而至,被洋节日承载的这些文化符号就充斥了我们的生活。

文化是国家和民族的灵魂,文化安全是国家安全的重要保障,文化安全是确保一个民族、一个国家独立和尊严的重要精神支撑。面临外部意识形态渗透、消极文化侵蚀、文化自信和向心力缺失等威胁,强化中华优秀传统文化的认知已迫在眉睫。我国是拥有五千年的历史文明古国,传统文化源远流长,我们应当用孩子们喜欢、能操作的形式,引导他们学习优秀传统文化,理性过洋节日,理解中西方节日文化虽根源不同,却共同承载着世界各国人们对美好生活的追求。

本课以宋代诗人王安石的《元日》为词、当代作曲家谱曲的一首古诗乐作品为主要教学内容,结合教育部 2020 年 9 月颁发的《大中小学国家安全教育指导纲要》精神,基于中华优秀传统文化与音乐学科的内在联系,融入相应的中华民族优秀传统文化内容和载体形式,旨在通过学习优秀古诗乐歌曲,在音乐的浸润中,使学生亲近中华优秀传统文化,培育学生的民族自豪感和爱国主义精神,传承好文化遗产,从而增强学生国家安全意识。

本课的主要教学内容选自上海音乐出版社九年制义务教育教材《唱游》二年级第一学期及上海市嘉定区音乐拓展教材《中国唱诗班——中华优秀传统诗词"诗乐启蒙"16首——元日》,适用于小学二年级音乐学科、二至五年级第二课堂,建议在有开阔场地的教室开展以班级为单位的教学活动,同时需要准备年俗道具(如春联、福字、爆竹、灯笼等)、民族小乐器(如小堂鼓及鼓棒若干、小锣、小镲等)及黑板、多媒体等教学辅助设备。

二、 教学目标

(一) 学科教学目标

1. 学习古诗乐歌曲《元日》,融入歌曲欢快、活泼的意境,体验过年的喜悦,乐于亲近民族传统音乐与文化;复习、欣赏圣诞歌曲《铃儿响叮当》,感知歌曲欢快、愉悦的情感,感受世界各地的人们都对新年充满美好的希冀。

2. 参与聆听、旋律哼唱、有节奏地朗读、小乐器伴奏、对比听赏与即兴表演等活动,学唱歌曲《元日》;参与律动模仿、拍击伴奏、跟唱等体验活动,欣赏、表演歌曲《铃儿响叮当》,并丰富歌曲的表现。

3. 初步了解西方圣诞节与中国传统新年的习俗,并在此基础上以包容的态度予以接受。能用欢快的情绪、有弹性的声音来有感情地演唱歌曲《元日》第一部分;能感知歌曲第二部分的情绪,并用动作表现想象的情景。

(二) 国家安全教育目标

1. 通过学习不同民族、不同国家、不同时代的年俗文化音乐作品,感受音乐中的民族风格和情感,以培育学生对中华优秀传统文化的亲切感和感受力,从而喜爱传统文化,增进文化自信,预防文化"全盘西化"。

2. 通过音乐的浸润,使学生初步了解中西方年俗传统文化的不同,理解音乐文化的多样性,认识到世界的和平与发展有赖于对不同民族文化的尊重和理解,应以开阔的视野学习世界各国和民族的音乐文化,共享人类文明的一切优秀成果,增强文化认同感,从而引导学生树立健康的文化价值观。

三、 教学过程

片段一：复习欣赏歌曲《铃儿响叮当》——世界各地的新年

表1

教学过程	过程实录
(一)复习歌曲,聆听伴奏,创设情境,师生合作表演歌曲。 (二)师生交流歌曲情绪,简介歌曲背景与作者。 (三)完整聆听音乐(英文版),观看图片,简要了解世界各地不同的新年习俗。	师:上节课我们欣赏了歌曲《铃儿响叮当》,让我们一起聆听欢乐的音乐,乘上圣诞老人的雪橇车,表现这首歌曲吧! 第一部分老师唱,你们用身体音响伴奏,第二部分你们来唱。 师:我们真有默契。大家的心情怎么样? 你在哪听到过这首歌? 生1:开心、愉快。 生2:圣诞节在商场听到过。 师:圣诞节总能听到这首活泼欢快的歌曲。《铃儿响叮当》是由美国作曲家皮尔蓬特创作的,他曾是教堂的管风琴师,一生中写过许多歌曲,这首是最著名的,流传至今已经快200年了! 师:让我们聆听美国的小朋友的演唱,在歌曲中分享一组图片,说说你感受到了什么? 图1　　　　　　　图2 生1:这好像是英文版本,我在电视上也听到过。 师:每个国家都有自己的语言文字,这也是他们的文化,音乐不分国界,虽然我们听不懂他们的语言,但音乐传递着欢乐。 生2:每个国家好像都有过新年的节日,但习俗好像不一样。 师追问:他们都在庆祝新年,你觉得他们过新年的心情怎样? 生2:都很欢乐,感觉很幸福。 生3:我看到印度人们往同伴脸上涂彩色东西,丹麦人还摔盘子,他们都笑得很开心。 师:你的观察真仔细! 摔盘子也寓意着将过去一年的不顺利都赶走,每个国家都有着独特的文化,所以人们庆祝新年的方式都有着独特的特点。但世界各国的人们都要在新年与家人和朋友欢聚一堂,欢声笑语,用自己特有的方式辞旧迎新,彼此送上美好的祝愿,期盼来年更加顺利和幸福。

片段一诠释与研究：

1. 学习要点：复习欣赏《铃儿响叮当》，感受歌曲带来的节日氛围，简要了解世界各国的新年习俗。

2. 教学策略与意图：通过聆听、跟唱、律动等多种方式，感知歌曲活泼、欢快的情绪，体会西方人过圣诞的心情。通过聆听原版歌曲，师生交流有关歌曲背景的人文知识，使学生初步了解语言、文字、音乐都是一个国家的文化的体现。文化的多样性、世界性是一个客观事实，不同的文化各有其特质，且还有共性，教育教学中教师应当注重培养学生对多元文化"和而不同"的态度。本环节中让学生在循环音乐中观看图片，了解世界各国虽年俗文化不同，但都寓意着祥和而美好。

片段二：整体感知古诗乐歌曲《元日》——宋代的春节

表 2

教学过程	过程实录
（一）听音乐，看图片，猜节日。 （二）师生交流，揭示课题，简介古诗《元日》；模仿老师边做动作边唱读古诗。 （三）完整聆听歌曲，感受歌曲两部分不同的情绪特点。	师：在音乐中，我们分享了世界各地人们的新年的快乐，老师想在音乐中和大家分享一组图片，大家回忆一下这又是什么节日呢？ 生：过年。 师：说说你都是怎样过春节的呢？ 生：有红包、吃年夜饭…… 师总结：我们穿新衣、放鞭炮、拿压岁钱、热热闹闹过新年。 师：知道吗？我们的春节早在 4000 年前就已经有了，老师给大家介绍一首宋代描写春节的诗《元日》，元日正是农历新年大年初一。听老师来读读这首诗，想想这首诗描绘了怎样的新年场景？ 生：古人也放爆竹吗？ 师："爆竹声中一岁除"，描绘了古人过新年放爆竹的情景，想想这是多么热闹的画面。跟老师边做动作边按节奏读读这句吧。 生：我不知道"屠苏"是什么。 师：屠苏是一种药酒，古时候人们要在除夕守岁时喝屠苏酒，寓意强健身体，辞旧迎新。日本深受我国家文化的影响，至今新年还保留着喝屠苏酒的习俗。 生："曈曈日"是什么意思呢？ 师："曈曈"是阳光灿烂的意思，寓意过年千家万户都喜气洋洋的。跟老师边做动作边来念念。注意太阳高高，我们手也要高高的，动作要形象。 生："新桃换旧符"我不太明白。 师：老师来告诉你，"桃"是指桃符，古人在桃木上刻上两位神仙的名字，新年挂在门上用来祈福避邪。流传到了今天，桃符就变成了春联，从古到今，这都表现了对人们对来年的美好生活的期盼。让我边做动作边按节奏读读古诗，感受这份新年的美好吧！

续　表

教学过程	过程实录
	 图 3　　　　　　　　　图 4 师：为了让更多人喜欢这首诗，我们嘉定本土有位作曲家易凤林老师为它谱了曲，这首曲子很有意思，它把诗句重复了两遍。来听听老师的演唱，看看这两遍带给你的心情一样吗？ 生：不一样。第一部分让人感觉欢快活泼，第二部分让人感到抒情优美。

片段二诠释与研究：

1. 学习要点：完整聆听音乐，回忆春节习俗，感受歌曲两部分不同的情绪特点。想象古人过年的画面，随律动唱读古诗，了解古诗描绘的宋代过春节的习俗。

2. 教学策略与意图：本课的学习对象为二年级学生，以感性认识为主，因此教师设计了贴近学生生活实际的教学环节。通过听觉优先、视觉辅助的手段，让学生充分感受中国传统佳节的氛围，并了解中国的春节是千百年传统文化的传承；此外，教师范唱，让学生直观地感受歌曲前后两部分不同的情绪特点，为学唱《元日》作铺垫；运用律动唱读的方式帮助学生解决歌曲演唱的节奏难点；通过讲解古诗描绘的画面，引导学生带着想象律动唱读古诗，使学生在生动有趣的学习过程中了解宋代过年的习俗，初步了解习俗会在千百年传承中作出创新改变。

片段三：学习古诗乐歌曲《元日》——我家的春节

表 3

教学过程	过程实录
（一）学唱古诗乐歌曲《元日》第一部分。	1. 聆听歌曲第一部分，体验歌曲节拍韵律。 2. 学习旋律。 3. 学唱歌词。

教学过程	过程实录
	小提示:(1)轻声唱,注意音准。(2)仔细听范唱录音,唱准确。(3)想象古人过年的画面,带着过年的感受有表情地演唱。 4. 完整演唱歌曲第一部分。 师:同学们唱得不错,但是单纯唱歌,好像缺少了点年味,听老师来加点年的色彩,听老师加在哪? 像什么声音? 生:在每句的结尾,好像爆竹声。 师:小耳朵真灵! 请同学们模仿老师,我们用拍手的方式来模仿爆竹声,和老师一起唱唱、拍拍。
(二)拓展表现歌曲第一部分 1. 教师示范用响板为歌曲伴奏,学生听辨节奏并模仿拍击。 2. 学生尝试用小鼓伴奏。 3. 师生完整演唱歌曲,并用小乐器伴奏。	师:除了爆竹,你知道过年还有什么不可缺吗? 看看老师带来啥? 生:是小鼓和小锣。 师:这些都是我们中国古代就有的民间乐器哦。自古以来,我们中国都是敲锣打鼓、热热闹闹迎新年。今天我们就一起来敲敲小鼓,谁来试试让小鼓、小锣唱起歌? 生1敲四分音符节奏。 师:还有谁创意地让小鼓不一样地唱歌,来试试? 生2随歌曲旋律中的节奏敲击。 师:同学真有创造力! 为了你们敲得整齐,老师选择用你们创编的一种来改一改,大家一起来试试。 师:哪些同学自选愿意加入小鼓、小锣组或小爆竹组准备为我们伴奏? 请其他同学加上动作唱唱歌曲。让我们一起合作表演这首歌曲吧!
(三)欣赏古诗乐歌曲《元日》第二部分。	1. 完整聆听歌曲第二部分,思考第二部分表达的心情。 师:刚才我们演唱了欢快活泼的第一部分,歌曲还有抒情优美的第二部分。听老师唱一唱,说说在欢庆新年时,作曲家用抒情优美的情绪是为了表达怎样的心情呢? 你想到了什么? 生1:我想到了一家人在看春节联欢晚会。 生2:妈妈和我在给奶奶拜年。 师:你们的音乐理解力真强,想象的都是温馨的画面。 2. 学生与同伴合作尝试随音乐用造型表现心中的画面。 教师指导学生两两合作,可使用年味道具(春联、福字等)。 3. 复听教师范唱歌曲第二部分,学生合作用动作表现。

片段三诠释与研究:

1. 学习要点:把握歌曲节奏与旋律,有表情地演唱歌曲第一部分,并用民族小乐器为演唱伴奏;欣赏歌曲第二部分,感受第二部分描绘的节日温馨的情景与祥和美好的心境。

2. 教学策略与意图:本环节通过对节拍韵律的感知、旋律与歌词的学习、律动提示,突破歌曲演唱难点;引导学生尝试有创造性地为歌曲伴奏,培养学生的音乐创造思维与实践能力,并在情境中融入传统文化,敲锣打鼓过新年;通过对比聆听的方式,引导学生感知歌曲第二部分音乐要素的变化,鼓励其发挥想象,联想音乐画面,并由此尝试即兴创编造型,结合使用传统年俗道具,随音乐表现,在音乐塑造的情境中表达对美好生活的祝愿。

片段四:拓展欣赏原创年俗儿歌——家乡的春节

表 4

教学过程	过程实录
(一)教师敲小堂鼓,用原创儿歌介绍中国各地过年的风俗。 (二)师生交流,说说自己家乡的过年习俗。 (三)课后拓展及小结。	师:老师为大家编了首年俗儿歌,我知道你们来自五湖四海,你们家乡过年的习俗也有一些区别,听一听。你们能拍手为我伴奏吗? 广州过年 行花街 行花街里 逛花市 抱着鲜花 过大年 东北过年 吃饺子 三十晚上 熬一宿 初一初二 满街走 彝族过年 火把节 举起火把 跳起舞 唱起歌儿 迎新年 上海过年 包汤圆 穿上新衣 买春联 欢欢喜喜 合家圆 师:广州过年要逛街买花,东北过年吃饺子,谁愿意来分享你家乡的风俗呢? 生1:老师,我的家乡过年街上还有板凳灯呢。 生2:我的家长过年要剪窗花。 师:我们的祖国地域辽阔,是个多民族的国家,每个地区都有不同的过年习俗。你能不能试着把你家乡的习俗编成儿歌,分享给小伙伴呢?加油试试,下节课来交流。 师:这节课我们不仅学唱了《元日》,还了解了不同民族、不同国家、不同时代的新年习俗都是不同的,但人们对新年的美好祝愿却是相同的。马上就要过年了,老师希望大家能把这首歌曲分享给亲朋好友,送上我们最美的祝福。

片段五诠释与研究:

1. 学习要点:了解各地过年不同的习俗,知道春节是几千年传承的传统文化。

2. 教学策略与意图:本环节旨在通过有趣的儿歌听赏,唤起学生的家乡记忆,引导学生创编家乡年俗儿歌,体会中华优秀传统文化的悠久与深厚,从而引发其对美好生活热爱的情怀,落实文化安全教育。

四、课后拓展

围绕你家乡的过年习俗,创编两句年俗儿歌,分享给小伙伴们。

五、 教学评价

表5　"新年来了"活动评价表

评价指标	评价内容	自评	同伴评	师评	总评
情感态度	1. 积极参与音乐活动。	☆☆☆	☆☆☆	☆☆☆	☆☆☆
	2. 喜欢学习中国传统文化。	☆☆☆	☆☆☆	☆☆☆	☆☆☆
	3. 感受不同民族、不同国家的新年都是祥和而美好的。	☆☆☆	☆☆☆	☆☆☆	☆☆☆
合作交流	4. 乐于和伙伴合作创编造型或用动作表现新年情景。	☆☆☆	☆☆☆	☆☆☆	☆☆☆
	5. 能积极进行简单的评价。	☆☆☆	☆☆☆	☆☆☆	☆☆☆
	6. 与老师或同伴交流对民族音乐的感受。	☆☆☆	☆☆☆	☆☆☆	☆☆☆
知识技能	7. 完整演唱歌曲第一部分。	☆☆☆	☆☆☆	☆☆☆	☆☆☆
	8. 用小乐器或身体音响增添新年色彩。	☆☆☆	☆☆☆	☆☆☆	☆☆☆
	9. 了解古诗描写的宋代新年习俗及世界各地新年习俗。	☆☆☆	☆☆☆	☆☆☆	☆☆☆
课后创造	10. 创编两句家乡年俗儿歌并与小伙伴分享。	☆☆☆	☆☆☆	☆☆☆	☆☆☆

六、 教学反思

国家的文化安全与国防安全、经济安全、政治安全一样都是国家安全的重要组成部分,任何一个国家的长治久安都离不开其国民的文化认同。在中小学开展中华优秀传统文化教育,对于延续中华民族的根与魂,筑牢民族文化自信、价值自信的根基,维护国家文化安全,增强国家文化软实力,培养青少年做堂堂正正中国人,具有重要的意义。

本课程挖掘古诗乐歌曲《元日》中的优秀传统文化资源,以"新年"为主题展开教学,是整合小学音乐学科与国家安全教学的一次初浅尝试。旨在引导学生结合日常生活学习中华经典,增进中华文化的认识,体认中华优秀传统文化,培养对国家、民族的感情。中华古诗词中有大量可挖掘的传统文化资源,可整合更多学科资源,经探索未来还可形成一系列文化安全课程。

(一) 结合优秀经典,激发国家安全学习兴趣

古诗词是中华优秀传统文化最突出的代表。自古以来,古诗词一直被古代文人墨客吟唱,但因为年代久远,唱法近乎失传。本课以上海嘉定本土作曲家易凤林先生为《元日》配曲的古诗乐作品为主要教学内容。具有民族风格的伴奏,很快将学生带入了热闹的春节氛围中,朗朗上口的旋律一下子激发了学生的学唱兴致。通过视、听、读、唱及肢体律动相结合的方式,让学生充满兴趣地在唱经典的过程中,潜移默化地了解了宋代人过新年的文化,知道春节是千百年传统文化的传承。

(二) 结合时代要求,培养学生国家安全意识

文化安全的本质是保持与延续,维护文化安全并不意味着要闭关锁国。作为一线教师,应当结合时代要求,充分考虑学生的认知发展特点,努力贴近学生的生活、学习和思想实际,设计本学段学生适合学习的传统文化内容和形式。本课的设计由学生耳熟能详的圣诞歌曲开始,通过“世界各地的新年”——“宋代的春节”——“我家的春节”——“家乡的春节”一系列教学过程,旨在衔接古今,帮助学生初步了解传统文化也会在千百年传承中作出创新改变,了解世界各国年俗文化不同,但都寓意着祥和、美好,培养学生对世界多元文化“和而不同”的态度,树立健康的价值观。

(三) 结合学科特点,有机融入重视国家安全意识

音乐学科的融入对提高学生艺术修养、弘扬中华美育精神具有不可替代的重要作用。本课中,教师引导学生尝试参与用中国传统乐器小锣和小鼓创编伴奏、想象过年时的爆竹声,用身体音响创编节奏、与伙伴合作用肢体结合年味道具创编造型表现温馨的过年画面、富有节奏地创编家乡年俗儿歌等多种丰富且融入学科特点的创造性实践活动,帮助学生亲近优秀传统文化,逐步体会中华优秀传统艺术中反映出的中华民族独特的表现方式、风格特点和文化内涵,从而感悟中华优秀传统文化的魅力,提升文化艺术传承能力与创新能力,增强民族自豪感。

七、扩展链接

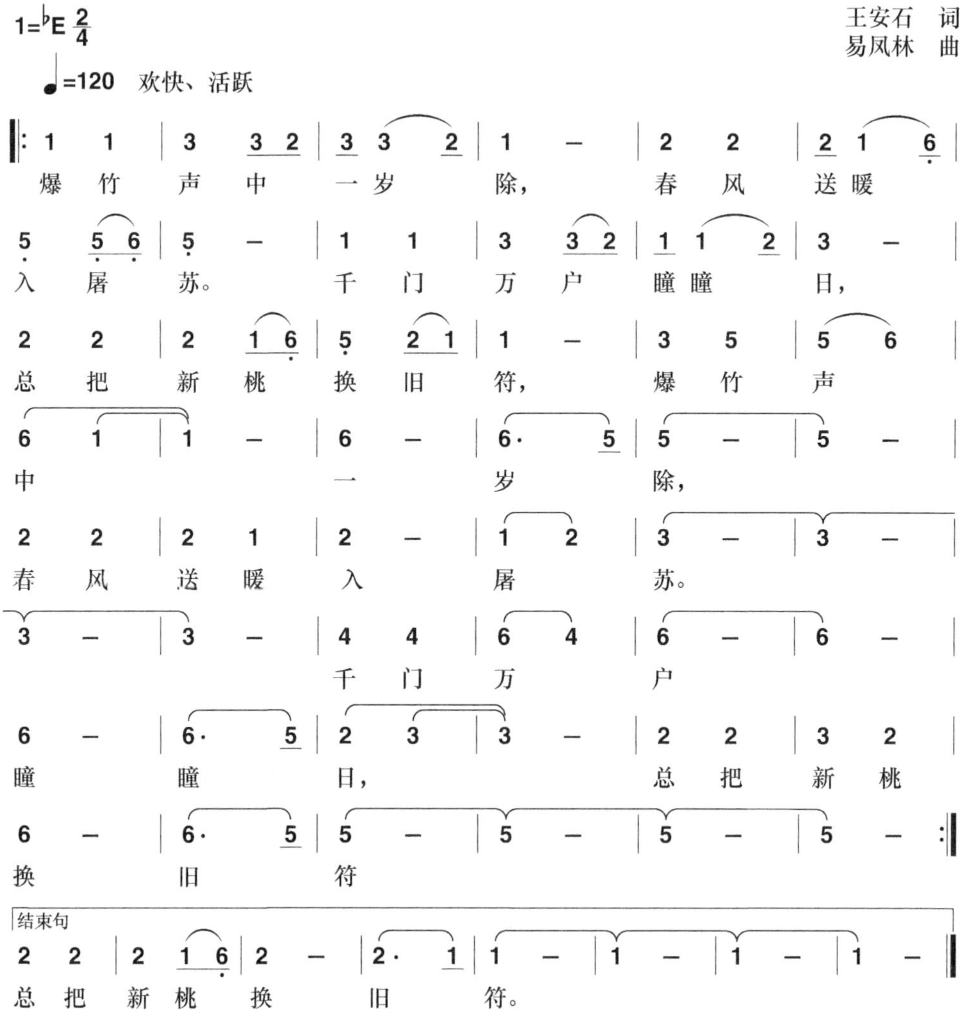

图 5 《元日》歌谱

继承雷锋精神，保障文化安全

——《雷锋叔叔，你在哪里》

华东师范大学附属小学　　顾　芸

一、 课程简介

国家安全教育，是根据维护国家安全的目的和要求，有目的、有组织、有计划地对全体公民进行的关于国家安全意识、国家安全知识、国家安全能力等方面的教育与影响的系列活动。习主席说，实现中华民族伟大复兴的中国梦，保证人民安居乐业，国家安全是头等大事。

文化是国家和民族的灵魂，文化安全是国家安全的重要保障。同时，小学生是国家的希望、民族的未来，为他们开展国家安全教育尤为重要。但国家安全教育与学生的日常生活有一定距离，如何使国家安全的思想入脑入心？笔者认为，深入挖掘语文课程与国家安全教育之间的联系，把安全教育自然而然地引入语文课堂是十分有效的举措，能让学生在潜移默化中深入了解国家安全教育，提升安全意识，从而提高整体的国家安全素养。

本课以《雷锋叔叔，你在哪里》这篇课文为主要教学内容，以"雷锋精神"作为文化安全教育的切入口。教学时，教师通过诗歌问答的形式，带领学生沿着"长长的小溪"和"弯弯的小路"，乘着"温暖的春风"，去寻找雷锋的足迹，了解雷锋的先进事迹，感知平凡世界中的不平凡，学习关爱他人、乐于奉献的雷锋精神，并通过思辨和讨论，引导学生感受以"雷锋精神"为代表的社会主义先进文化的优越性。

二、 教学目标

（一）学科教学目标

1. 认识"曾、蒙"等 13 个生字,会写"锋、昨"等 9 个字,会写"叔叔、足迹"等 6 个词。

2. 能用多种方法猜测"泥泞、年迈"等词语的意思,能说出了解词语意思的方法。

3. 朗读课文,读出问答的语气。

4. 读句子,想画面,能根据课文内容,用自己的话说出雷锋的事迹。

（二）国家安全教育目标

1. 通过研读课文,了解雷锋叔叔无私奉献的感人事迹,感受无私奉献、大爱无疆的雷锋精神。

2. 了解雷锋精神的内涵,引导学生以"学雷锋,做雷锋"为荣,在生活中践行雷锋精神,弘扬社会主义文化价值观,树立良好的班级风尚。

三、 教学准备

（一）教师：多媒体课件、生字词卡片。
（二）学生：收集关于雷锋的资料（照片、简介、故事、歌曲等）。

四、 教学过程

（一）走近雷锋,揭示课题

图 1　雷锋照片与介绍

1. 出示雷锋的照片,导入：你认识图片上这位解放军战士吗？（出示：词语"雷锋",指导书写"锋"）

（1）提示书写要点："锋",左窄右宽,右下部分为"丰",不要少横。

（2）拓展："锋"和我们学过的哪些字

字形相近?(蜂、峰)用"锋"组组词。

2. 谁能给同学们介绍一下"雷锋"?

全班交流,教师补充雷锋生平及主要事迹。

3. 听完介绍,你觉得雷锋是个怎么样的人? 小朋友们都表达了对雷锋的喜爱与崇敬,我们可以亲切地称他为"雷锋叔叔"。(板书)

雷锋叔叔是一个平凡而又伟大的解放军战士,一生做了许多好事。让我们通过今天的课文,一起去寻找他的身影,去了解他的事迹。

4. 补全课题,板书"你在哪里"。指导学生读题:带着呼唤的口吻,带着想要寻找雷锋叔叔的语气来读。

(二) 初读诗歌,识记生字

1. 借助拼音,自由朗读诗歌,注意把字音读准,把句子读通顺。

2. 复习诗歌自然段的标记方法,请个别学生分自然段朗读。

3. 其他同学边听边想:雷锋叔叔在哪里?

(三) 细读第 1、2 小节,想象画面

1. 指名请学生朗读第 1、2 小节,说说雷锋叔叔在哪里,在干什么。

2. 出示词语"泥泞",引导理解词意。

(1) 猜猜这个词语的意思,说说你是怎么猜的(可引导学生关注"蒙蒙的细雨""路上的脚窝"等细节,联系上下文猜测)。

(2) 出示图片,直观感受。

3. 雷锋叔叔在泥泞的路上做什么? 让我们听听小溪是怎么说的,一边听,一边想象当时的情景。

(1) 听老师朗读第 2 小节,听完后想象、交流:当时是怎样的环境? 雷锋叔叔遇到了谁? 迷路的孩子哭着向雷锋求助。雷锋是怎么想的? 然后他是怎么做的? 天上下着蒙蒙细雨,加上道路泥泞,很不好走。想象雷锋克服了什么困难?

(2) 结合课文内容,加上自己的想象,用句式说一说:沿着长长的小溪,冒着蒙蒙的细雨,雷锋叔叔……

(3) 同桌互说,指名说。总结:雷锋叔叔真是个热心肠。

（4）小结：读这些句子时，我们要抓住表示当时周围环境和表现人物的词来读，一边读一边想象画面。带着感情读，才能把这些句子读好。

4. 指名读第 2 小节，齐读第 2 小节。

5. 指导学生朗读第 1、2 小节。

（1）请学生自己轻声读一读第 1、2 两小节诗歌，说说它们之间有什么关系。学生讨论后，教师点明：这叫"一问一答"。教师指导：读第 1 小节时，两个"你在哪里？"要读出变化。（第一个"你在哪里"语调较低；第二个"你在哪里"，语调上扬，语速可以变慢）

（2）同桌间读一读，一人读第 1 小节，另一人读第 2 小节，读出回答的语气。

（3）采用分组读、男女生轮读、师生合作读等多种方式朗读第 1、2 小节，读出诗歌一问一答的特点。

（四）细读第 3、4 小节，想象画面

1. 师：让我们继续寻找雷锋叔叔的身影。请学生轻声读第 3、4 小节，说说雷锋叔叔在哪里，在干什么。

2. 出示词语"荆棘"，借助拼音，读准词语。

（1）动画识字"棘"，猜猜"荆棘"的意思。

（2）借助图片，认识"荆棘"。

3. 为什么雷锋叔叔会踏着路上的荆棘？听老师朗读第 4 小节，听完后想象、交流

（1）雷锋叔叔遇到了谁？出示"年迈的大娘"，说说"年迈"是什么意思、自己怎么猜出来的。（借助上下文"大娘"，可以推测"年迈"的意思指年龄大）

（2）年迈的大娘可能遇到了什么困难？她会怎样向雷锋求助？

（3）雷锋怎么想？于是，他怎么做？

（4）背上的大娘多沉啊，路上的荆棘扎着雷锋多疼啊！雷锋走得很累。从哪里看出雷锋的"累"？（洒下晶莹的汗滴）雷锋克服辛苦，也要背着大娘送达目的地。他心系人民群众、全心全意为人民服务的精神，值得我们学习！

4. 结合课文内容和刚才的想象，用句式说话：顺着弯弯的小路，踏着路上的荆棘，雷锋叔叔……

（在评价中引导学生想象当时的环境与雷锋叔叔的感人行动，把话说清楚）

5. 带着想象的画面读第 4 小节。

（1）自己试着读一读。

（2）读给同桌听一听,听后评一评:是否把雷锋叔叔在布满荆棘的小路上背年迈的大娘的情景读出来了。

6. 请学生像朗读第 1、2 小节一样,读读第 3 至 4 小节,读出问答的语气。

7. 朗读第 1 至 4 小节。

（五）细读第 5 小节,升华情感,拓展运用

1. 过渡:"沿着长长的小溪""顺着弯弯的小路",我们看到了雷锋叔叔。雷锋叔叔还在哪里呢? 请自由读一读第 5 小节,边读边想象雷锋叔叔还在哪里。

2. 出示词语"寻觅",指名读,说说词意和理解的方法。（找近义词）

3. 我们找到雷锋叔叔了吗? 他在哪里?（需要献出爱心的地方）让我们来读读雷锋日记,看看雷锋叔叔还把爱心送到哪里。（读雷锋日记片段）雷锋叔叔是多么无私,多么乐于奉献。哪里需要献出爱心,雷锋叔叔就出现在哪里。让我们带着深情,齐读第 5 小节。

4. 质疑思考:雷锋叔叔在 22 岁的时候去世了,他已经不在我们身边了。可为什么课文里还说"哪里需要献出爱心,雷锋叔叔就出现在哪里呢?"启发思考,总结:雷锋的思想和精神活在我们心中,因此生活中涌现出许许多多像雷锋那样无私奉献的人。我们把这样乐于助人、不求回报的人,叫作"活雷锋"。

5. 小朋友们,有人说雷锋傻,他做了那么多好事,浪费的是自己的休息时间,却得不到什么好处。也有人说雷锋精神现在已经过时了,我们社会不需要像雷锋这样无私奉献的人了。对此,你怎么看呢?

总结:同学们说得很对,舍己为公、无私奉献是中华民族的传统美德。新时代,我们依然需要雷锋精神,需要那些像雷锋一样不计较个人得失、全心全意为人民、为祖国作出贡献的人。因为他们会为社会主义建设贡献自己全部的力量,他们能创建良好的社会风尚。我想,雷锋永远活在我们心中,他的精神永远激励着我们。

6. 其实,在我们身边也有千千万万个像雷锋一样助人为乐的人。你找到了身边的雷锋了吗? 请照样子说一说吧!

我找到了身边的"雷锋",他是_____。有一次……

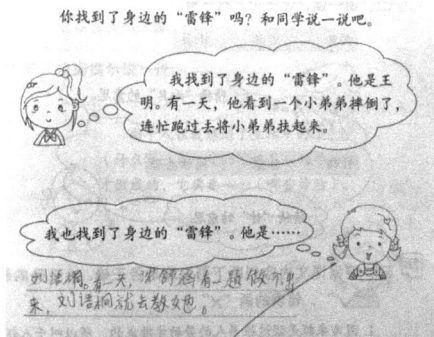

图 2

图 3

五、 教学评价

表 1　教学评价

评价指标	评价内容	自评	同伴评	师评
情感态度	1. 积极参与语文活动。	☆☆☆	☆☆☆	☆☆☆
	2. 认真倾听,积极发言。	☆☆☆	☆☆☆	☆☆☆
	3. 了解雷锋精神的内涵,愿做新时代的"活雷锋"。	☆☆☆	☆☆☆	☆☆☆
合作交流	4. 能和同学配合完成朗读。	☆☆☆	☆☆☆	☆☆☆
	5. 能对同学的朗读进行简单的评价。	☆☆☆	☆☆☆	☆☆☆
知识技能	6. 认识"曾、蒙"等13个生字。	☆☆☆	☆☆☆	☆☆☆
	7. 会写"锋、昨"等9个字,会写"叔叔、足迹"等6个词语。	☆☆☆	☆☆☆	☆☆☆
	8. 能用多种方法猜测"泥泞、年迈"等词语的意思。	☆☆☆	☆☆☆	☆☆☆
表达创作	9. 写写身边"活雷锋"助人为乐的事迹。	☆☆☆	☆☆☆	☆☆☆

六、 教学反思

　　《雷锋叔叔,你在哪里》是一首儿歌,作者以优美的语言和流畅的音韵,沿着"长长的小溪"和"弯弯的小路"娓娓向我们讲述雷锋叔叔感人的事迹,轻轻拨动着孩子们的心田。

雷锋精神是社会主义先进文化的一部分,是需要弘扬和保护的。对于二年级孩子来说,不仅要了解诗歌中雷锋所做的好事的内容,更要把握诗歌的主旨——号召大家向雷锋叔叔学习,把雷锋精神发扬光大,这是有一定难度的。如何发挥文本的作用,让孩子感受到雷锋精神的优越性,在教学过程中,我主要采取了以下几个方式。

(一) 补充资料,了解雷锋事迹

雷锋生活的时代离孩子们已经有些久远了。本课,我通过多媒体课件,展示雷锋叔叔的头像,补充雷锋叔叔的日记,讲述雷锋叔叔的故事,让孩子们全面了解雷锋,从心底里感受雷锋无私奉献的高尚品质。

(二) 深挖文本,补充留白

全诗共 5 个小节。第 1、2 小节写"沿着长长的小溪"寻找雷锋,小溪向我们讲述雷锋冒着蒙蒙细雨,在泥泞的路上抱着迷路孩子的事迹。"长长的小溪""蒙蒙的细雨""泥泞路上"都说明环境恶劣,行走困难。正是在这样的环境下,雷锋遇到了迷路的孩子。他和迷路的孩子间会发生怎样的对话,雷锋心里又是怎么想的? 课文中没有写,却留给了我们很多想象的空间,尤其是通过"脚窝"一词,孩子们可以想象雷锋在泥泞的路上抱着孩子、冒着细雨行走的艰难。第 3、4 小节写"顺着弯弯的小路"寻觅,小路向我们讲述雷锋踏着荆棘、流着汗滴背年迈大娘的事迹。踏着荆棘,说明小路难行。因为小路难行,背着大娘的雷锋洒下一路汗滴,仿佛"花瓣上晶莹的露珠"。通过"背""踏""洒"这一连串的动词,可以想象雷锋叔叔背年迈的大娘非常吃力。这 4 个小节的描写很有画面感,鲜活的生活场景,栩栩如生的人物形象,环境描写与人物刻画相得益彰,自然表现了雷锋叔叔关爱他人的决心、毅力。在教学过程中,我引导学生展开想象,用他们自己的语言把雷锋热心助人的感人事迹说清楚。学生结合着自己助人或获得帮助的经历进行想象,把自己代入到文本中进行想象,把自己假设成雷锋进行想象,在补充课文留白的同时,加深了对雷锋精神的认识。

(三) 联系生活实际,思考雷锋精神的价值

第 5 小节概括地写"哪里需要献出爱心,雷锋叔叔就出现在哪里"。两个"哪里"一头一尾,凝练概括,点明了雷锋精神无处不在的主题。上课时,我让学生思考:新时代

是否还需要雷锋精神。让学生通过思辨，懂得舍己为公、无私奉献是中华民族的传统美德，懂得新时代需要那些像雷锋一样不计较个人得失、全心全意为人民、为祖国作出贡献的人。接着，再从课文走向生活，让学生找找身边像雷锋一样助人为乐的人。通过夸夸同学间的好人好事，号召人人学雷锋，做雷锋，使雷锋精神从课本走向学生生活，弘扬了社会主义文化价值观，树立了良好的班级风尚、社会风尚。

七、 扩展链接

总政治部，编.雷锋日记选(1959—1962)[M].北京：解放军文艺出版社,1973.

安全使用网络

余姚市低塘街道教育辅导室　徐文帅

一、案例使用说明

　　21 世纪是信息透明化、共享化、全球化高速发展的时代。在这个时代,有更多的信息资源,几乎每个人都能轻而易举地分享资源,同时也有更多寻找资源的渠道。但是万事万物皆有两面性,在这些信息中也会夹杂着许多不良和无价值的内容,遮蔽我们的双眼,甚至麻痹我们的思想。因此,我们需要充分利用有益的信息,正确地使用网络,取其精华,去其糟粕,做网络的主人。

　　当今时代,小学生是与网络共生的。双休日上培训班时,家长因为没有时间接送,为了方便联系,主动临时性给学生提供手机;有些则是学生主动获取手机,原因多种多样。网络高速发展、疾速变化以及万物互联、神秘莫测的复杂性,成年人都难以适应,更遑论尚未成年的小学生了。基于这种现状,在小学高年级段进行网络安全教育就显得非常重要。

　　本课内容适用于小学高段学生,可以在班队课开展专题活动,也可以在晨会课中分次进行。意在帮助小学高段学生正确地认识网络,知晓网络的潜在危害,使学生初步建立正确的网络概念,并在运用网络的过程中具有一定的甄别能力,最终安全地使用网络。

二、教学目标

　　(一)通过学习让小学高段学生初步认识网络的神奇,了解安全使用网络的重要性,提高他们在网络运用过程中的甄别能力。

(二)在参与、互动的过程中,了解网络带给人们的便捷及好处,认识到网络的潜在危害,学会有控制地上网,正确地使用网络,发挥网络的优势。

(三)自觉抵制网络中的不良信息,保护自己的信息安全,感受到个人生活与国家安全息息相关,进而增强小学高段学生的爱国主义情感。

三、 教学过程设计

(一)谈话导入课题,感受网络的神奇

1. 引出网络

同学们,有句古话:秀才不出门,能知天下事。现在的你们也能做到,你们有什么好办法吗?

对,我们都接入了网络,借助网络,我们能干什么呢?

好,那今天我们一起来聊聊网络。

2. 了解网络

那什么是网络呢? 让我们一起来了解一下。

网络是指将有独立能力的计算机,通过通信设备线路连接,实现彼此之间资源共享和数据传输的整个系统。整个网络可以是有线连接的,也可以是无线的,现在很多网络都是有线无线同时存在的。无线网络我们最常用的就是 WiFi、4G 和更高速的 5G,如今的计算机也不再拘泥于台式电脑,它可以是笔记本电脑、智能手机、平板电脑或者其他智能设备等多种形式。

那你们知道使用网络进行上网的人,叫什么吗? ——对,是"网民"。你们猜,截止 2020 年 12 月,中国网民数量有多少呢?(根据国家网络安全和信息化委员会办公室和国家互联网信息办公室发布的《第 47 次中国互联网络发展状况统计报告》显示,截至 2020 年 12 月中国的网民有 98 899 万人)网民数量已经非常庞大,我们现在的生活已经离不开网络,今天让我们在一起走进网络,走进这个看不见的世界。

(二) 畅游网络世界,感受网络的神奇

1. 说说你和你的家人与网络的故事

请大家拿出课前老师发下的学习单,让我们来交流两个问题。

小组合作学习单

组别:＿＿＿＿＿＿

1. 写一写小组成员和家人们上网经常做的事,感受网络的便捷。

(1) ＿＿＿＿＿＿ (2) ＿＿＿＿＿＿ (3) ＿＿＿＿＿＿ (4) ＿＿＿＿＿＿ (5) ＿＿＿＿＿＿

2. 说一说使用网络的过程中遇到的麻烦事,感受网络的两面性。

---

2. 交流学习单中的第一个问题,感受网络给我们生活带来的便捷。

(1) 网络便捷之网上学习

① 网络世界里无所不有,里面有海量的知识。我们可以搜索各种信息资料,可以学习新闻、历史等方面的知识。尤其是 2020 年初受疫情影响各大中小学纷纷开展"停课不停学,在家一样学",网络发挥了它很好的优势。

② 请你分享一下自己网上学习的小故事,感受网络世界带给我们的好处。

(2) 网络便捷之网上购物

你的家人喜欢在网络上做什么呢?

① 说起网络购物,老师不得不提网上购物的一个特别的日子——"双 11"。

②"双 11"已经成为全民网络购物狂欢节。2020 年"天猫双 11 全球购物狂欢节"总交易额 4 982 亿元,相当于 5 000 所中等规模学校的建造价值;相当于全国 9 亿多网民,人均花费 500 多元参与了"双 11"活动;全球 200 多个国家和地区的网民足不出户就参加了这个购物狂欢节,给人们的日常生活带来非常大的便捷。

(3) 网络便捷之网上洽谈

疫情之下,企业还可以通过网络进行网上商谈、云上签约等活动。2020 年 2 月 28 日上午,浙江省余姚中意生态园与铭时生物就是以视频的方式成功签署了 17.5 亿元的合同。从面对面变成了屏对屏,发展经济与疫情防控同时做到,这里有网络的功劳。

图 1　云签约-1　　　　　　　　　　　　　图 2　云签约-2

（4）网络便捷之其他方面

网络带给我们的便捷不仅仅是自己的网上学习、家人的网上购物和企业的网上贸易，还有很多，比如我们现在出门已经不用带现金了，只需扫码就可以完成支付；扫码用车，现在我们出门只要扫码就可以随时随地骑上共享自行车、共享电动车。网络改变了我们的生活，它的便捷和优势也改善了我们的生活质量。

3. 交流学习单中的第二个问题，感受网络世界的两面性。

请学生分享使用网络的过程中遇到的麻烦事。

（三）正视网络世界，了解潜在危害

网络世界有好的一面，也有不好的一面。从大家的学习单和小故事的分享中我们发现它的潜在危害也不少。一起来说说网络危害有哪些？

1. 网络成瘾

网络世界应有尽有，使得很多人上网成瘾，其中就有为数不少的心智还未成熟的未成年人。无节制地沉迷于网络世界，不仅影响小学生的学习成绩和视力，还会在某种程度上影响他们的心理健康。从新闻中我们经常能看到网瘾少年有不同程度的孤僻倾向，严重者会产生与人交往的障碍。

2. 网络诈骗

一些不法分子利用网络，用欺骗的手段，盗取网民的个人信息，用虚构事实或者隐瞒真相的方式，骗取不同数额的公家或个人私有财产，造成了社会的不安定。

3. 不良信息

网络信息五花八门，有好有劣。比如不良的黄、赌、毒等内容，个别不负责任的胡言乱语以及一些错误的伪信息,甚至还有一些不健康的视频及图片,会导致上网者的个人素质下降。这些网上的不良信息的危害性不亚于精神毒品,作为网民应该是坚决抵制的。

(四) 甄别网络优劣,安全使用网络

1. 说说如何安全使用网络

类似这样的网络危害还有很多,那么面对这样的潜在危害,我们要怎么做才能充分发挥网络的优点,避免网络带给我们的伤害呢?

(1) 保护好自己的个人信息

首先我们要慎重注册 ID,并对自己注册的账号密码要小心维护。不要轻易把自己的信息告诉别人,更不能把自己的账号密码借给别人使用。不能在网上发布不良言论以及转发未经核实的信息和图片,学会在虚拟的网络世界里保护好自己。

(2) 不随意打开不明网站链接

在上网的过程中,对弹出来的临时链接我们不要去轻易点击,更不要去轻易相信这些虚假信息和资讯。遇到自己不能甄别的情况,要及时地向父母求助或请教。

(3) 控制上网时间,不沉迷网游

作为小学生要对自己的上网时间有一个规定,不能长时间地上网,要让网络为我们的学习助力,而不能成为我们身体成长和学本领的绊脚石。并且要说到做到,严格遵守,不能给自己找借口,更不能沉迷网络游戏。

2. 承诺安全使用网络

(1) 书写安全使用网络承诺卡

我们从学习、生活、娱乐这些方面感受到了网络的影响无处不在,网络也无所不能。它给我们分享着丰富的资讯,拓宽了我们的沟通领域。网络带给我们方便快捷的同时,也带来了不少问题,需要我们善加利用,才能让网络更好地为我们服务。也希望大家在网络上不传谣、不信谣,因为,网络虽然无形,但网络不是法外之地。最后,让我们一起来书写安全使用网络的承诺卡。

图3 "安全使用网络"承诺卡

（2）"种植"安全使用网络"安全树"

请学生把自己书写的承诺卡粘贴在安全使用网络的"安全树"上，助力全民安全使用网络。

四、 教学评价

本案例基于小学高段学生的生活和认知水平，依据国家网络安全教育主要目标，合理选择教学内容，侧重考察小学生参与网络活动情况，并做好了积极有效的引导教育。

本课的教学让小学高段学生初步认识了网络，了解了安全使用网络的重要性，提高了他们在网络使用过程中的甄别能力。在具体地参与、互动过程中，使他们了解了网络带给人们的便捷及好处，同时，也正面认识到了网络世界存在的潜在危害，从而让他们学会有控制地上网，正确地使用网络，发挥网络的优势。采用书写承诺卡、"种植安全树"等方式，让他们自觉抵制网络中的不良信息，保护自己的信息安全，感受到个人生活与国家安全息息相关，进而增强小学高段学生的爱国主义情感。

通过本内容的学习让小学高段学生掌握了《大中小学国家安全教育指导纲要》中"网络安全"方面对小学生的一、二级知识点：运行服务安全中的防攻击、防渗透；信息安全中的数据传输安全、网络信息安全、防网络诈骗；加强社会网络安全意识的教育等。

五、 教学反思

本节课的教学符合小学高段学生的年龄特征，教学内容密切联系他们的日常生活实际，也紧贴现阶段的世情、国情和社情。充分利用多种教学资源，坚持知识与实践活动相结合，易于被学生所接受，育人效果较强。通过笔者在不同学校的执教情况来看，有以下两点需要关注和改进：

1. 教学内容的选择上可以再精简一点。本课的教学内容涵盖的面比较广，有认识网络世界的神奇、感知网络世界的便捷、了解网络世界的危害、承诺安全使用网络等，学生需要掌握的信息量也很大。小学高段学生的注意力集中时间是 35 分钟左右，而要让他们在一节课中高强度地接受这么多的信息,不同区域学生的教学效果不尽相同。本课教学内容的确定是基于本案例设计教师所在区域内学生情况而定的,因此,对不同地区的学生进行教学时,为了更好地达到教学效果,授课教师要对以上教学内容进行侧重性的删减。

2. 教学方法的使用上可以再灵活一点。本课的教学过程紧凑且流畅,各个教学环节都有学生的参与,但是教师的预设性比较强,缺少了一点课堂生成。学生的实践活动设计比较丰富:如学习单、承诺卡、安全树等等,教师对小学课堂的定位比较精准,但是少了一点学生在学习过程中的合作与探究。

本课基本达到了教学目标,教学任务也基本完成,每个层次的学生都有自己的收获。教学永远是一门遗憾的艺术,学生的课堂发言时间过短,各环节在时间的安排上也有待进一步的完善。就如何更好地使用教材,突破教学中的困惑和难点,需要我们更进一步地努力。

消防安全记心中

福鼎市实验小学　董春风　吴淑平

一、课程简介

"消防安全记心中"这节课属于综合实践活动课的内容。众所周知,火灾事故是现代社会危害较大、发生较频繁的灾害,"火灾"早已是人们谈之色变的话题。在发生火灾时小学生由于生理、心理等客观因素,更容易受到危害。在教学中,需要孩子们准备好毛巾、关于火灾隐患的图片。

二、教学目标

(一)了解防火知识,知道火灾给人类带来的危害。

(二)掌握几种自救逃生的方法及技能,掌握一些消防安全常识及灭火、防火自救的方法,认识安全按钮、提高自我保护能力。

(三)知道 11 月 9 日是全国消防日,初步了解有关国家安全的基本常识,感受个人生活与国家安全息息相关,增强爱国主义情感。

三、教学过程

(一)"火"的由来

1. 师:同学们,今天咱们班来了两个特殊客人,他们就是鼎鼎和茗茗。大家用热烈的掌声欢迎他们的到来。

鼎鼎：大家好,我是接警员鼎鼎。

茗茗：大家好,我是消防员茗茗。

师：看看今天谁能成为优秀的消防员,他俩要送给大家一份神秘的礼物——消防章。

2. (出示课件：火的作用)

师：你知道火有什么作用吗？(做饭、取暖)

教师小结：火可以给我们的生活带来这么多的方便,可是如果我们不注意,使用不当,火就会给社会带来灾难哦。

3. 这节课我们就来学习(齐读)："消防安全记心中"(出示课件)。(板书)

(二) 消防事故知多少

1. 师：现在请出我们的消防员茗茗,她为我们带来了前方报道。(出示课件)

2. 消防员茗茗：同学们,你们知道吗？温州温岭油罐车发生了重大火灾。(先播视频再讲解)(出示课件)

3. 茗茗：不好,又有紧急情况。我们福鼎市某小区也发生火灾了,你看。(播放2个视频)

4. 师：火灾造成了严重的后果。同学们,看完视频后,你们想说些什么？(我们不能玩火;要好好学习消防安全知识;用火时人不能离开;火灾太可怕了;大人抽烟不能乱扔烟头……)

5. 师：那么煤气灶一旦着火,又应该怎么灭火呢？大家就来看看消防员和普通人是怎么做的吧？(出示课件)(对的打钩)

教师小结：同学们说得对,火灾的原因有很多,如果用火、用电、用油等稍微不小心,都有可能产生火灾。火灾不但毁坏物质财富,还会给社会造成政治影响,而且残害人类生命啊。

6. 师：所以我们时时要牢记——(课件出示)消防连万家,平安你我他。人人知防火,户户齐欢乐。

(三) 学报警

1. 师：一旦发生火灾,我们小学生首先要做的是尽快逃离火场,就近叫人或报警。

你知道火警电话多少吗？(生答：119)把119拆开11月9日就是消防安全宣传日。

(出示课件：火警电话119)

你们知道吗？有一天,小明在家使用煤气灶煮饭,操作不当,引起火灾。你能帮助小明打119报警吗？(大家拿出小纸条,同桌练习一下。一个演小明,一个演接警员)

2. 请仔细听小明和接警员鼎鼎的对话。(出示课件：火灾情况要报详细)

小明：喂,是119吗？

接警员鼎鼎：喂,你好,这里是福鼎市119消防指挥中心,请问有什么需要帮助？

小明：我这里发生火灾了!

接警员鼎鼎：你那里是什么地点？

小明：街头顶8号。

接警员鼎鼎：起火部位是哪里？

小明：一楼大厅。

接警员鼎鼎：是什么东西在燃烧？

小明：电动车在燃烧。

接警员鼎鼎：火势怎么样？

小明：火势很猛。

接警员鼎鼎：有没有人困在里面？

小明：有,快点来扑救!

接警员鼎鼎：好,马上派人来。请留下你的姓名和电话号码。

小明：我叫小明,我的电话是151525354。

3. 教师小结：刚才这位同学在报警时迅速说清楚：火灾地址、起火部位、起火物质、火势大小,也留下报警人的姓名和电话号码。

恭喜你获得消防安全章!(送出安全章)

4. 大家看,为了帮助同学们快速学会报警,接警员鼎鼎还告知我们：

火警电话119,生命安全好朋友。

说清地址和号码,说明火势大和小。

我到路口引个路,防止叔叔走错路。

人民消防为人民,救火分文都不要。

（四）应急救护少不了

1. 我们单单学会报警还不够哦,赶紧跟消防员茗茗学习逃生时怎样做才是又快又安全的。观看视频时,认真学习里面的人怎样正确逃生?(播放逃生录像:重点了解要尽量蹲下,甚至匍匐前进;用湿毛巾捂住鼻子;寻找安全出口快速逃离)

2. 安全演练

师:如果我们身边发生火灾,应该怎么做呢? 不好了,火警警报响起来了,小朋友们,我们一定要安全逃离。

很好,请大家拿出湿毛巾,折成4—8层。你看,对折一次就两层了,再对折一次就四层了,我们只要对折两三次就行了。来,捂住口鼻,弯腰,低头,身体尽量贴近地面。你们做做看。

师:大家都安全逃离了火灾现场,现在请大家回到原位。

教师小结:我们要学会火灾自救,及时报警,不给社会造成安全隐患。

同学们学会了逃生技能的同时,更要时刻警醒自己——(齐读)(课件出示:消防连万家,平安你我他。人人知防火,户户齐欢乐)

（五）消防标志记心中

1. 师:在逃生过程中,如果能认识消防标志可以帮助我们更快地逃离现场哦!(出示消防按钮)

（1）【消防按钮】:这是消防按钮的标志,它表示只要按下去按钮,这个场所警报就会响起,并且信息会发给消防中心。

（2）【地上消火栓】:这是地上消火栓的标志。它是一种消防供水设施,专门用于向消防车供水,或直接与水带、水枪连接进行灭火。

2. 师:现在请同学们把收集到的消防标志放在桌子上跟同桌交流一下。(拍上去)同学们收集了这么多,真棒!

同学们认识的消防标志真多啊。

3. 灭火器的常识

你们知道吗? 在消防中,灭火器的使用可是最经常的,消防员茗茗也给我们带来了灭火器的视频(播放视频)。

4. 教师小结：我们要学会正确使用灭火器，防患于未然。

（六）竞赛闯关

1. 同学们知道的消防知识真不少，大家又记住了多少呢？消防员茗茗可要考考大家哦。谁能在规定的时间内答对题目，就可以得到消防章（屏幕出示）。

现在请 2 位表现优秀的小消防员上台来比赛，其他同学拿出本子和笔记录谁得了冠军。（指名)准备。

（1）发生火情时我们的正确做法是（　B　）

A. 觉得好玩，看热闹。

B. 赶紧呼救，逃生，拨打报警电话。

（2）高楼火灾时，能不能乘坐电梯。（　A　）

A. 不能。

B. 能。

（3）在比较陌生的环境中，我们怎样更快地进入安全梯逃生？（　B　）

A. 跟着人群跑。

B. 沿"安全出口"箭头跑。

（4）逃生中，看到门的正确反应是（　B　）

A. 赶快开门向前冲。

B. 先摸门，后开门小心走。

（5）学校，公共场所人多时应该怎样逃生？（　A　）

A. 在消防员的指挥下——有序地离开。

B. 一起涌向逃生门。

（6）当身上衣服着火时，立即采取的正确灭火方法是（　B　）

A. 快速奔跑灭掉身上的火。

B. 就地打滚压灭身上的火苗。

（7）逃生中躲避烟雾的正确姿势是（　A　）

A. 湿毛巾捂住口鼻，身体贴近地面。

B. 直着身体大口呼吸。

（8）捂住口鼻的湿毛巾折成几层才能防止烟雾呛入口鼻？（　B　）

A. 1—2 层。

B. 4—8 层。

2. 你做对了_____道题,他做对了_____道题。恭喜你获胜!(指另一个)你做对了_____道题,也不错!

消防章送给你!

同学们,让我们再次用掌声向他们俩表示祝贺。(举起他们的手)

(出示茗茗安全章)

3. 教师小结:同学们,让我们和消防员茗茗一起牢记这句话——(课件出示:消防连万家,平安你我他。人人知防火,户户齐欢乐)

(七) 拍手安全歌

师:通过这节课的学习,同学们随着消防员茗茗和接警员鼎鼎,掌握了许多消防安全知识,现在让我们一起唱起安全歌。

同学们,快快来,我们都来讲安全。不玩电器不玩火,把住预防这一关。

火灾一旦已发生,不要惊恐和慌乱,听从指挥快速跑,乘坐电梯不安全。

浓烟围困呼吸难,要把身体贴地面,弄湿毛巾捂口鼻,离开火场去求援,

快快拨打"119",消防队来保平安。

为了奖励大家出色地完成了任务,消防员茗茗和接警员鼎鼎决定给大家颁发 119安全章(出示安全章),我们也用热烈的掌声谢谢他们。

教师小结:同学们,今天这节安全教育课别开生面,很有教育意义。通过这节课的学习,你们一定要牢记安全知识。

最后让我们时刻牢记:(齐读)(课件出示:消防连万家,平安你我他。人人知防火,户户齐欢乐)

四、 教学评价

课堂中,老师通过播放重大火灾新闻报道视频,让同学们对火灾的危险性有一定的直观认识,通过设置情境、学生参与讨论的形式,梳理和归纳总结火灾预防和应对技巧,通过知识竞赛形式巩固同学们的火灾预防和应对知识。学生们在吴老师的循循善

诱下积极发言,通过探讨,对消防安全知识有了更多的了解。

五、 教学反思

在这堂课中,我融入了灭火器、消防按钮、地上消防栓等国家安全教育元素。从小培养学生防火防灾的安全意识和良好习惯,引导学生学习掌握消防安全常识、紧急避险知识和自防自救技能。学生在课堂上积极发言,参与消防知识竞赛。通过这节课的学习,采用灵活的形式对学生进行经常性的消防安全教育,使得消防安全意识能深入学生心里。让学生对消防概念从"模糊"到"清晰",将消防意识深植心中。

六、 扩展链接

推荐《消防安全教育读本》《消防安全知识》,消防绘本:《驯鹿消防员的一天》《小小消防员》《快跑,云梯消防车》《假如我是消防员》《东奔西跑的消防员》《消防员山姆》。

"以疏代堵" 预防小学生沉迷网络游戏

湖北省荆门市掇刀区名泉小学　陈丽妮　官文定

一、 课程简介

互联网络既兴,移动终端正盛,促进社会繁荣。现如今小学生过早"触网"、用网,部分学生开始不安于电子端学习,经不住游戏诱惑,逐渐沉迷网络,严重影响身心健康,特别是家长管控或压制对高年级学生是适得其反,无形中影响民众意识形态价值取向,亟须学校专设网络安全教育课程,"以疏代堵"提升学生自觉性,在信息时代自觉抵制不良诱惑,合理使用网络,明白网络安全关乎国家安全,筑好防范之堤。

本课程适用于小学六年级网络安全宣传周第 1 课时。

课前准备:课件、编程、电子板报、红黄绿牌、《关于预防学生网络沉迷致全国中小学家长的信》。

二、 教学目标

知识与技能目标:让学生合理使用网络,降低自身遭遇网络危险的可能。

过程与方法目标:发挥学生之间互相促进的力量传递经验,通过潜移默化的教育与意识渗透,让网络信息正向引导学生及其家庭的意识形态的价值取向,使得"信息安全"的幼苗扎根在大家心中。

情感态度与价值观目标:增强网络安全意识,践行"没有网络安全就没有国家安全,没有信息化就没有现代化"的理念,增强网络安全意识,树立"国家利益高于一切,

191

国家安全人人有责"的思想,好好学习。

三、 教学过程

(一) 调查统计激趣——揭课题

1. 调查统计

班级安全员:同学们,我们是祖国的花朵、新时代的宠儿,在伟大祖国快速发展中幸福生活着。现如今华为、阿里巴巴、腾讯、百度等企业享誉世界,手机支付、共享单车、高铁运输、网络购物让我们的生活更方便、更快捷。为了让我们共享网络世界,家长给我们配备平板、电脑、智能手机等电子产品。你最喜欢用哪个产品上网?(通过调查发现,手机最受欢迎)

2. 分享交流,课件展示

你们平常通过手机做些什么,分小组评选出最喜欢的项目。

学生小组内交流汇报,记录员在课件上统计,据数据显示除了上网课、线上学习、查阅资料、聊天、购物、听歌、刷抖音以外,玩游戏人数最多。

教师:看来,手机确实为我们的学习生活提供了很多的便利,精彩的网络世界也丰富了我们的现实生活,特别是游戏给大家带来了一时的快感和满足感。可是,长时间玩游戏很容易上瘾,出现紧张性头疼、焦虑、忧郁等症状,导致神经紊乱、免疫力降低以及内分泌失调等问题,更有甚者会引发心血管疾病、胃肠神经官能病,影响正常生活。还有,一名六年级男生在游戏中经不住免费送皮肤、送装备活动的诱惑,被骗8 998元,报警立案都没有追回。

因此,我们今天学习的内容就是——"以疏代堵"预防沉迷网络游戏。

(设计意图:先感受网络时代给祖国带来的日新月异的变化,再了解痴迷网游的后果,拒绝沉迷网络游戏)

(二) 网络安全知识——明辩赛

1. 出示编程题库,点击题号

(1) 你上网的时间大概有多长? 有节制么?

(2) 你平常玩怎样的网络游戏?

（3）你是怎么保护自己的账号密码、个人资料的？

（4）你会点开陌生人给你发过来的文件或链接吗？请说出你的理由？

（5）日常生活会模仿游戏中角色的一些行为和语言么？

（6）你身边有没有沉迷手机游戏的朋友？他们都有怎样的表现？

2. **知识问答，明辨笃行**

按学号点名参与，其他同学进行明辨。肯定科学合理的上网做法，对做法欠妥或错误的现象说出反对理由。

教师总结：通过同学们法官式的明辨，相信大家对手机以及网络已经形成了较为全面的认识，能自觉抵制国内外的敌对势力利用互联网发布反动性、煽动性的信息和黄色、暴力、低级的信息，排查网络安全隐患。

（设计意图：明白精彩网络中也有安全隐患，愉快上网的同时要提高警惕）

（三）绿色健康上网——选网管

1. 晒板报，评网管

班级安全员：小组展示课前准备的《文明绿色上网》为主题的电子板报，评选 1 名网管员介绍如何合理使用网络，健康上网。

（1）网络安全小常识

① 应该在父母或老师的陪同、指导下上网，上网时间不要超过一个小时（或是与爸妈约定的时间），最好利用节假日集中使用。

② 任何人在网上都可以匿名或改变性别等。千万要记住，你在网上遇到的每一个人都是陌生人，对他们既要有礼貌，又要提高警惕。记住一个给你写信的"12 岁女孩"可能是一个 40 岁的先生。

③ 在网上最好使用网名，而不要使用真名。

④ 不要将自己或家庭成员的信息轻易告诉他人（包括：姓名、年龄、照片、家庭地址、电话号码、学校、班级名称、E-Mail 地址），向任何人提供这些资料都应该事先征得父母或老师的同意。

⑤ 不要浏览不健康的信息，如果不小心进入了不良网站，应立刻关闭，并及时向老师或父母报告。

⑥ 要热爱祖国，对于 BBS、E-Mail、QQ 中浏览到的不良信息，不利于祖国荣誉的

言论,应及时删除、关闭,并告诉教师或父母。

(2) 评选优秀板报,颁发网络管理员聘书。

2. 开智能囊,上绿色网

(1) 树立良好的上网目标,并结合学习生活制定上网计划,对时间进行合理安排。乐意向家长、老师分享上网过程中获取到的信息。

(2) 远离不正规、含有不良内容的直播间、论坛、游戏。下载文件时,尽量选择正规的网站或软件。如果需要阅读的内容较多,则可以尝试阅读纸质书籍或者报刊,这样能够在控制上网时间的同时,起到保护视力的作用。

(3) 推荐优秀网站:儿童资源网、少年雏鹰网、中国少年先锋队网站等。

(4) 养成良好的生活学习习惯,培养丰富的兴趣爱好。通过各种丰富有趣的社会实践活动,锻炼自己的身体素质,加强与老师、同学、家长之间的交流,提高自身综合素质。

3. 护自身安,让国家安

教师:很好,希望网络管理员做好表率,监督和引领同学们不沉迷网络和电子游戏,对不熟悉的网络游戏、直播、QQ 群、微信群、贴吧不接触不参与;注意保护个人信息,严防各类电信诈骗和网络诈骗,发现有问题及时报警;理性表达观点,不造谣不信谣不传谣,绿色上网。也请让维护网络安全成为全社会的共同责任,融入每个人的日常生活。网安,民安,国家安。

(设计意图:合理使用网络,共建网络安全)

(四) 强管理重宣传——大拓展

1. 广泛宣传

(1) 黑板报:办一期以《网络安全》为主题的黑板报。

(2) 家校协同预防:全体同学小手拉大手,将《关于预防学生网络沉迷致全国中小学家长的信》带回家交给家长认真阅读,请家长将学生目前上网习惯反馈到班级群,强化监护职责,养良善之德,树自卫之识,防患于未然。

2. 加强管理

班级安全委员和网络管理员根据家长评议对能合理安排上网时间、明确上网目的、利用网络搜索自己需要的网络资源和信息、做到文明上网、自觉遵守网络中的法律法规、道德规范和约束的合格网民,颁发绿牌鼓励;没有目的性,并且只看动画、搞笑视频、玩小游戏的同学发黄牌提醒;玩网络游戏、网上购物、进不良直播间等的同学发红牌警告。

3. 拓展延伸

了解《中华人民共和国网络安全法》和《国家安全法》,自觉抵制危害国家安全的言论、行为,争当保护国家安全的小卫士,为铸造国家安全的铜墙铁壁贡献力量。

(设计意图:自觉遵守网络法规,争当安全小卫士,维护国家安全)

(五) 教学评价

教师以学生为主体,放手让班级安全员组织活动,从学生喜爱的上网入手,提升生活在新时代的幸福感,根植爱国情怀,深知痴迷网游的危害,预防沉迷游戏。鼓励创客组学生课前将网络安全知识编程实践,提高同学们兴趣,在辩论中提高网络安全分辨能力和应对能力的同时感知科技兴国。还通过评选网管员自觉传递经验,强化网络安全意识,降低自身遭遇网络危险的可能,告诫和帮助他人免受网络不安全因素的侵害。最后,家校协同预防,以法律法规约束,让同学们养成良好的网络安全意识和行为习惯,不做触犯法律、危害国家安全的事。

(六) 教学点评

网络安全是国家安全的重要组成部分,没有网络安全就没有国家安全,就没有经济社会稳定运行,因此,一定要将网络安全教育放在重要位置。学校作为培养人才的摇篮,更需要紧跟时代脉搏,积极分析相关案例,通过让学生自己收集网络安全知识编程、办板报等形式进行警示,认识到沉迷手机游戏、沉迷网络的危害;让学生了解如何正确使用网络,让网络成为提升自身的重要工具。另外,教师帮助班级安全员发挥引领示范作用,评选网管员协助引导同学们形成良好的自我监督、自我控制能力,从自身做起,拒绝"网瘾",树立正确的价值观,自觉维护网络规则,牢固树立国家利益高于一切的坚定信念,人人争当国家安全小卫士,好好学习。这样以"疏导"进行正确的引导用网,遏制"严堵"玩手机的方法,预防沉迷网络游戏。

学生活动反馈图片见图1—4。

图1 "共享网络文明共建网络安全"班会课

图2 网络安全黑板报

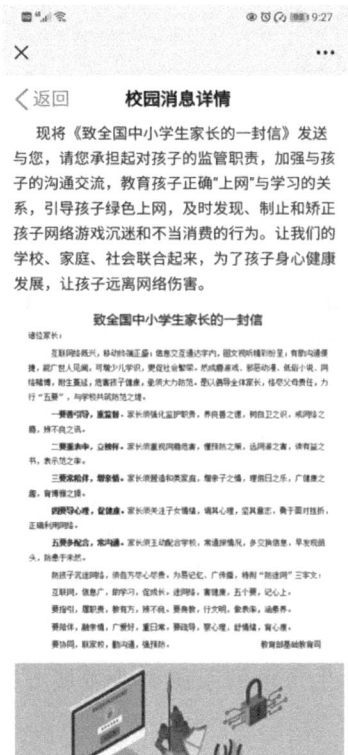

图 3　微校发布《网络安全致全国中小学生家长的一封信》

图 4　让维护网络安全成为全社会的共同责任

四、 扩展链接

［1］刘晓强.体育锻炼对9—12岁学生手机迷恋干预的实验研究［D］.太原：山西大学,2020.

［2］陈丽乔.小学生玩手游现状调查研究——以上海市金山区三所学校为例［D］.上海：上海师范大学,2019.

［3］钟佳昌,苏文提,李毅囚.我国教育部门加强预防中小学生沉迷网络教育引导［A］.廊坊市应用经济学会.对接京津——改革开放　丰碑伟业论文集［C］.廊坊市应用经济学会：廊坊市应用经济学会,2018：2.

［4］马文霞.农村小学生网络沉迷的成因及对策［J］.中小学电教（下半月）,2018（11）：50.

［5］舒华.走出沉迷　健康成长——治理中小学沉迷网络问题刻不容缓［J］.青春期健康,2018（13）：8—11.

［6］车文琪.针对小学生市场的手游企业发展方式研究［D］.南昌：南昌大学,2018.

生态、资源安全——我的环保小搭档

江苏省扬州市江都区实验小学　王　翔

一、课程简介

（一）教材分析

本节课是小学教材《道德与法治》中的内容，旨在通过创意寻找、制作自己的环保小搭档，从小处着手，帮助学生了解并树立生态安全观，在日常生活中落实绿色生活的观念与行为。本节课为 1 个课时，主要分成两部分："环保有搭档"和"展示我的环保搭档"。"环保有搭档"环节旨在让学生明白环保可以有搭档，引导学生从不同方面、多个角度找到自己的环保搭档并多加利用，从而更好地保护环境。"展示我的环保搭档"环节旨在引导学生通过动手动脑，展示自己的环保小搭档，让学生明白节能产品、绿色用品等就是我们的环保小搭档，从而发挥学生的自主探究能力，并激励学生将环保行为落实到现实生活当中。

（二）学情分析

对于现阶段的学生而言，他们已经有了较为丰富的学习和生活经验，对环保知识也有了一定的了解。学生在日常生活中已经能够做一些力所能及的与环保相关的小事，比如清理垃圾、节约用水等等，同时其独立思考和动手的能力也逐步增强，因此在教学方法的选择上主要采用提问和活动的形式，进而留给学生足够思考的时间，并尊重学生的个性想法，鼓励学生的创造性，让学生在活动中体验到学习的乐趣。同时，小学生对于抽象概念的理解存在一定的困难，因此在课上我会通过贴近学生生活的具体实例来帮助学生理解"环保"的意义,在课堂上增强学生参与的广度和深度,发现环保搭档和展示环保搭档就是为了让他们在亲身体验中通过观察和实践操作进行有效的学习,将环保理念根植于每一个学生的心中。

二、 教学目标

(一) 学科教学目标

知识与技能目标:

1. 了解环保的意义,理解环保的重要性;

2. 了解身边的环保小搭档,能够从自身做起,争做环保小卫士。

过程与方法目标:

在寻找和制作环保搭档的过程中,培养学生善于发现、善于思考、善于动手的能力。

情感态度与价值观目标:

帮助学生树立环保意识,让学生在日常生活中养成环保的好习惯。

(二) 国家安全教育目标

1. 帮助学生了解生态安全是国家安全的重要组成部分。

2. 帮助学生明确其在保护生态安全中扮演的重要角色——环保小卫士。

3. 帮助学生了解资源安全包括可再生资源安全、不可再生资源安全等方面,是国家战略命脉和国家发展依托。维护资源安全必须坚持推进绿色发展、利用好两个市场和两种资源。

(三) 教学重点

唤起学生关注环保的意识,激励他们在日常生活中养成绿色环保的习惯。

(四) 教学难点

引导并帮助学生发现身边的环保现象,找到自己的环保搭档,并加深环保意识。

三、 教学过程

(一) 创设情境,引发思考(10 分钟)

1. 播放《习近平总书记江苏行》的视频

同学们,习爷爷指出,"生态文明直接关系人民群众的生活幸福,关系少儿一代的健康成长,我们要把它做好。"扬州是个好地方,依水而建、缘水而兴、因水而美,是国家重要历史文化名城。

2. 三(27)中队的队员们在辅导员张老师和家委会的组织下,集体前往江淮明珠江都引江水利枢纽,开展以"沿着习爷爷的足迹,争做源头清流的守护者"为主题的实践教育活动。让我们一起去看一看。

观看:"家委会在行动"——沿着习爷爷的足迹,争做源头清流的守护者。

3. 同学们,我们有一个共同的家,它就是我们的地球。从习爷爷江苏行视频和三(27)中队的队员们沿着习爷爷的足迹引江行视频,你从中得到了什么启示?

4. 同学们,在我们生活中倡议"绿色发展,绿色生活",但也有一些不和谐的现象,请看这组图片(第一张图片展示人类过度砍伐森林;第二张展开土地严重沙漠化;第三张展开人类乱扔垃圾,海洋严重污染;第四张展示人类过度捕杀动物)。

教师提问:同学们,我们已经看完图片了,你们能说说图片中出现的各种现象都是什么原因造成的吗?

指定学生回答:由于人们乱砍乱伐、乱扔垃圾等一系列破坏环境的不良行为,最终导致地球环境的恶化。

教师继续提问:看到这些现象,我们应该怎么做呢?

学生交流讨论。

5. 教师总结:地球需要我们,让我们行动起来,保护我们的地球家园。今天这节课我们就一起学习《我的环保小搭档》。(板书课题)

(设计意图:创设情境,引发学生的积极思考与共鸣。让学生知道地球上的资源是有限的,我们的生存环境遭到了严重的破坏,我们要行动起来,保护我们的地球家园)

(二) 探究新知(28 分钟)

活动一： 环保有搭档（13 分钟）

1. 课件出示教材第 46 页的前三幅图

教师提问：同学们,你们所理解的环保是什么呢?

学生交流讨论：不乱扔垃圾;不踩踏花草;节约用水用电;垃圾分类回收等。

教师总结：同学们的想法真不错! 我们生活在地球上,需要爱护它,让我们的家园更加美好。那么,我们怎样才能做到环保呢?

2. 学生交流讨论

学生 1：以节约用水为荣,用完水后随手关上水龙头,一滴也不浪费。

学生 2：不随地吐痰,不乱扔垃圾,不在公共场所吸烟,不制造噪音。

学生 3：尽量少使用一次性用品,多使用耐用品。如不使用一次性塑料餐盒,减少白色污染,不使用一次性筷子,自备购物口袋或提篮。

学生 4：不乱丢弃废旧电池、废塑料、分类投放垃圾、变废为宝。

学生 5：植树造林,爱护我们身边的每一寸绿地、每一株花草、每一棵树木。

教师总结：同学们说得很好! 你们每个人都是环保小天使。在日常生活中,我们每个人都应该积极为环保作出自己的贡献。

3. 课件出示教材第 47 页的图片

教师启发：同学们,你们发现了吗? 如果能有小帮手、小搭档来帮助我们,事情就会容易得多。那么环保能不能有小搭档呢!

(板书：环保有搭档)

出示一次性纸杯和小水壶的图片。一次性纸杯不耐用,而且很浪费,所以我们可以用小水壶来喝水,因为小水壶可以反复用,所以小水壶和我是小环保搭档。

教师提问：同学们,下面我们先来看一段视频,看能不能受到一些启发?

现在你们发现身边有哪些环保小搭档吗?

4. 学生交流讨论

学生 1：我和妈妈去买菜,我们拿着菜篮子,不用塑料袋,那么菜篮子和我就是环保小搭档。

学生 2：我家洗菜的水没有倒掉,被用来冲厕所和浇花,那么洗菜水和我就是环保小搭档。

学生 3：我的爷爷每天骑着自行车，从不开车、坐出租车，那么自行车和爷爷就是环保小搭档。

教师总结：现在同学们知道什么是环保搭档了吗？原来环保搭档可以是一件物品，也可以是一种行为。例如一水多用、随手关灯、少用空调、自备餐具、购买环保产品、将垃圾分类、不乱丢垃圾、低碳出行、爱护公物、不伤害花草树木等等，各种环保搭档真是不胜枚举。同学们都发现了身边的环保搭档，也知道自己今后如何做到环保，你们真棒！

活动二： 展示我的环保搭档（15 分钟）

1. 课件出示教材第 48 页《我的环保小搭档》。

2. 教师：同学们，环保搭档不但可以从生活中找到现有的物品，还可以自己动手制作，我们可以把平时生活中废旧的材料收集起来，发挥我们的想象力、创造力来制作环保搭档。同学们，下面就拿出我们平时收集的一些废旧物品，一起来动手制作环保小搭档吧。让我们从现在做起，为环保贡献自己的一份力量，人人争做环保小卫士吧。

3. 学生分组制作。

4. 教师巡视指导。

5. 展示我的环保小搭档作品，师生评价。

（三）课堂总结(2 分钟)

通过这堂课的学习，我们对环保又有了一个新的认识和理解，我相信在今后的生活中，大家能找到更多的环保搭档，充分发挥它们的作用，为环保贡献自己的力量，把扬州这个"好地方"建设好、发展好。

四、 教学评价

本节课各种学习活动设计具体，充分注意了学生学习习惯的培养，因材施教，调动了学生自主学习的积极性，从具体到抽象地对教材进行了处理；教学重难点把握准确，教学内容主次分明，抓住关键；结构衔接合理、自然紧凑，组织严密；采用有效的教学手段,引导学生自主探究、合作交流,成功地教学生"会学"。

表 1　学生学习评价表

项目	评价要求	评价结果
学科教学	了解环保的意义	☺☺☺☺☺
	了解环保小搭档	☺☺☺☺☺
	争做环保小卫士	☺☺☺☺☺
国家安全教育	了解生态安全	☺☺☺☺☺
	了解资源安全	☺☺☺☺☺
	树立维护意识	☺☺☺☺☺

五、 教学反思

　　本节课内容是结合了品德课程标准和国家安全教育的要求设计的教案。做到从学生实际出发,激励学生从小事做起,从一点一滴做起,强化环保行为,争做环保小卫士。在教学过程中,我的教学环节层层递进,利用多媒体、课件辅助教学,充分吸引了学生的注意力,引起了孩子强烈的共鸣,增强了学习兴趣,用图文并茂的方式引导学生思考怎样做到环保,了解当下保护生态环境的迫切性。

　　最后一个教学环节是制作并展示环保小搭档,学生小组利用大家课前准备的生活中的废旧物品进行环保小搭档的制作,学生积极参与,课堂气氛活跃。这一环节把以学生为本落到了实处,突出了知与行相统一的过程,设计与实施注重联系学生的生活实际,引导学生在实践中体验,在亲身参与活动中感悟如何环保,强化环保意识,培养环保的好习惯。各组展示环保小搭档的作品,不但让学生体验到了动手操作的成就感,更能深化环保的行动。通过小组制作和展示环节,营造有利于学生品德和行为习惯养成的学习环境,帮助学生认识和解决现实生活中的问题,使教学成为学生体验生活、道德成长的有效途径。

六、 资料链接

沿着习爷爷的足迹　争做源头清流的守护者

2020年12月25日下午,天空格外明净,扬州市江都区实验小学三(27)中队的队员们在辅导员张老师和家委会的组织下,集体前往江淮明珠江都引江水利枢纽,开展以"沿着习爷爷的足迹,争做源头清流的守护者"为主题的实践教育活动。

大巴车缓缓进入引江水利枢纽工程大门,一个队员激动地说:"习爷爷来过的引江水利枢纽工程,今天我们也来啦!"

人行道两旁松柏庄重雍容,苍翠欲滴。大巴车很快来到南水北调备调中心,队员们兴奋而有序地进入大厅,一方巨大的沙盘呈现在眼前,大家快速围拢过去观看沙盘。整块沙盘采用声光电技术模拟江河流向,一座座大型抽水站白色透明模型规划有序,讲解员耐心地给小队员们讲解着南水北调工程建设情况:江都作为国家南水北调东线工程的源头,引江水历经1 000多公里跋涉,北送天津,东送山东半岛,此项工程浩大,意义非凡。

队员们观看了南水北调工程宣传专题片,一幅幅画面气势恢宏,震撼人心,从毛主席到周总理再到习总书记的关怀,江都水利枢纽工程日益完善。队员们禁不住感叹江都地处鱼米之乡的便利,明白了引江南水北调工程的意义。

沿着习爷爷的足迹,队员们来到第四抽水站,在讲解员的带领下实地参观水利枢纽主体工程,了解第四抽水站抽水泵运行情况。这是由中国自行设计、制造、安装、管理的大型泵站,是亚洲规模最大的泵站,具有调水、排涝、泄洪、灌溉等综合功能,堪称全国治水的典范。大家被眼前的景象深深吸引,一双双小眼睛忽闪忽闪的,照亮了整个工作间,头顶上空标语"人民至上,生命至上"更加耀眼。一颗颗小小的种子在队员们心中萌芽……

接着来到观测平台,前方水域四面环水,河水清澈,在微风吹拂下,水面泛起层层涟漪,小队员们活像一只自由飞翔的小鸟欢快起来,忽然一个队员惊奇地指着河面:"看,那是什么?""野鸭,野鸭!"孩子们哈哈大笑!这只野鸭悠闲地游动,渐渐远离了大家的视线。讲解员深情地说:"习爷爷视察这里的时候,竟有一只白鹭展翅飞来,蓝天、碧水、白鹭形成一道靓丽的风景。"队员们屏息聆听着这个动人的故事,深深懂得大自然的小精灵就是我们人类的伙伴，万物和谐，共生共荣！

沿着习爷爷的足迹，最后队员们来到水利枢纽展览馆，展览馆序厅"江淮明珠"大字熠熠闪光，一股浓厚的文化气息扑面而来，艺术造景、多媒体手段、经典建筑剪影、古文字雕刻和色彩的调配美不胜收，充分展示了江都水文化的魅力。

在观看了"源头"工程专题宣传片之后，大家又了解了我国水资源"北缺南丰"的现状，以及调水节水工程规划与建设的方向。

接着依次来到"历史篇""创业篇""工程篇""管理篇""人文篇"展区，大家兴致勃勃地围绕着一个个沙盘近距离观看，一个叫温昊然的队员手里拿着笔不停地记录着点点滴滴。

队员们参观后心潮澎湃，激动不已，七嘴八舌地议论着探索的奥秘。整个展览馆打造特别，内容丰富，沙盘设计精妙，集艺术、科技、人文、水利于一体，最能展示江都引江水利枢纽工程的精神面貌，拓宽了队员们的眼界，震撼着每一个人的心灵，队员们情不自禁地在展览馆前合影留念，依依不舍地离开了引江水利枢纽工程。

"古有李冰都江堰，今有人民江都站。"江都引江水利枢纽这颗"江淮明珠"保一江清水北送，功在当代，利在千秋。习爷爷在引江水利枢纽考察时强调南水北调与我们就地节水要紧密结合起来，这两手都要同时抓。通过这次实践活动，队员们纷纷表示要珍惜水资源，保护生态资源，争做源头清流的守护者！

保护好泖峰地域的文物古迹

上海市青浦区沈巷小学　沈　彬

一、课程简介

2020 年教育部制定并发布《大中小学国家安全教育指导纲要》,《纲要》指出中小学阶段重点围绕建立国家概念,启蒙国家安全意识。学生初步了解国家安全基本常识,感受个人生活与国家安全息息相关,增强爱国主义情感。其中国家安全的 13 项重点领域中,文化安全是确保一个民族、一个国家独立和尊严的重要精神支撑。维护文化安全必须强化中华优秀传统文化、革命文化、社会主义先进文化教育。

基于我校地处三泖河畔,拥有深厚的历史文化底蕴和丰富的乡土人文资源(即"泖峰文化"),本课程根据本校实际,发挥地域特点,通过课内外相结合的综合实践活动及项目化学习方式,从学生实际生活中发现"文物古迹"的问题,以此转化为活动主题,再通过探究、考察、体验等方式,让学生在挖掘、保护泖峰人文历史的同时,感受当地文物所含的精神品质,从而激励学生从中汲取并发扬上善、自强、勤勉、奉献的正能量,培育家国情,使学生加强文化遗产保护和利用的意识,热爱中华优秀传统文化,增强祖国文化自信,树立正确的文化安全观及国家安全观。

根据文化保护的主题,我们梳理了校园周边典型的探究实践活动基地(见表 1)。

表 1　探究实践活动基地简介

名称	简介
九峰三泖	九峰指的是佘山、天马山、横山、小昆山、凤凰山、厍公山、辰山、薛山和机山共九座山峰。三泖是指松江、青浦、金山至浙江平湖间相连的大湖荡,是长江三角洲最古老的地质标志。九峰林木深秀,有众多的奇石名泉,自然风景秀美,加上历代名人的遗踪故迹,使每座山峰形成许多景点,是开展素质拓展活动的好去处。(见图 1)
泖塔	位于朱家角沈巷以南,唐代乾符年间(874—879 年)由僧人如海所建,结构简洁,造法工整,建成后成为当时泖河中往来船只的导航标志,又是湖中揽胜之处。(见图 2)
夏瑞芳故居	位于张巷南厍村的深巷幽弄,故居中陈列着商务印书馆出版的各类书籍资料,记录着岁月,记录着感动,记录着一代企业家"自强不息、反哺乡梓"的品质。(见图 3)
朱家角张马村	曾获"上海市十佳喜爱乡村""全国最美丽休闲乡村""全国生态文化村"的荣誉,先后引进了上海太阳岛国际俱乐部、寻梦园观光香草种植园、有机蔬菜种植农情园、蓝莓园,以"三园一岛"特色为格局发展农事旅游产业。

图 1　九峰三泖

图 2　泖塔

图 3　夏瑞芳故居

本课程可在四、五年级段开展,规模范围为 50 人左右(具体可按学校实际学情综合把握安排)。

本课程以课内外相结合的综合实践活动为主要形式,可在雏鹰小队活动课中开展,在内容选择上:

(一)遵循自主性。教师引导学生围绕"文物古迹保护"主题探讨,从"我们身边的文物古迹"为切入点,选择具体的活动内容,并自定活动目标任务,提升自主规划和管理能力。

(二)遵循实践性。本课程注重学生的亲身经历,引导学生在"动手做""探究""设计""创作""反思"的过程中进行对文化挖掘和保护的"体验""体悟""体认",在全身心参与的活动中,发现、分析和解决问题,体验和感受生活,内化爱国情怀。

(三)遵循开放性。课程不限于单节课、单个地点或单个参与者,突破活动时空和活动内容的局限。

(四)遵循整合性。课程通过学生对"文物古迹的保护"的探究和体验,体现个人、社会、国家的内在联系,强化学生在知识、文化、国安等方面的内在整合。

(五)遵循连续性。"文物古迹保护"主题基于学生可持续发展的要求,设计长、短期相结合的主题活动,使活动内容具有递进性,要促使活动内容由简单走向复杂,使活动主题向纵深发展,不断丰富活动内容,拓展活动范围,促进学生综合素质的持续发展。

二、 教学目标

(一)通过材料收集和实地探访,让学生对泖峰地域的文物古迹的现状、历史、价值和保护传承等有一定的了解,知道文化安全的重要性。

(二)通过课内外相结合的综合实践活动,使学生感受独特的地方特色——"泖峰文化",并认识到保护中国传统文化的意义,能感悟中华文化的博大精深,吸收民族文化的精华,培养正确的文化价值观,增强继承和弘扬中华民族优秀传统文化的意识。

(三)培养学生搜集资料、整理资料和汇报的能力,在体验活动中,提高学生的组织能力、协调能力、语言表达能力;引导学生在体验中从自身做起,保护和传承中华传统地方特色文化,内化于心,外化为行,提升文化自信。

三、设计思路

（一）内容框架（见表 2）

表 2 "保护好泖峰地域的文物古迹"课程内容框架

	阶段顺序	活动导向	活动内容
保护好泖峰地域的文物古迹	第一阶段	知道泖峰地域有哪些文物古迹。	激发探索兴趣,确定活动内容,实施多元调查。观看课件,参观展示厅,开展自主小调查。
	第二阶段	了解泖峰地域的文物保护现状。	走近文物真容,开展调查访问,体悟文物价值。分组探寻,实地考察,资料汇总。
	第三阶段	课内理解为什么要保护文物。	回归课堂交流,集思广益,揭示活动主题。开展主题教育,讨论交流,揭示活动意义。
	第四阶段	用实际行动为保护文物作出贡献。	搭建资源平台,构筑家校同盟,开展小组合作行动。开展文物保护行动,多途径宣传发动。
	第五阶段	交流成果展示。	交流和展示小组的探究成果和感受。

（二）分步安排

1. 第一阶段：激发探索兴趣，确定活动内容，实施多元调查——文物古迹我知道

我们在活动初始通过课件及观摩展馆等方式激发学生对身边文物古迹的探索兴趣,教师通过设计"任务单"的形式让学生去尝试了解朱家角地区的文物古迹。

（1）组织学生观看有关国外与国内历史文物的课件,激发学生兴趣。

（2）观摩学校开设的乡土文化展示厅及以民间传统技艺为主要内容,设计手工技艺传习活动室。了解身边传统的历史文化。

（3）学生将"文物古迹"作为主题关键词,找出感兴趣的方面,确定活动主题。

（4）引导学生多形式调查探究,如网络搜索查阅、自主寻访打听、亲子合作探寻等形式,了解身边的文物古迹。

2. 第二阶段：走近文物真容，开展调查访问，体悟文物价值——文物遗产保护现状

学生实地考察身边文物古迹的保护情况是怎么样的？

（1）按就近原则，学生组建以居住同村或相近学生为活动小组，并选出组长。根据小组制定的探究内容，组长进行任务分配，制定任务单（见表3），让组员明确探究的任务。

（2）各小组组长对组员进行合理分工，实地调查探究：

表 3　探究任务单

小组名称		人数	
探究任务			
小组分工	小组成员	分配的任务	
探究内容建议	1. 探究历史文物的外貌特征（量一量、数一数、画一画）。 2. 探究历史文物的背后价值（查一查、问一问、讲一讲）。 3. 探究历史文物的保护现状（保护得好的方面，保护得不好的方面）。		

（3）组员进行资料搜集，可以利用的方式有：网络搜索和访问、亲子协同大手牵小手、自主查阅报刊书籍，完成任务单。

（4）小组考察后，整理资料，分类，汇总资料。

3. 第三阶段：回归课堂交流，集思广益，揭示活动主题——保护身边的文物古迹

（1）组织主题教育活动，准备分享，探讨各小组所收集、整理的文物古迹资料及保护现状。教师引导学生思考并讨论以下问题：

① 身边的文物古迹现状如何？

② 为什么要保护身边的文物古迹？

③ 怎样保护好身边的文物古迹？

（2）教师通过组员的小汇报和讨论交流，揭示本次实践活动的主题——保护身边的文物古迹。

（3）了解保护文物古迹的重要性。

① 防止外部意识形态渗透、消极文化侵蚀的威胁，树立自己的文化自信，发扬自己的文化传统。

② 为建立一个国家所必需的民族认同和政治认同提供了思想和精神基础。

③ 使学生加强文化遗产保护和利用的意识，树立正确的文化安全观及国家安全观。

（4）根据同学们查找到的朱家角地区许多的名人名胜，经过逐步的分析，在众多的文物古迹中最终选定学习的内容主要为泖峰系列，因为"泖峰文化"就在我们身边，我们有较丰富的泖峰人文资源方便学生深入学习。

4. 第四阶段：搭建资源平台，构筑家校同盟，开展小组合作——文物保护我先行（见图4）

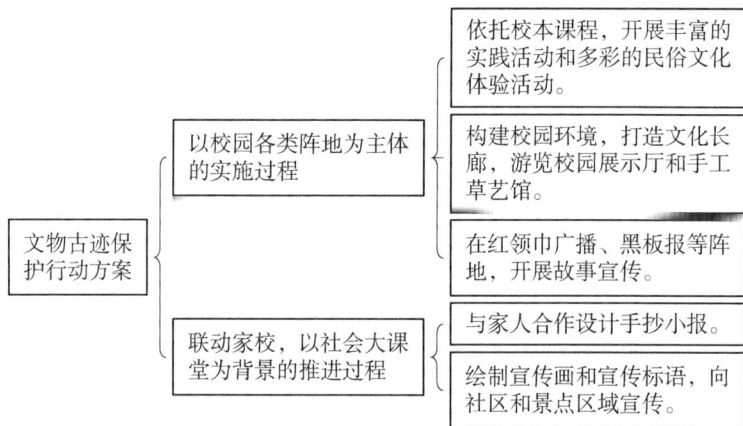

图4　文物古迹保护行动方案

（1）以校园各类阵地为主体，开展泖峰地域文物古迹保护宣传行动。

① 依托校本课程，组织学习，渗透文化安全意识

依托我校根据"泖峰文化"的核心主题设计开发《话说泖峰》《诗意泖峰》《创意稻草》《泖峰诗歌精选》等一系列"泖峰文化"校本课程，丰富和拓展课程资源。同时开展稻草编织、参观泖塔、考察美丽乡村等综合实践活动，丰富学生学习经历，渗透文化安全意识。通过设计、组织多彩的泖峰民俗文化学习体验活动，内容包括中国传统节日

文化、传统技艺等,厚植中华优秀传统文化教育。

② 构建校园环境,潜移默化,凸显文化育人功能

在学校长廊中,布置展示"泖峰文化"的相关资料,采集泖峰地区灯塔图景、名人故事的相关资料,收集乡村劳作的生活用品和农具等,创建乡土文化展示厅——云间阁;以剪纸、稻草贴画、稻草人等中国民间传统技艺为主要内容,设计手工技艺传习活动室——草艺馆。打造充满家乡文化的校园环境,让学生在校园日常生活中,潜移默化地感受家乡文化,培养爱国爱家乡的情感。

③ 在学校红领巾广播、黑板报等校内阵地,向同学和老师进行宣传

在校园中,发挥学生自主能动性,如在学校的红领巾广播中,播报夏瑞芳的故事、泖塔的故事等系列宣传。积极发动学生以黑板报等形式向同学和老师宣传文物保护。

(2)驱动学生,联动家校,以社会大课堂为背景,推进泖峰地域文物古迹保护行动

① 做成小报向家人进行宣传

从校园到家庭,组织学生设计以"泖峰地域文物古迹保护"为主题的宣传小报、书签、手工艺品等作品,向家人宣传文物古迹保护。通过深入家庭,加强家校沟通和互相支持,进一步推进文物古迹保护行动。

② 绘制宣传画和宣传标语,向游客进行宣传

与上海太阳岛国际俱乐部、张马村旅游发展公司等企业、基地合作,拓展学生实践活动,组织学生围绕"文物古迹保护"这一主题,开展绘制宣传画、宣传标语等方式,向游客等其他社会人员宣传文物古迹保护。

5. **第五阶段: 交流成果展示**

(1)学生以小组为单位进行交流汇总行动情况,并完成"泖峰地域文物古迹保护行动成果展示卡"(见表4)

表4 泖峰地域文物古迹保护行动成果展示卡

小组名称		组员姓名	
行动内容 (请在相符的选项前打"√")	□参与校本课程学习与实践活动		
	□体验校园文化长廊,游览校园展示厅和手工草艺馆		
	□参与红领巾广播、黑板报等阵地的文物古迹保护宣传		

续　表

	□设计文物古迹保护手抄小报
	□绘制文物古迹保护宣传画和宣传标语,向社区和景点区域宣传
	其他行动:
行动心得 (请在相符的选项前打"√")	□感受到当地文物所含的精神品质,激发了强烈的爱乡之情
	□继承和弘扬中华优秀传统文化,提升文化自信,增强爱国情感
	□加强国家文化遗产保护和利用的意识,树立正确的文化安全观及国家安全观
	其他感受:
遇到的问题	疑惑与困难:

（2）各组汇报文物古迹保护行动情况

① 展示"文物古迹保护行动成果展示卡"。

② 各组汇报组长口头汇报,小组成员进行个别补充。

③ 教师小结各组活动情况。

（3）小组根据自己的行动主题自编小品进行表演,教师进行适当指导,并提供相应的建议及道具支持。

（4）学生个人汇报,交流感受:通过本次的实践活动,我有哪些收获?

（5）教师总结:本次实践活动取得的成绩是什么? 在文物古迹保护上我们做出了哪些积极的行动? 关于文化安全和国家安全,我们在哪些方面还可以继续努力?

四、 教学评价

本次综合实践活动的评价方式主要是自评、同伴评、家长评和总评,评价标准是量规。

（一）以小组为单位,组员按照自评、同伴评、家长评和总评的顺序完成评价表。

（二）根据组员填写的评价表(见表5),评选出"文物古迹保护好少年",并对他们进行表彰和奖励。

表5 "泖峰地域文物古迹保护"活动评价表

评价指标	评价内容	评价等级			
		自评	同伴评	家长评	总评
情感态度	1. 积极参与实践活动,具有初步的文化保护意识。	☆☆☆	☆☆☆	☆☆☆	☆☆☆
	2. 不畏艰苦与困难,富有探索精神。	☆☆☆	☆☆☆	☆☆☆	☆☆☆
合作交流	3. 乐于和同学合作,能互助和配合。	☆☆☆	☆☆☆	☆☆☆	☆☆☆
	4. 对小组作出贡献,能提出契合文化保护的建议。	☆☆☆	☆☆☆	☆☆☆	☆☆☆
学习技能	5. 能主动思考,热爱发言,善于动手操作。	☆☆☆	☆☆☆	☆☆☆	☆☆☆
	6. 会用多种方法搜集、整理和处理信息。	☆☆☆	☆☆☆	☆☆☆	☆☆☆
活动收获	7. 感受中华优秀传统文化,增强文化自信。	☆☆☆	☆☆☆	☆☆☆	☆☆☆
	8. 萌发文化保护意识,树立一定的国家安全观。	☆☆☆	☆☆☆	☆☆☆	☆☆☆
成果展示	9. 表演、汇报等。	☆☆☆	☆☆☆	☆☆☆	☆☆☆
	10. 成果有新意。	☆☆☆	☆☆☆	☆☆☆	☆☆☆

五、 教学反思

近年来,随着祖国综合国力日益增强,国内外不良势力对中国虎视眈眈,当今表面看上去风平浪静,实则暗潮涌动的国际形势下,我国要落实国家总体安全观的任务刻不容缓。2020 年教育部制定并发布《大中小学国家安全教育指导纲要》(以下简称《纲要》),《纲要》指出文化安全是包括文化主权、文化价值观、文化资源安全等方面,是确保一个民族、一个国家独立和尊严的重要精神支撑。面临外部意识形态渗透、消极文化侵蚀、文化自信和向心力缺失等威胁。维护文化安全必须强化中华优秀传统文化、革命文化、社会主义先进文化教育。

本课程的开展旨在让学生意识到保护国家安全与每个人自身息息相关,文化保护应该从每个人身边做起,保护好自己身边的文化遗产,传承好文化遗产,利用好文化遗产。

(一) 提升自我实践能力,促进团队合作意识

本次课内外结合的综合实践活动中开展了多元的实践方式,如自行搜集、分析和

整理资料以及采访、记录文物信息等。在活动过程中学生们能够意识到团队合作的重要性,掌握了合理分配活动任务的方法,学会分工配合提升效率的技能。在我们以往的传统课堂教学中,学生的学习能力提升往往是比较独立的,通常都是各自学各自的,这在教育方式上实际是有不足的,对于学生的综合素养的培育也是有阻碍的,所以采用课内外相结合的综合实践活动,能在多方面促进学生的多元发展,有利于学生核心素养的培养。

(二) 培养文化保护意识,树立文化自信,启蒙国家安全意识

通过各种实践活动的形式,学生们由浅入深地了解了文化保护的重要性,也学会了多种保护文化的行动。学生都对我们中华传统文化及古人的智慧非常敬佩,如在探究泖塔过程中,学生了解到泖塔内曾发现一批辽代文物,尤其是辽刻彩印,它填补了我国印刷史上的空白。这个发现让学生的民族自豪感愈发强烈,在感受民族文化冲击的同时,增强对中华优秀传统文化的自豪感和认同感,让学生渗透文化保护意识,树立文化安全观,启蒙国家安全意识。

(三) 积极协调周边资源,加强活动的可持续发展

这次综合实践活动中,构筑的校外活动基地不在少数,学生能够走出校园深入真实的生活中去探究实际问题,对于身心的健康发展有积极的促进作用。在后续的课程设计中,可以再进一步拓宽活动渠道,积极协调周边区域的优质文化资源,如商务印书馆创始人夏瑞芳故居、泖塔农情园、青浦首位革命烈士徐文思等,充分挖掘和提炼其背后的传统民族文化价值,引导学生在实践活动中了解自己的家乡文化,培养对家乡文化的保护意识,激发学生对家乡、对祖国的热爱之情。

能量与能源

衢州市柯城区航埠镇中心小学　徐洪伟　吴　珈

一、 课程简介

国家安全教育在小学阶段的目标,重点围绕建立国家概念,启蒙国家安全意识。让学生初步了解国家安全基本常识,感受个人生活与国家安全息息相关,增强爱国主义情感。其中资源安全领域包括不可再生资源安全一项,其知识要点是不可再生能源的保护和开发利用。

《能量与能源》是由教科版小学科学教材六年级上册《能量》单元的最后一课《能量与太阳》改编而来。教学内容融入国家安全中资源安全主题,主要由三大部分组成:1.认识煤、石油、天然气三大能源物质以及与我们生活的关系。2.了解三大能源物质的形成过程和其不可再生性;3.了解我国能源使用现状,探寻节约能源、寻找新能源的意义。

本课案例适用于小学高段(五六年级)学生,可在科学常规课堂上使用,让学生认识到煤、石油、天然气这些重要的能源都是远古时期储存起来的太阳能,是不可再生资源。了解我国新能源的保护和开发利用的现状,以及面临的技术挑战、参与国际规则制定等问题。了解维护新型领域安全需要考虑环境保护、人才培养等多方面因素,必须加速推进自身发展以及深化国际合作。

二、 教学目标

（一）学科目标

科学概念目标：

1. 煤、石油和天然气等传统能源所具有的能量都是储存了亿万年的太阳能。

2. 能源与我们的生活密切相关，人类正在开发新的能源。

3. 我国在新能源开发领域的探索和成就，走在世界前列。

科学探究与态度目标：

1. 体验探究中证据、逻辑推理及运用想象的重要性。能将自己的分析结果与已有的科学结论作比较。

2. 认同珍惜能源、资源全面节约和循环利用的观点，形成人们需要绿色低碳生活方式的思想意识。

（二）国家安全教育目标

1. 感受个人生活与国家能源安全息息相关，增强爱国主义情感，启蒙国家安全意识。

2. 了解我国新能源的保护和研究、开发利用的现状，以及面临的技术挑战、参与国际规则制定等问题。

3. 了解维护新型领域安全需要考虑环境保护、人才培养等多方面因素，必须加速推进自身发展以及深化国际合作。

三、 教学过程

（一）课前调查

课前请学生们填写一份关于能量与能源的问卷调查（见表 1），了解学生对能量与能源，以及国家能源安全的基础认知。

表 1　能量与能源问卷调查

1. 你认为自己每天的生活与煤、石油有关系吗？
　　□关系很大　　　　　□有点关系　　　　　□没有关系

2. 你认为我们生活用电的主要发电方式是？
　　□水力发电　　　　　□火力发电　　　　　□太阳能发电　　　　　□核能发电

3. 你认为我国的能源储量在世界上排名如何？
　　□排在前列　　　　　□中等水平　　　　　□比较匮乏

4. 你认为我国能源的消耗量在世界上水平怎样？
　　□消耗量较多　　　　□消耗量一般　　　　□消耗量较少

5. 你觉得我国煤炭资源还能使用几年？
　　□50 年以内　　　　　□几百年　　　　　□不会用完

6. 你知道的能源有哪些？（请写出）

_____

（二）课堂教学

1. 导入揭题

（1）同学们，你们知道我们教室里的电灯所使用的电能是哪里来的么？

生：是利用水、风等通过发电机转化而来的，还有一些是燃烧煤炭而来。

（2）是的，除了电灯，我们还有很多的电器要用到电这种能量，而电能都是从其他能量转化而来的，今天这节课我们就来讨论"能量与能源"。

2. 认识常规能源

（1）能源是自然界中为人类提供能量的物质资源。地球上有各种各样的能源，你能说出一些吗？（了解常见的能源与其分类）

（2）你们知道我们使用的电能都是哪些能源提供的能量转化的么？

（出示不同类型发电站的供能比）

图 1　火力发电站　　　　图 2　水力发电站　　　　图 3　核能发电站
占比：72.4%　　　　　　占比：24.5%　　　　　　核电占比：2.4%

（3）火力发电是电能的主要来源,那是哪种能源物质提供的能量呢?（煤）

（4）介绍煤:煤被称为"黑色的金子",是一种重要的能源物质,它既能在生活中直接燃烧来取火烧水,又能发电。在工业革命时期,第一辆蒸汽机车也是由它推动的。

（5）介绍石油、天然气:与煤相似的可以燃烧的能源物质还有石油和天然气。

石油被称为"工业的血液",汽车的发动机就是依靠从石油而来的汽油燃烧推动的,日常所用的塑料制品也从石油中提取的原料。

天然气是环保、优质的能源,我国的"西气东输"工程,就是将西部丰富的天然气资源输送到东部地区使用。

3. 认识三种能源形成和不可再生性。

（1）这三种能源都是哪里来的呢?

生:都是地底下挖出来的。

（2）是的,是从地球内部开采而来。那它们是如何形成的? 我们来认识一下。

（3）先来看看煤带给我们的信息,你从煤块的表面看到了什么?

生:有一些花纹,好像是植物枝叶的样子。

（出示更多信息）（见图 4）

1. 我们常常能在煤块上看到植物枝、叶的痕迹,在有的煤层中甚至还发现了具有完整树干形状的煤。
2. 埋藏的煤大多夹在岩层中,这些岩层都是古代沉积的泥沙变成的。
3. 煤埋藏在地下是一层一层的。
4. 亿万年前地球上气候温暖,雨量充足,植物生长非常繁茂。

图 4 煤带给我们的信息

从这些信息中,你能推测一下煤的形成过程么? 我们来了解一下。

（4）播放科普视频,了解煤的形成过程。（见资料链接①）

（5）了解石油天然气的形成过程。（见资料链接②）

（6）他们的形成有什么共同特点?（都需要长达亿万年的时间,而且要高温高压的特殊环境条件）

（7）那这些能源会用完么?（是的,用了就不会再产生新的,它们都是不可再生

能源）

4. 了解我国对此类能源的开采与使用情况。

（1）中国是最早利用煤炭的国家，也是全世界最大的煤消费国。

（2）出示近 10 年来我国煤炭产量柱状图，和近两年世界十大煤炭生产国和消费国的排名表，我的煤炭生产量与消费量都位居世界第一。我国近年来的高速发展离不开这些能源的生产与消耗。

（3）请仔细观察两张表格，你能发现什么？

生：我发现现在我们的消费量远远大于生产量。

（4）是的，实际的中国原煤可开采年限远低于 2010 年统计的 35 年。

当中国煤炭消耗完后，就要通过国外进口。因为相对于全世界来说我国的原煤开采速度过于迅速，中国煤炭消耗完之后，而国外很多国家煤炭储量依然丰富。到了那一步，我们将受制于人。

5. 寻找解决方案与新能源。

（1）我们应该怎么做呢？请大家讨论几分钟。

从三个方面出发：

① 控制使用，减少能源消耗，提高使用效率。

② 合理开采，发掘更多新矿，保证持续供应。

③ 科学开发，寻找新型能源，实现未来替代。

（2）说一说生活中我们应该如何节约能源。

（节约用水，节约用电，少用一次性用品，低碳生活等）

（3）可以发展技术，实现科学合理地加大开采，寻找新的煤矿。

（4）寻找新能源，为了应对全世界面临的能源危机，各个国家都在努力开发新能源，力图能在未来占据一席之地，我国也在各个领域进行着探索和研究。

6. 了解我国在新能源探索领域取得的成果（以可燃冰为例）。

（1）（出示可燃冰的图片）知道这是什么吗？

（2）简单介绍可燃冰

这是科学界公认的未来重要的能源物质——可燃冰。它是天然气的水合物，主要分布在深海沉积物和陆源的永久冻土中。

（3）当前世界各国开发利用现状

由于可燃冰储量丰富、分布广泛,关于可燃冰的开采工作已掀起一股热浪。调查显示,至少有 30 个国家和地区对可燃冰进行了研究。国外可燃冰开采处于实验模拟试开采阶段,侦探和识别技术相对来说比较成熟,安全方面仍是亟须解决的问题。我国对其研究起步比较晚,但发展非常快,首次成功试开采可燃冰,标志着我国可燃冰的勘探工作进入了一个崭新的发展阶段,甚至有望改变全球能源供应格局。

① 视频了解我国的探索与成就

接下来,我们来看一个视频,了解一下这种新能源和我国的发展现状。

播放视频《加油向未来》片段。(见资料链接③)

请同学们说一说你们的想法。

② 总结

从视频中我们知道,开采储藏于海底的可燃冰需要考虑技术设备和成本问题,高压下长距离地铺设运输管道仍是考验人类的一个难题。因此,对可燃冰的深入科学探索是亟待突破并关乎世界能源战略的重大研究课题。

7. 结语

同学们,综合今天所学的内容,我们知道了能源有可再生能源和不可再生能源,地球上所有的能源最终都来自太阳,新能源的开发对人类来说是重要的课题,同时也面临着非常多的困难与挑战。

你能说一说,我们现在应该怎样使用能源吗?

(节约现有能源,努力学习科学知识,为国家未来的探索研究作贡献)

(三) 课后拓展

1. 请同学们以小组为单位,课后写一份倡议书,告诉爸爸妈妈和身边的伙伴,我们该如何行动,来为国家的能源安全出一份力。

2. 参加"争当节能小达人"活动,进行电能使用情况跟踪记录活动。

与家长一起制定"家庭节能计划"(电能),并按照计划进行实施。记录计划实施前后一周(7 天)家庭的用电情况,并绘制对比柱状图。家庭用电量较之前成功降低 20% 以上的同学,获得"节能小达人"称号。

注:利用网上国网 APP,查询每天家庭用电量。(见资料链接④)

表2 "争当节能小达人"活动记录单

"争当节能小达人"活动记录单

家庭节能计划：

_____

_____

_____

_____

_____

_____

_____

_____

_____

	节能前		节能后	
	日期	用电	日期	用电
周一				
周二				
周三				
周四				
周五				
周六				
周日				
合计				

千瓦时

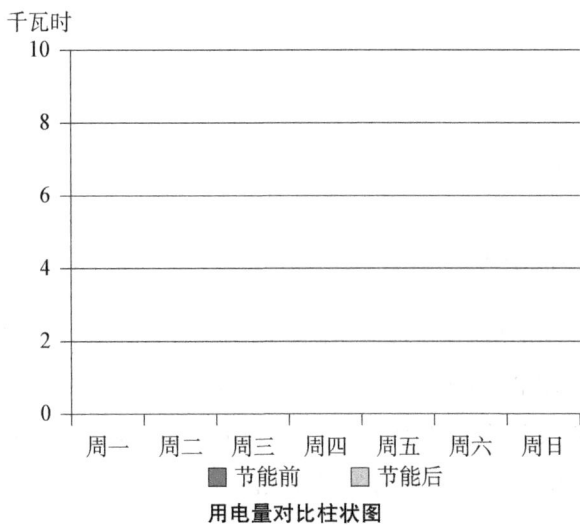

用电量对比柱状图

四、 教学评价

教学评价主要通过课前调查的情况和课后活动的效能评价来展开。

（一）倡议书评价

倡议书用小组的形式提交，从中可以看出本课各项目标的达成情况，以及学生的学习层次，采用在班级中宣读、小组自评和互评（其他小组打分总和）相结合的方式评价。

表 3　倡议书评分表

	小组自评分(20分)	小组互评分(80分)	综合分数(100分)
第一组			
第二组			
第三组			
第四组			
第五组			

（二）"争当节能小达人"活动

开展电能使用情况跟踪记录活动，根据学生提供的家庭电量使用情况，当周的家庭用电量较前一周用电量成功降低 20％ 以上的同学，获得"节能小达人"称号。

从实践中可以发现，经过本课的学习，大多数学生能够对中国现有的能源状况有一点了解，同时能用所学所思来指导实际的生活。

五、 教学反思

在本课例的教学过程中，能感觉到国家安全教育元素与本节科学课的融合还是比较自然的。在原本的小学科学课教材中，科学情感态度价值观这一项目标里就明确指出,要培养学生认同珍惜能源、节约能源的观点。这与国家安全教育中资源安全指导意见是相吻合的。同时对新能源领域的研究与开发,以及在这个过程中需要考虑的环境保护等问题,不仅是国家安全教育目标中提及的内容,更是当下国际社会讨论的热点,在科学课中,教师应该让孩子感受最前沿的科学技术发展,以及社会科学热门话题。所以在教学目标上,本课的案例可以兼顾科学学科与国家安全教育两方面的要求。

学生的听课反馈方面,我们对课前的问卷调查结果进行了统计,每个问题的实际回答比例数据如下(见表4):

表4 课前调查问卷

1. 你认为自己每天的生活与煤、石油有关系吗? □关系很大(46%) □有点关系(47%) □没有关系(7%)
2. 你认为我们生活用电的主要发电方式是? □水力发电(16%) □火力发电(8%) □太阳能发电(38%) □核能发电(38%)
3. 你认为我国的能源储量在世界上排名如何? □排在前列(46%) □中等水平(46%) □比较匮乏(8%)
4. 你认为我国能源的消耗量在世界上水平怎样? □消耗量较多(57%) □消耗量一般(43%) □消耗量较少(0%)
5. 你觉得我国煤炭资源还能使用几年? □50年以内(22%) □几百年(70%) □不会用完(8%)
6. 你知道的能源有哪些?(请写出) 大多数答案:水、空气、食物、阳光、矿石等。

可以看出学生在上课之前对煤、石油、天然气这些不可再生资源的重要性认识不足,大多数同学不了解日常生活对此类资源的依赖程度。但对我国不可再生能源的生产量与消耗量的认识比较准确,可以看出绝大多数学生对我国在国际上的大国地位是确定的。同时也对资源的危机表现出不敏感,说明能源危机的发展速度已经超越了学生们的想象。因此此课的相关内容教学非常有必要。

学生在听课过程中表现出对此内容较大的兴趣,也能够积极参与课堂讨论,即时反馈良好。在小组讨论中畅所欲言,能够自主提出应对能源危机的几大方面做法。在对新能源"可燃冰"的了解过程中,表现出比较大的好奇心,而且对我们国家自主研发深海探测设备,在国际上处于领先地位展现出自豪感。

在课后小组撰写的倡议书中,学生能够结合生活实际,以及国家倡导的"低碳生活","二十六度空调节能行动"等社会热点,提出可行性高的行动方案,发起倡议,对节能减排有了新的认识。

六、 资料链接

网上国网 APP,可查询家庭每日用电量,需下载,课外拓展活动时使用。(见图 5)

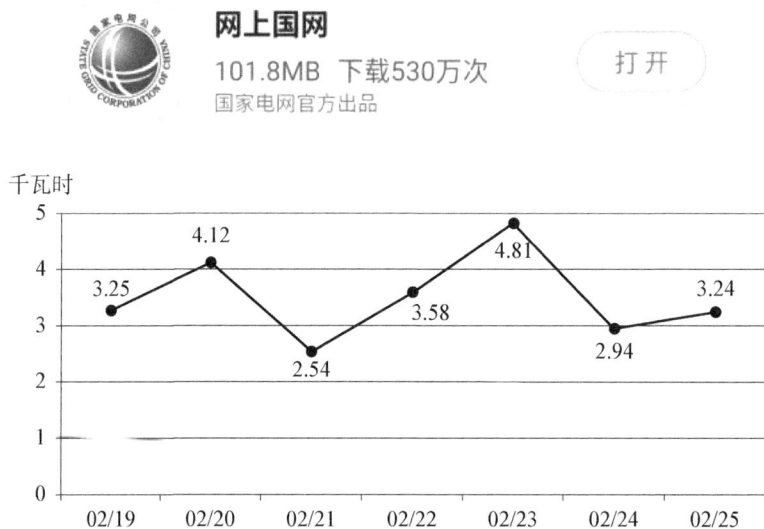

图 5　网上国网家庭每日用电量趋势图

我们的国土安全

浙江省绍兴市上虞区实验小学教育集团　王光军　王　蓉

一、课程简介

(一) 设计理念

《大中小学国家安全教育指导纲要》中指出："国土安全包括领土以及自然资源、基础设施安全等方面,核心是指领土完整、国家统一,边疆边境、领空、海洋权益等不受侵犯或免于威胁的状态,是国家生存和发展的基本条件。"在国家安全教育知识要点编排中,其"国土安全的主要内容"在小学段的主要内容为"领土主权不受侵犯,领土完整不被分裂,涵盖领土、领海、领空以及自然资源、基础设施等要素,领土的概念与要素,领海的概念,我国的领海范围,领空概念",实施的主要学科为思政课,全学段相关学科为地理课和科学课。

在小学的道德与法治教材中,五年级上册第三单元《我们的国土我们的家园》一课对应了《品德与社会》大纲"我们的国家"这一生活领域,其中第六课《我们神圣的国土》的主要目标为:知道我国的地理位置、领土面积、海陆疆域、行政区划;知道台湾自古以来是我国不可分割的一部分,祖国的领土神圣不可侵犯。《我们神圣的国土》侧重国家主权教育,引导学生把现阶段对祖国具体、微观的感性认识加以集中,从宏观的角度深度领会,全面认识我国的国情,整体感受祖国的国土辽阔和山河壮丽。这些内容既涵盖了《大中小学国家安全教育指导纲要》中国土安全的要点,也凸显思政课的育人价值,既是国家发展的需要,也是学生自身发展的需要。因此,在思政课教学的基础上开展国家安全教育,对两门课程进行整合是一种有效的实施途径。

本课在《大中小学国家安全教育指导纲要》的指引下,以小学五年级思政课《我们神圣的国土》为蓝本,整合设计国土安全教育案例。在道德与法治课堂认识、了解我国的地理位置和疆域、知道台湾自古以来是我国领土不可分割的基础上,增加领土、领海、领空的概念等国家安全知识,学习保卫国土安全的故事,激发学生真实的情感,树立领土意识,激发"守土有责"的意识和情感。

(二) 适用学科

小学思政课。

(三) 适用对象

小学五年级学生。

(四) 教学准备

教学课件。

二、 教学目标

(一) 学科教学目标

1. 能在世界地图上找到中国,知道我国的地理位置、领土面积、海陆疆域,感受到我国疆域辽阔,激发对祖国的热爱之情。

2. 了解我国的临海、邻国,初步建立"国土"的概念。

3. 学习读地形图,知道台湾自古以来就是我国领土不可分割的一部分。

(二) 国家安全教育目标

1. 认识我国领土、领海、领空的范围,理解领土主权不能受侵犯,领土完整不被分裂。

2. 学习保卫国土安全的故事,树立领土意识,激发"守土有责"的意识和情感。

三、 教学过程

第一课时　我国的领土

（一）教学目标：学习世界地图、中国地图，了解中国在世界的位置及中国的领土、领海、领空等。

（二）教学过程

1. 了解中国在世界的位置

（1）（出示世界地图）请学生在地图上找到中国。

（2）用地理的语言描述出中国的位置。

学生先复习地图上的方向，再进行练习，例：我国位于亚洲的_____，太平洋的_____岸。

2. 了解中国的领土

（1）（PPT出示领土的概念）学生谈理解。

领土包括一个国家的陆地、河流、湖泊、内海、领海以及它们的底床、底土和上空（领空），是主权国管辖的国家全部疆域，领土是国家行使主权的空间。

（2）算一算中国的陆地面积

我国的陆地面积有960万平方千米，在世界排名第三位，我国不仅仅有960万平方千米的陆地面积，还有着300多万平方千米的海域面积，两个数字相加，一共是1260多万平方千米，这就是我国的总面积。

3. 计算和比较中国的国土面积

（1）学生了解自己本市的面积是多少，并和中国面积相比较。

举例：我们祖国的面积相当于多少个绍兴市呢？

（2）把中国国土面积和欧洲相比较，让学生谈想法和体会。

4. 找一找我国的领海

(1)（出示中国地图）学生按照自北向南的顺序，圈出我国的 4 个领海。

(2) 说出 4 大领海的名字：渤海、南海、东海、黄海。

(3) 学生对照地图说出 4 个领海位于我国的哪个方向。

(4) 请学生在地图上指一指中国的海域面积，了解到我国自北向南有渤海、黄海、东海、南海，四海相连，海域面积为 300 多万平方千米。

5. 了解我国的领空

（PPT 出示《中华人民共和国民用航空法》部分内容）学生谈认识和理解。

【中国领空如何定义？】

根据《中华人民共和国民用航空法》第一章第二条：中华人民共和国的领陆和领水之上的空域为中华人民共和国领空。中华人民共和国对领空享有完全的、排他的主权。中国的领空是，沿国界线垂直向上 100 公里。

6. 说一说我国疆域的辽阔

从以下方式中任选一种喜欢的方式说一说：

(1) 描绘祖国辽阔的诗歌或其他文艺作品来表达。

(2) 有关祖国疆域的数据。

(3) 为同学们展示我的旅游照片，用旅游的经历来描述。

(4) 其他（自由发挥）。

7. 了解南海区域的争端

(1) 视频出示中央电视 13 台视频《中菲南海争议》。

(2) 学生谈谈对争端的认识。

国土安全是领土完整、国家统一、边疆边境、领空、海洋权益等不受侵犯或免受威胁的状态，国土安全是立国之基，是传统安全中备受关注的首要方面。

第二课时　我国的边境

（一）教学目标：在地图中了解我们的邻国，知道我国领土的"四至"及边境线的长度，了解边境争端中的一些事迹，激发学生热爱祖国、维护祖国主权的情感。

（二）教学过程

1. 学生在地图上找出我国领土的"四至"

我国领土最东端在黑龙江省的黑龙江与乌苏里江主航道中心线的相交处（135°05′E），最西端在新疆帕米尔高原（73°40′E），最北端在黑龙江省漠河以北的黑龙江主航道中心线上（53°37′N），最南端在海南省南沙群岛的曾母暗沙（3°52′N）。

2. 找找我们的邻国

（1）出示教学视频，了解我国的陆上邻国和隔海相望的国家。

（2）学生在地图上圈出我国的邻国

陆上邻国：有14个陆上邻国，东邻朝鲜，北邻蒙古，东北邻俄罗斯，西北邻哈萨克斯坦、吉尔吉斯斯坦、塔吉克斯坦，西和西南与阿富汗、巴基斯坦、印度、尼泊尔、不丹等国家接壤，南与缅甸、老挝、越南相连。

隔海相望的邻国：有6个国家与中国隔海相望，东部和东南部同韩国、日本、菲律宾、文莱、马来西亚、印度尼西亚隔海相望。

3. 感受祖国边境线的漫长

（1）让学生进行模拟环绕中国一周的旅行

例：在地图上用蓝色表示海岸线，用红色表示国界线。学生在浙江省从北沿着海岸线出发，通过旅行认识大陆海岸线和国界线并计算出长度。

（2）口算一下我国的边境线一共多长？

大陆海岸线全长18000多千米，国界线全长20000多千米，蓝色的线和红色的线加起来就是我国的边境线。

（3）学生计算环绕祖国一周需要的时间。

4. 了解中印加勒万河谷冲突，喀喇昆仑英勇战斗事迹

（1）视频展示中印加勒万河谷冲突。

（2）学生谈一谈对此次冲突事件及解放军战斗事迹的感受。

战士们在高原苦寒地区,用自己的性命守护着祖国的每一寸土地,守护中国人民不被外敌入侵,他们值得被国家表彰,他们的英雄事迹值得被全体中国人铭记。

第三课时 宝岛台湾

（一）教学目标：了解台湾的地理位置、历史等,知道台湾自古以来就是我国领土不可分割的一部分。

（二）教学过程

1. 了解宝岛台湾

学生在中国地图中找到台湾,说一说台湾的地理位置。

从地图上可以看出,它东邻太平洋,西隔台湾海峡,与福建省隔海相望。台湾和大陆仅仅隔着一道海峡,两地相距并不遥远。台湾岛是我国最大的岛屿,它与周围附近的澎湖列岛和钓鱼岛、兰屿等附属岛屿共同组成了我国的台湾省。

2. 介绍台湾现状（可让学生课前查找资料,在课堂上进行汇报）

（1）台湾地形

台湾岛的形状像什么？这时可以指导学生学看图例。根据图例,说说台湾的地形特点。

不同的颜色代表不同的——海拔。黄色越深,海拔越高,绿色越深,海拔越低。山地多,占全岛面积 2/3,主要山脉是台湾山脉。西部沿海有较为宽阔的平原。

（2）台湾面积

台湾岛的面积有 36000 多平方千米,是我国第一大岛。

（3）台湾人口和民族

台湾省内居民以汉族为主,全省约 80％的人口祖籍为福建省,少数民族主要为高山族。

（4）台湾特产

台湾有水果、小吃、兰花、樟脑、蝴蝶标本、盐、甘蔗、珊瑚等特产。

（5）学生小结：为什么台湾被称为"宝岛"？

（6）讨论：台湾与大陆的共同之处

有共同的饮食文化、共同的节日风俗、共同的语言文字、共同的历史传承。台湾与祖国大陆所共有的传统习俗说明了什么我们是同根同源、血脉相连的。台湾是祖国不可分割的一部分。

3. 了解台湾历史

（1）视频资料播放《宝岛台湾的历史》

1661 年,郑成功亲自率兵,由金门进军台湾;1662 年,郑成功从荷兰侵略者手中收复了台湾。1895 年,清政府与日本签订了《马关条约》,将台湾岛及所有附属岛屿、澎湖列岛割让给日本。1945 年抗日战争胜利,台湾光复,回到祖国怀抱。

（2）PPT 出示景点赤崁楼和古炮台（可以让学生查阅资料后介绍）

郑成功接受荷兰侵略者投降的赤崁楼和台湾军民抵抗日本侵略者的古炮台都在提醒我们：台湾,自古以来就是我国的固有领土,是中国不可分割的一部分。

4. 寄语台湾

（1）欣赏配乐诗朗诵：余光中先生的作品《乡愁》

诗人余光中 21 岁去了台湾,写《乡愁》这首诗时,已是年暮的老人,诗中情深意切地写出了对家乡的思念,渴望祖国早日统一。

（2）寄语台湾,学生在卡片上写下对台湾的祝福和期待。

5. 了解"台独"分裂事件

（1）PPT 出示"台独"分裂相关资料。

（2）学生讨论：上述材料说明我国的国家安全面临着哪些威胁?

6. 学做国家安全的小卫士

（1）了解广西少年朱皓基同学联系"雅虎"网站纠正错误中国地图的故事（详见资料）。

（2）谈一谈,朱皓基同学的做法告诉了我们什么?

四、 课后拓展

（一）找一找,我国有哪些是边境省份,它们分别跟哪些国家接壤?

（二）比一比,我国的文化遗产和自然遗产知多少?

自然遗产有：武陵源、九寨沟……

文化遗产有：长城、莫高窟、苏州园林……

截至 2019 年 7 月，中国已有 55 项世界文化和自然遗产列入《世界遗产名录》，其中世界文化遗产 32 项、世界文化景观遗产 5 项、世界文化与自然双重遗产 4 项、世界自然遗产 14 项，与意大利并列为拥有世界遗产最多的国家。看到这一组数据，你的感受如何？

五、 教学评价

（一）找一找，请在地图上找到以下位置

序号	内容	评价（画"√"）	
		会	不会
1	能够找到祖国最东端、最西端、最南端、最北端的所在地。		
2	能够找到我国陆地上的国界线和大陆海岸线。		
3	能够在地图上圈出我国的 4 个领海。		
4	能够在地图上圈出我国的陆上邻国(14 个)和隔海相望的邻国(6 个)。		

（二）填一填

1. 我国的陆地面积是（   ）万平方千米，海域面积是（   ）万平方千米，一共加起来有（   ）万平方千米。

2. 我国最大的岛屿是（   ）。

（三）说一说

1. 为什么说台湾自古以来就是我国不可分割的一部分？

2. 请你谈一谈对国土安全的认识。

六、 教学反思

本节课主要以地图为载体,整合了祖国的疆域、领土面积、行政区划等教学内容,融合了国土安全的教育,体现了课程的综合性。

五年级的学生对我国的地理位置和领土概况有一定的认识,大多数学生对于"领土"概念也已经初步建立,本课通过使用地图的学习方式,让学生认识到领土还包括领海和领空,领土是国家行使主权的区域。

在本课的学习中,学生要有理性的认识,这些既包括地理方面的认识,也包括对国土安全的理解,另一方面,学生也需要有感性的情感,那就是对祖国的热爱之情。从概貌感知到重点探究,从感性认识到理性分析,从知识积累到情感激发,学生通过对国土的热爱,懂得祖国的领土神圣不可侵犯。

七、 资料链接

资料一: 中国海军跟踪监控日本舰艇进入钓鱼岛事件

2018 年 1 月 11 日上午,日本海上自卫队两艘舰艇先后进入赤尾屿东北侧毗连区活动。中国海军对日方活动实施了全程跟踪监控,直至日方舰艇离开了有关毗邻区。外交部发言人在例行记者会上再次强调,钓鱼岛及其附属岛屿是中国固有领土,中国对钓鱼岛的主权拥有充分的历史和法理依据。日方有关做法丝毫改变不了钓鱼岛属于中国的客观事实,也丝毫动摇不了中方维护钓鱼岛主权的坚定决心。

——吴育林,主编. 国家安全教育小学生读本[M]. 济南:济南出版社,2020:18—19.

资料二: 陆之方一家两代人守卫边疆的事迹

1979 年 3 月,坐落在广西十万大山深处的尖峰岭国防民兵哨所诞生。作为村民兵营副营长和支前模范的陆方之临危受命,成为哨所第一任哨长。3 年后,患上严重风湿病的陆方之走不动了。他的儿子陆兰廷接过父亲手中的枪,成为尖峰岭哨所第二任哨长,一干就是 14 年。1996 年,陆兰廷工作调动,陆兰军接替哥哥任第三任哨长。在接受记者采访时,陆兰军深情地说:"是祖国养育了我,那么为她奉献一生又算得了什么呢？哪怕有一天我会老死在自己的岗哨上，我问问自己的心，它会说这是值得的。"

——吴育林，主编. 国家安全教育小学生读本[M].济南：济南出版社，2020：49—50.

资料三：朱皓基的故事

2002 年，广西龙城一名高二学生朱皓基在登陆当时的"世界杯"足球赛官方网站（美国"雅虎"网站）浏览时，意外地发现在参赛的中国队资料网页上所展示的中国地图用橘黄色表示的中国领土并不完整。中国领土台湾岛、海南岛、澎湖列岛等均未用橘黄色标示。

作为一名中国学生，一名中国公民，面对"雅虎"网站展示的这张错误的中国地图，朱皓基决定据理力争。于是，他当即向"雅虎"网站的管理者发出电子邮件，严正地指出其错误并强烈要求该网站马上修正错误。

6 月 3 日，"雅虎"给朱皓基回函，表示"已认识到这个问题，并正在积极联系美国方面的相关人员尽快修改"。

朱皓基随后登陆"雅虎"网站，发现原来那张错误的中国地图已经不见了，取而代之的是一张完整的中国地图。很明显，"雅虎"已修正了错误。

——吴育林，主编. 国家安全教育小学生读本[M].济南：济南出版社，2020：67.

资料四：台海局势

台海局势复杂严峻，自 2016 年 5 月民进党在岛内执政以来，拒不承认"九二共识"，使台湾和平稳定局势遭受冲击。"台独"分裂势力在岛内以各种形式推动以"去中国化"为核心的"台独"活动，从政治、法律、历史、文化、教育、经济等方面，处心积虑地妄图切断和弱化台湾与大陆的联系，限制和阻挠两岸民间交流，破坏同胞感情。"台独"分裂势力倒行逆施，严重损害两岸同胞利益，对台海和平稳定构成重大威胁。

——吴育林，主编. 国家安全教育小学生读本[M].济南：济南出版社，2020：13.

秦始皇兵马俑

浙江省江山市四都学校　周　琼

一、 课程简介

党的十八大以来,习近平总书记反复强调文化自信,从中国特色社会主义事业全局的高度做出许多深刻阐述。文化是一个国家、一个民族的灵魂。历史和现实都表明,一个抛弃了或者背叛了自己历史文化的民族,不仅不可能发展起来,而且很可能上演一幕幕历史悲剧。文化自信,是更基础、更广泛、更深厚的自信,是更基本、更深沉、更持久的力量。坚定文化自信,是事关国运兴衰、事关文化安全、事关民族精神独立性的大问题。

本课内容主要结合浙美版小学美术三年级上册《秦始皇兵马俑》一课向学生传达树立文化自信,保护民族文化的精神,使学生能初步树立文化安全观,增强民族自豪感。本课内容适用于小学美术课及安全课教学,主要通过视频学习、师生交流、学习单作业、动员总结、课后拓展等环节,通过欣赏秦始皇陵的艺术特色引发学生共同体会中国传统文化的魅力,从而引申出学生们的爱国之情和民族认同感,引导学生重视对文化遗产的保护,增强学生的文化自信,共同参与到文化安全的保护中来。

二、 教学目标

(一)知识与技能目标:了解秦始皇陵兵马俑的艺术特色。

(二)过程与方法:通过欣赏秦始皇陵兵马俑中不同类型的雕塑,感受秦始皇陵的恢宏气势和时代特征。

（三）情感态度价值观目标：提高文物保护意识，增强热爱祖国文物的情感。

（四）国家安全教育目标：保护文物，保护历史，弘扬中华优秀传统文化，增强文化自信，树立文化安全观，加强中华文化遗产传承。

三、 教学过程

（一）视频导入

师：上课之前我们先来看一段视频（国庆 70 周年阅兵式）。

师：这样的场面给你什么样的感受？

生：威武、雄壮，充分展示了我们中国的强盛，是咱们国家的骄傲！

生：感受到了中国军事力量的强大、祖国的力量！

师：我们有最强的军队、先进的武器、伟大的人民，我们国家的强大与和平发展，让我们能生活在一个幸福的时代。其实，我们的祖先早在两千多年前就打造了一支雄伟的地下军队，同学们猜猜看是谁？

生：秦始皇。

（秦始皇图片展示）

师：秦始皇有什么作为？

他是第一个统一中国的人，统一文字，统一货币，统一度量衡。这样一位雄霸天下的始皇帝，希望通过建造陵墓来完成和延续他生前所拥有的一切。他动用全国众多的能工巧匠为自己修建了规模空前的陵墓，同时还建造了一个庞大的地下军事王国……

师：这样一支地下军事王国在哪里？

生答：陕西西安。

（出示课题：《秦始皇陵兵马俑》）

秦始皇兵马俑简介：1974 年至 1976 年，在秦始皇陵东部相继发现了三个大型丛葬坑，考古工作者根据发现的先后，把它们分别编为一、二、三号坑。三坑内出土了大量的陶制兵马俑、实战青铜兵器等秦代文物，展示出了一个从来不为人知晓的高度发达的秦代文明。

秦兵马俑陪葬坑于 1987 年连同秦始皇陵一起被联合国教科文组织列为世界文化遗产。国家为了保护兵马俑这一庞大的历史文物，于 1975 年开始建设秦始皇兵马俑博物馆,并组织大量专职人员对秦兵马俑进行修复与保护。兵马俑的发掘和保护,构成中国秦文化继承和发展的完整图景,它对继承祖国优秀文化传统、弘扬中华文明都有着积极而重要的现实意义。

秦俑馆是发展中的遗址博物馆,每年接待上百万的中外游客,同时还多次走出国门,先后在英国、美国、加拿大、新西兰、日本等近30多个国家和地区展出,促进了中国与世界人民之间的了解和文化交流。

(二) 欣赏、感受兵马俑

1. 认识俑

师:什么是俑?

师:俑是古代用于陪葬的偶人,秦陵兵马俑是秦始皇陵随葬的陶兵、陶马。这个庞大的雕塑群,本来已经随秦始皇尘封于地下。1974年,西安的一位农民打井时,无意中挖出一个陶武士头,从而发掘出了现在的秦陵兵马俑。内有和真人、真马大小相似的陶俑、陶马近8000件。有车兵、骑兵和步兵等不同的兵种,排列整齐有序,犹如模拟的军阵。我们可以想象在2000多年前的中国:统一中国、所向披靡的秦国军队的威武强大。秦俑的发现被称为是“世界第八大奇迹”。让我们也到西安,去欣赏举世无双的秦兵马俑吧!

2. 初步欣赏兵马俑

(课件展示地图中的地理位置以及兵马俑实景)

(1)你都看到了什么? 有什么感想?

秦俑特点:大、多。

(2)具体体会大和多的特点

兵俑不仅规模宏大,而且每一个兵俑的个头也很高大,他们的平均身高达到了1.8米,是目前世界上最高大的圆雕陶俑。

大:场面大,形体高大。

教师介绍:这个是秦始皇兵马俑坑的平面图,共由三个俑坑组成。其中三号坑最小,却是统领一号坑和二号坑的军事指挥所;二号坑是骑兵、战车和弓箭手组成的混合部队;一号坑最大,是战马和步兵组成的主体部队。国家为了保护这些珍贵的艺术瑰宝,在一号坑的原址上建立了一个举世无双的宏大博物馆——秦始皇陵兵马俑博物馆。

兵马俑博物馆规模宏大,总面积达 19 120 平方米,足有 50 多个篮球场那么大。

3. 再次欣赏兵马俑

师:兵马俑有刻有塑,立体感很强。除了场面大、数量多外,秦俑还具有"精"和"美"的艺术特点。让我们一起去感受一下吧!

展示三种兵马俑图片,感知不同发型、服装、姿势和表情。完成表格。

表 1 兵马俑外形对比表

分类	军吏俑	跪射俑	将军俑	选项
发饰				A. 头戴双卷尾冠 B. 发髻束起 C. 头戴方形官帽
脸部表情				A. 大将风范,气宇轩昂 B. 双眉紧皱,谨慎 C. 自信而恭谨
穿着				A. 身穿方形铠甲,铠甲上有圆钉,手臂有护甲 B. 鱼鳞铠甲、胸口和后背有花结装饰 C. 身穿背心铠甲
姿势				A. 双手交叉放在身前 B. 单膝跪地,两手做持弓弩状 C. 手握武器的姿势,一手张开

(1)发式不同

师:首先来看发式,有的头戴双卷尾冠,有的发髻束起,有的头戴方形官帽,发饰是区分身份的重要标志之一。

(2)表情不同

师:我们再来看他们的表情,可谓是千人千面。

(3)服饰不同

师:着装一样吗?都是士兵,有的穿布衣,有的穿铠甲,不同的人物他们的着装也不同。那兵俑大体上为士卒俑、军吏俑和将军俑。士卒俑指的就是一般的士兵;军吏俑,吏指的是官吏,军吏即军中的小官;将军俑是大将军,高级的将领。

(4)姿势不同

有的双手交叉放在身前;有的单膝跪地,两手做持弓弩状;有的是手握武器的姿势,一手张开。

教师总结:说秦俑"精",是指每件陶俑大到身体结构,小到须发、眉毛,都精雕细刻、一丝不苟。说秦俑"美",是指它塑造了丰富的人物形象。他们中间有高大魁梧、气宇不凡的将军;有威武刚毅、身经百战的武官;更有神情各异、生动传神的士兵。这是古代艺术家们赋予了它们生命和灵魂,使它们升华为中国古代军人的永恒纪念碑。

4. 兵器欣赏(图片展示)

师小结:在我们的课本中还有一个铜车马的图片,这是一组被誉为"青铜之冠"的秦陵彩绘铜车马。它是20世纪考古史上发现的形体大、结构最复杂、保存最完整的青铜车马。俑坑中还发现了种类齐全、数量空前的青铜兵器。兵器铸造的标准化工艺、兵器表面防腐处理技术的发现和研究填补了古代科技史研究的空白。

5. 创作表现

(1)简介兵马俑制作工艺——陶俑工艺,陶俑的制作分三个步骤进行:

第一步先用泥塑成俑的大型(粗胎或初胎);

第二步是在俑大型的基础上,进行第二次复泥并加以修饰和细部刻划;

第三步是将单独制作的头、手和躯干组装套合在一起,完成陶俑的大型。

(2)师作简单示范,讲解制作方法与细节刻画。

(3)作业要求

① 结合兵马俑的艺术特点,运用简单的泥塑手法,塑造一个兵俑。

② 学生创作练习,教师巡回指导。

③ 学生自评、互评,教师评价。

(三)总结延伸

如果推倒你制作的泥塑兵俑,谈谈你有什么感受?

小结:我们的民族文化就像我们今天推倒的泥塑一样,如果我们不爱护它,我们祖先的心血、我们国家的历史文明就会像我们面前破裂的泥塑一样慢慢消失不见。

1. 总结内容

师:这些陶俑完全是模仿着真人(士兵)来塑造的。一丝不乱的头发、坚硬的铠甲以及铠甲上面历历可数的甲钉、富有质感的衣服褶皱、生动逼真的表情刻画,都给人强烈的真实感,显示了秦代雕塑高超的写实技艺。

师：请你谈一谈通过对秦始皇兵马俑的学习，你的感受？

生：兵马俑再现了 2 200 年前中国雕塑艺术的辉煌成就，体现了我国劳动人民的智慧，我们祖先精湛的陶艺技巧值得我们研究学习。

生：秦始皇兵马俑是我们历史文化的见证，是我们国家珍贵的文化财富。

师小结：秦始皇陵兵马俑的发现，不但对研究军事史有着巨大的价值而且对艺术史、科学史的研究具有独特的价值，它再现了 2 200 年前中国雕塑艺术的辉煌成就，为世界了解中国古代文明提供了有利的条件。秦始皇陵的发现被称为"20 世纪最重要的考古发现"，它和埃及、希腊等地的艺术精品的不同之处是以磅礴的气势、巨大的规模、严整独特的艺术结构震惊世界。它使我们仿佛置身于秦朝，看到了雄才大略的秦始皇正指挥着千军万马统一六国的伟大事业。

师：面对这么珍贵的文化瑰宝、世界奇迹，我们应该如何保护它呢？

生：参观的时候不破坏文物，保护我们的文化遗产。

生：向身边的人宣传中华文化的魅力，让大家都能重视传承传统文化，共同保护我们的中华文化。

（视频播放——兵马俑修复全过程）

师：最后，让我们一同再次走近兵马俑，看看文物大师是如何修复这些宝藏的。

2 拓展延伸

师：是啊，同学们，兵马俑值得我们欣赏的内容实在太多太多。我们中国五千年文明，除了兵马俑，我们的前人还为我们留下了数不尽的文化财富，但如果我们不去保护和传承，很多的东西就要慢慢地消失了。

（图片出示：莫高窟壁画、少数民族图腾、良渚古玉、脸谱、皮影等）。

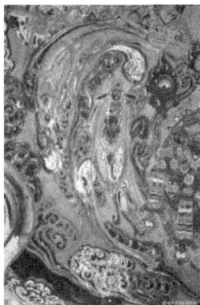

图 1　敦煌莫高窟第 72 窟·飞天（盛唐）　图 2　云南纳西族东巴文化少数民族文化图腾

图3 透雕龙凤纹铜铺首(战国)　图4 中国皮影人物

师:比如:敦煌在甘肃,而敦煌学却不在中国。敦煌学起源于光绪二十六年,但在1914年至1915年,俄国奥登堡率考察队到敦煌和莫高窟,不仅收集到大批敦煌写本,还掠走了第263窟的多块壁画。1921年,在苏俄国内战争中失败的数百名白匪军逃窜到莫高窟,他们在壁画上任意涂抹、刻画,并在洞窟内烧炕做饭,致使大批壁画被火燎烟熏。1924年,美国华尔纳曾到莫高窟盗剥了大面积的壁画,并掠走彩塑。美国有人在研究中国的《山海经》,日本有派来扎在云南的学者研究少数民族文化,韩国人比中国人更像中国人地学习中国文化。中国文化,前所未有地"不属于"我们自己。

师:同学们,我们的传统文化美吗?

生:美!

师总结:中国五千年文化源远流长,我们的传统文化一直在影响着华夏儿女。同学们,你们是祖国的未来、国家新的力量,我们不能忘本,不能让他国文化把我们的文化挤出去,弘扬我们的传统文化,是我们所有人的责任。让我们一起努力,实现习近平总书记"让中国优秀传统文化同世界各国优秀文化一道造福人类"的殷切嘱托和美好祝愿吧,你们能做到吗?

生:能!

(四) 课后拓展

找寻中国优秀传统文化,感受它们的艺术魅力,找寻它们的传承方式。分小组收集资料并选取一个主题进行分享报告,找一找它们的艺术魅力、历史、现状等,写一写你的感想。

四、 教学评价

（一）本课属美术教学中的"欣赏·评述"领域,课中通过问答、表格、小组合作等不同的形式,引导学生了解兵马俑的艺术特色,通过孩子们的自主探究、对传统文化美的感受、文化传承的意义等方面的延伸教学很好地解决了本课的重难点。

（二）课中创作表现是通过动手实践让孩子们体验陶俑的制作,通过作品的展示评价、了解孩子们对秦始皇兵马俑的外形特征的把握程度、对艺术特色的了解程度。

（三）通过小组合作分享、写一写的方式,让学生对文化传承有进一步的了解,唤醒他们的保护意识,在潜移默化中传达文化安全观。

五、 教学反思

本节课教师借助小学美术课程的欣赏文物秦始皇兵马俑的内容,引申出对中华文化的感知、认同;通过对兵马俑艺术特色的学习,让学生感受中国工匠的高超技艺。本课属于美术课"欣赏·评述"领域,秦始皇陵兵马俑是世界文化遗产之一,是中国古代雕塑艺术的杰作,具有极高的艺术价值。

本课结合了兵马俑的艺术特点,让学生感受中国秦朝雕塑艺术的高超水平。中华文化绵延几千年,形成了深厚文化传统,兵马俑的秦文化、艺术文化都体现了中国人世代积累的知识智慧。本课导入部分用了 70 周年阅兵仪式的视频,首先让孩子们感受祖国的强大;接着通过兵马俑的磅礴气势让学生感受我们泱泱大国开拓进取的精神风貌,由此引申出对祖国的自豪感,让孩子们感知中华传统文化的魅力;最后,教师借助本课内容延伸至优秀传统文化的保护,激励学生能继续关注传统文化的传承与发扬。以此加强中国文化自信,树立文物保护的意识。

学生 A:通过对秦始皇兵马俑的学习,第一次让我感受到了中华文化的震撼,在千年以前,我们的人民就有这样的智慧和技艺创造出秦始皇陵,是多么地不容易,同时也让我觉得很骄傲,我们祖国有如此多的艺术成就值得我们欣赏,以后有机会我一定要去看一看!

学生 B:通过这节课的学习,我最大的感受是我们的国家有太多美的东西值得我去发掘了,以后我一定要多出去走走、看看,多学习。同时,作为新时代的小学生,我也感受到了我们的责任,一定要把我们的传统文化继续传承和发扬下去,我们的祖先太伟大了! 我为我是炎黄子孙而自豪!

六、 资料链接

（一）70 秒回顾 70 周年阅兵画面：300 秒回顾国庆 70 周年大阅兵!

（二）揭秘! 兵马俑修复全过程.

七、 扩展链接

（一）秦始皇陵博物院官网.

（二）国家地理历史纪录片：中国兵马俑.

社会安全之特警叔叔我想对你说

金华市宾虹小学　陈方川

一、课程简介

（一）课程题目：社会安全之特警叔叔我想对你说。

（二）适用于体育课。

（三）对象：小学五年级。

（四）场景要求：普通教室或阶梯教室（有开阔的场地进行示范）、操场。

（五）道具物料：特警队装备，包括但不局限于防爆盾牌、钢叉、特种车辆、枪械等。

（六）规模范围：班级教学（40人左右）。

二、教学目标

（一）国家安全教育目标

特警部队以及不局限于特警部队的警察、军队等国家暴力机关是国家稳定的基础，是社会和谐稳定最有力的保障，所以我们要尊敬和爱护警察、爱国家才能让自己的生活越来越好。

（二）认知目标

知道并能说出特警的主要工作任务。

(三) 技能目标

掌握简单的摆脱动作,并能在特定的环境下学会如何摆脱暴恐分子并且寻求帮助。

(四) 社会适应

培养冷静思考、勇敢果断的良好意志品质。

三、 教学过程

(一) 准备部分

1. 导入

(1) 观察图片取信息,学生注意牢牢抓

教师:同学们,今天我们的课,要从看图说话开始,请仔细观察两张图片,这张图片能告诉我们什么(对比图:热闹繁华的街头实景和满目疮痍的骚乱城市)。

教师:我们从这两张图片能获得什么信息呢? 请同学们举手回答(学生回答,并进行归类)。

(2) 对比图片找不同,设身处地真有效

教师:很好,同学们都说得很棒。我们把两张图片进行对比,可以看到,第一张图片是我们生活中的非常常见的一幕,就是一张普通的街头景色。第二张呢? 是非常混乱的街头景色,前面有同学说了,在打架,在互相伤害。如果是你,你希望是生活在第一张图片中,还是第二张图片中呢? 为什么?(学生回答,教师总结归纳)

(3) 得出结论很明确,牢记社会和谐靠稳定

教师:是的,这就像我们现在的生活,只有在安全、稳定的环境下,我们才能够安安静静地坐在教室里读书、上课,对不对?

2. 建立联系

(1) 根据图片找问题,设置情景"我如果"

教师:那么,如果第二张图片的情景真的发生在我们身边,我们该怎么办呢?(学生回答)

图 1　圆形防爆盾

（2）图片当中找线索，转化实物更有效

教师：很好，都说得非常好。但是老师先不说，我们先来看样东西。第二张图片中左边穿黑衣服的人拿的是什么？（棍子）右边呢？（盾牌）同学们请看，这是什么！

教师动作：从黑塑料袋里拿出圆盾牌。（如图 1）

（二）基本部分

1. 紧密之前建立的联系，牢牢抓住学生的注意力

（1）器械到人身边找，想想四周都是"你"

教师：同学们，从器械上可以看到，这个是警察、特警的盾牌。对，遇到这样的事情我们要找（警察）。同学们，我们现在坐在教室里看书写字，是警察叔叔、阿姨们给我们的保障对不对？（对）可是警察也分很多种哦，比如我们出去玩的时候经常看到天天在路上巡逻的民警、交警等。

（教师展示图片）（见图 2、图 3）

图 2　校门口执勤的警察叔叔

图 3　校门口执勤的警察叔叔

（2）帅照引关注，特警出场不突兀

教师：还有一种警察我们也听过，但是一般我们看不到或者分辨不出他们——特警。（展示图片如图 4）那么你们想了解特警吗？我们来看一则短片。（资料链接 1：特

警攻坚行动宣传片）

图 4 　在金华火车站执勤的特警叔叔

教师：同学们，特警叔叔帅不帅？我们可以看到，在暴恐分子采用极端方式的时候，特警叔叔就会像利刃一样消灭歹徒，使我们的社会生活稳定。

2. **关注学生基础，从零开始不难学**

（1）再用图片做文章，设置难题引教官

教师：我们前面说到，遇到第二张图片的情况时，我们要找？（找警察）但是警察还没来呢？接下来有请我们的特警叔叔登场！

（2）教官出场惹尖叫，学生学习更有劲

教官：同学们，我们今天来一起学习一下碰到暴恐分子我们要怎么办。首先，游泳都知道吧？我们第一个要学的是"游泳式"（如图 5）（所有同学起立，与教官一起进行练习）。我们可以从对方的腋下或者其他空隙中钻过去。

教官："游泳式"有一个较大的缺点，就是我们的后脑勺会有部分裸露。大家都看过奥特曼吧？他的大招是什么样的，知道吗？（学生示范，教官展示图片，如图 6）对的，我们把手往上提，就是我们另一个保护动作，叫"头盔式"。

图 5 "游泳式"动作示范

图 6 "头盔式"动作示范

3. 游戏教学更有趣，小小比赛显实效

教官：同学们都做得很好，接下来我们来一起玩个小游戏，同学们两两一组，相互摸对方肩膀，另一个同学不让他摸到（学生开始游戏）。

教官：教官有一个很好的办法，大家看（学生观察）。当他来摸我的肩膀时，我用手格挡开，然后做"头盔式"防护动作，大家看是不是很有效？

（学生再次练习）

小比赛：双方各进行5次摸肩膀游戏，初始分5分；被拍到1次，就扣1分；没被拍到加1分；最后根据结果进行计分。

4. 教师点评很重要，知识要点须记牢

教师：同学们，特警叔叔厉害不厉害？（厉害！）为了让同学们对特警叔叔有一个更深入的了解，老师要和同学们再次隆重地介绍一下：特种警察，简称"特警"，又称"SWAT"，特警是指隶属于非军事部门的，以反恐、对抗火力强大的犯罪分子等行动为主要任务的作战单位。他们不同于民警管辖社区治安和交警管理交通，一般以反恐、对抗火力强大的犯罪分子、解救人质等为主要任务。

5. 知行合一，学以致用

（1）爱不释手都是爱，满眼装备"你真帅"

警用装备参观：

警用装备共分四个展区，分别是车辆展区、枪械展区、防爆装备和特种装备四个展区。学生分批次进行参观、体验，零距离了解特警部队，建立起"特警部队的这些装备就是保护我们的装备"的概念，让课堂目标真正实现。

警用车辆：重型巡逻摩托车、轻型越野摩托车、装甲车、防暴车。

警用枪械：九五式步枪、九二式手枪、霰弹枪、八八式狙击枪。

防爆装备：防爆盾牌、防暴钢叉、防爆锁脚器、橡胶棍等。

特种装备展区：防爆拆弹装备、车辆轮胎爆破装置、防弹盾牌等。

学生共分四个小组进行参观体验，一定时间后轮换。

（2）情景模拟真实操，犯了错误要挨批

情景演练：模拟暴恐分子对学生进行侵害。要求，学生尽可能进行逃离；如果有警察，要躲到他们身后，不观望，不逗留，以最快速度往开阔处离开现场。特警到达现场后，对暴恐分子进行布控和捕获。学生如果有错误，教师要及时点评，并要求学生进

行第二次模拟。

（3）模拟训练

负重接力赛：学生 10 人一组，左右各 5 人，分别站在间隔 25 米的跑道上面对面成纵队站立。手持防爆器械，听到声音信号后同时出发，并计时，以最后一个同学手持器械回到起点为结束。比赛用时短者名次靠前。

（4）情景模拟游戏：学生 10 人一组，1 人扮演歹徒，2 人扮演警察，7 人扮演路人，在 10 M * 10 M 的场地内随意走动，歹徒进入场地后学生开始逃跑。20 秒后警察扮演者进入场地，想办法控制歹徒。规则：①路人不能被歹徒抓到，不然被判出局。②歹徒不能被警察碰到，不然被判出局。③警察入场后不能有路人出局，不然会被判失败。

（三）结束部分

点评：教官讲完学生讲，教师点评保"疗效"。

1. 学生对刚刚的情景模拟讲讲自己的体会（两到 3 个学生）。

2. 教官对于学生在情景演练中出现的问题进行反馈和点评。

3. 教师点评。

同学们还记得我们的第二张照片吗？其实那些和警察对峙甚至攻击警察的人，本来不应该站在那里，他们不应该成为对立关系。他们受到外国一些别有用心的人蛊惑，才会站在人民和警察的对立面。如果想要我们的生活一直是第一张照片中的情景，要安全稳定地生活，这不仅仅是要求警察叔叔为我们守护着的，更是要求我们每一个人一起努力的。就像刚刚的演习，如果每个同学都不听话，警察叔叔能顺利控制住歹徒吗？还有这次疫情，全社会一起努力，才能在短时间控制住，我们才能正常地上下学。所以同学们，只有我们自己爱自己的国家、我们的国家、我们的家、我们自己，才会越来越好。

（四）课后拓展

1. 完成知识答题卡。

2. 完成实践作业：国家安全我能做（二选一）

（1）文化安全之信仰之路：以小组为单位（建议 5 人一组），探访位于金华义乌市的陈望道故居，了解陈望道生平事迹，并将《陈望道与墨汁》的故事用图画、照片、话剧等形式展现出来。

（2）社会安全之文明守序人：以小组为单位（建议 8 人一组），在本地市较为繁华的路口分发《做文明守序金华人倡议书》，完成"共享单车回家"任务（将停在线外的共享单车、电动车等停到指定位置），并将过程中有趣的故事用图画、照片、话剧等形式展现出来。

四、教学评价

（一）反馈形式

1. 通过动作互动的游戏得分反馈观察学生的知识技能掌握

课堂中我们设计了学生相互拍肩膀的游戏，经过多次练习后进行比赛，每个学生初始分 10 分，被拍到 1 次，就扣 1 分，没被拍到加 1 分，最后根据结果进行计分。

2. 通过模拟训练，体会特警叔叔

课堂中我们设计了负重接力，让每个孩子感受特警叔叔在日常训练时的辛苦，我们看到的帅气动作，都是特警叔叔每一滴汗水的积累。通过接力排名的方式让每个参与者都能全身心地投入到比赛中。

3. 通过情景模拟游戏，让学生掌握正确的逃生方式

课堂中我们设计了游戏，让学生通过角色扮演的方式模拟情景，让每个参与者都掌握正确的逃生方法，并通过学生互评的方式让学习过程和结果更具效能。

4. 通过知识问答的结果看教学目标是否达成（如图 7）

我们根据课堂内容，设计了不同情景下的选择以及和今天课程相关的问题，通过最后的结果，可以了解学生对于本次课的知识、技能的习得情况。

（二）通过实践活动总结，升华学习效果（如图 8）

我们根据学生的课堂学习程度，安排了两个主题的实践活动供学生选择，让学生通过小组化的实践活动，身体力行地参与到社会活动的环节中去，感受社会稳定的来之不易。

《国家安全·特警叔叔我想对你说》学习卡

班级： 姓名： 学号：

一、判断题（10分）

1. 小红今天和特警叔叔学了几招，准备用来欺负同学 ·············（ ）

2. 有一天小明去外面玩，碰到路上有暴恐分子走过来，他很好奇，一直躲在边
   上看 ·············（ ）

3. 后来，小明去外面玩，他又看到有暴恐分子走过来，他马上跑走了，可是跑了半
   天没看见有人来，他又跑回去看热闹去了 ·············（ ）

4. 又有一天，小明去外面玩，他又看到有暴恐分子走过来，他马上跑着回家，
   然后拨打了110 ·············（ ）

二、填空题（10分）

1. 遇到暴恐分子，我们应当_____

2. 你认为最有效的杜绝图二情景出现的方式是：_____

三、主观题（60分）

1. 图二的场景发生在你的身边，你会怎么做？

2. 本次活动，你最喜爱的内容是哪一部分，为什么？

3. 请写一段你最想对特警叔叔说的话。

四、请你画一幅和特警有关的画（可另附纸张）（20分）

游戏得分 （总得分 * 4）	答题卡得分 （总得分 * 30%）	实践游戏互评 （请给同组的歹徒、警察、 路人的表现评分，满分50分）	总分
签名：	签名：	签名：	

图7 知识问答得分表

实践活动页

我的主题(二选一): 1. 文化安全之信仰之路:以小组为单位(建议 5 人一组),探访位于金华义乌市的陈望道故居,了解陈望道生平事迹,并将《陈望道与墨汁》的故事用图画、照片、话剧等形式展现出来。 2. 社会安全之文明守序人:以小组为单位(建议 8 人一组),在本地市较为繁华的路口分发《做文明守序金华人倡议书》,完成"共享单车回家"任务(将停在线外的共享单车、电动车等停到指定位置),并将过程中有趣的故事用图画、照片、话剧等形式展现出来。
小队名称: 小队成员:
精彩瞬间:
活动心得:

图 8　实践活动页

五、 教学反思

(一) 教学设计反思

本课根据引起注意、建立联系、增强自信和获得满意四个方面进行设计。

1. 引起注意:本课通过两张对比强烈的照片引起学生注意,通过情景设定,让学生思考这两张照片发生了什么,如果位置对调,我们喜欢吗?

通过询问学生喜不喜欢这样的生活,引出社会稳定对我们生活的影响这一国家安全教育元素。然后通过教师的语言引导,开始建立联系。

2. 建立联系:学生对于社会安全稳定已经有了一个初步的认知,并且和自己生活有了一个较为简单的联系,为此,我们设计了"如果我"的概念,让学生设身处地想象在那样的场景下该怎么办。随后我们从第二张图片中警察手上的圆盾开始,到自己拿出圆盾,让图片变成实物,把和学生无关的东西牢牢地和学生绑在一起,并以此引出警察维护社会稳定的概念。

我们将平常生活中出现的场景进行展示,同时将较为"神秘"的和特警相关的知识作为主教材,让学生把社会安全稳定与自己的生活进行关联,并通过视频刺激学生,抓住学生的注意力,为后面的部分进行铺垫。

3. 增强自信:对于社会安全,作为相关知识储备为零的小学生,我们在教学中通过图片展示、动作教学,让学生在游戏中掌握动作。为此特别邀请特警队的一线教官,根据学生特点设计了一些简单的动作教学,并融入了摸肩膀的小游戏,让学生能够更好地学习课堂内容。

在讲解中了解特警的不容易,让学生知道这个社会总要有人为光明而负重前行。

4. 获得满意:学生通过学习、练习、游戏和情景演练四个支撑步骤,一步步地掌握如何应对特殊事件,经过对各个特警装备展区的参观和体验,最后通过点评和学习卡,将整堂课的内容升华,让学生对安全知识入脑入心。

(二) 教学后感

本次教学最深的感触就是学生对于特警的那种由好奇到崇拜的情绪转变。本次课堂学生的学习氛围一共有六个爆点,并且呈逐渐升高的上扬趋势。

第一次爆点在拿出盾牌的时候,从照片到实物是所有学生没有想到的,教师通过变魔术的手法,把实物盾牌拿出来的时候,是所有学生想象不到的,这也真的让学生建立起了教学内容与自身的联系。

第二次爆点是播放特警宣传片的时候,学生们惊叹连连,但是视频内容对于学生来说还是存在于画面,是一种"比较特别""好帅"的概念,与学生的联系还不够紧密。

第三次爆点是特警进课堂的时候。一线特警的气质瞬间吸引了所有孩子。经过三次爆点,孩子们在特警讲课的时候特别认真。之后的课堂氛围一直很热烈,到了游戏环节,每个孩子都全身心地投入进去了。

第四爆点是实景参观的时候,特别是警用枪械、装甲车和特种装备三个展区,而且由于特警叔叔特别"宽容",让孩子坐在发动起来的摩托车上拧油门,拿着狙击枪东瞄瞄、西瞄瞄,甚至爬到装甲车里东摸摸、西摸摸,大大提高了孩子们的学习兴趣。

第五个爆点是情景模拟。经过第一次失败的演练(学生主动跑上去打"暴恐分子"),第二次演练的最后捕获环节,同学们自发地为特警鼓掌。

第六个爆点是情景模拟游戏。每个孩子都争着要当特警,最后只能通过"石头、剪子、布"的形式决定谁当特警,说明特警高大威武的形象已经在孩子心中树立起来。

以上六个爆点让学生的学习情绪一路上扬,让学生沉浸学习。最后教师又把学生拉回来,通过点评,把第二张图片中为什么会有人站在警察的对立面这一问题抛出来,把维护社会稳定不仅仅要靠警察,更要靠我们每一个人来实现这一概念引出,让学生知道只有我们自己爱自己的国家,我们的国家、我们的家、我们自己,才会越来越好。

通过答题卡,我们可以一窥本课的学习成果:"'谢谢你,给予我们宁静的生活';'谢谢你,我们才能茁壮成长';'谢谢你,所以,长大后我要成为你'!"

(三) 学生反馈与课堂实景(图9—21)

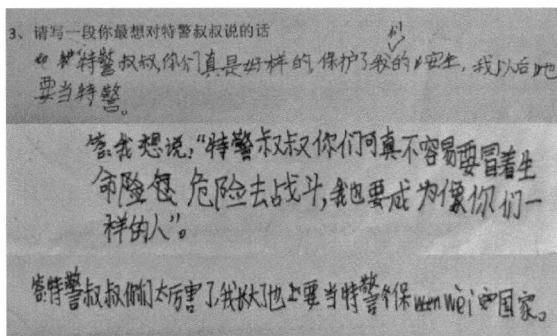

图9　特警叔叔,我想对你说 1

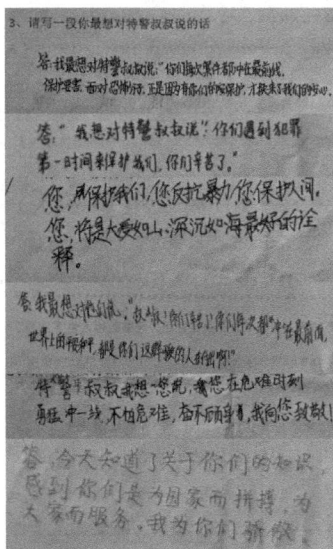

图10　特警叔叔,我想对你说 2

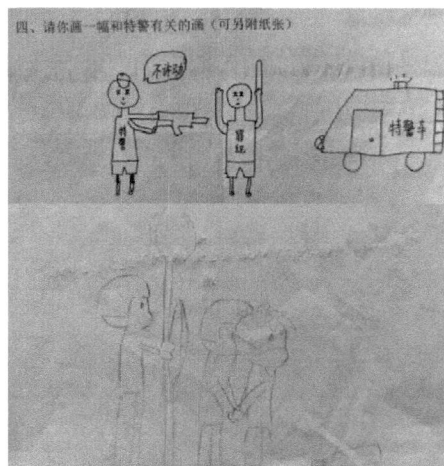

图 11　特警叔叔,请允许我为您画幅画

图 12　防暴演练现场

图 13　真·瞄准

图 14　天哪,这是装甲车吗

图 15　原来有这么多的知识啊

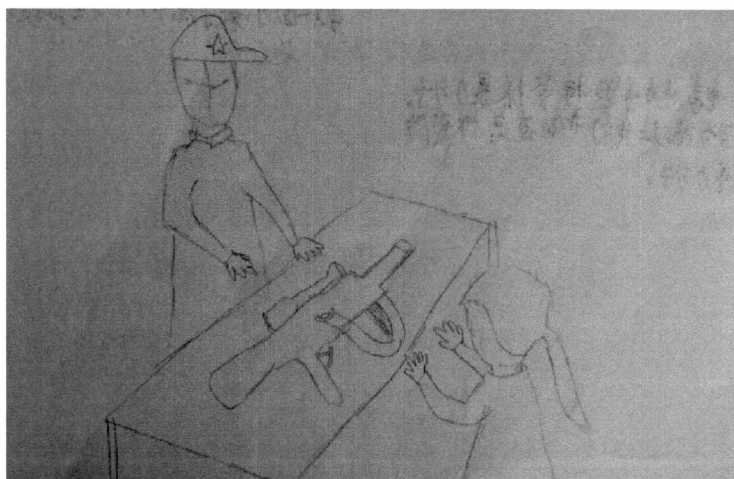

图 16　真·摸枪

图 17　张晓警官为学生们做讲解

图 18　大家看我像不像特警叔叔

图 19　特警叔叔为大家展示装备

图 20　特警叔叔,您是我心目中的英雄

图 21　真幸运能和特警叔叔们一起拍合照

幼儿园篇

打倒病毒我不怕

宁波市奉化区第三实验幼儿园　管亚妮　徐丹青

一、 课程简介

　　2020 年是较为特殊的一年,新型冠状病毒来势汹汹,幼儿园无法开展正常的教学活动,幼儿长时间宅家容易影响身心健康,家长缺乏专业知识与技能的无法保障开展的活动是科学的。与中小学采取的全面实施云端教学不同,幼儿的身心发展特点决定了幼儿园不能也不适合完全采取云端。本课程是在新型冠状病毒公共卫生事件危害幼儿健康和生命安全而采取的适用于该情况的教育教学、心理疏导等相关干预措施,具体为教师利用新媒体如微信、钉钉、电话视频等现代化手段传播教育内容,家长完成教学活动,家园合力为幼儿打造一个全新的"半云式"教育模式。

二、 教学目标

　　(一) 依托半云,助力幼儿疫情期身心健康发展。

　　(二) 立足资源,家园共建"半云式"教育活动新内容。

　　(三) 聚焦疫情,摸索一套适用于疫情期的幼儿园教育机制。

三、 教学过程

(一) 疫情下教育危机，多窗口霸屏

1. 窗口一： 新冠抽象，幼儿不解，防疫意识浅淡

疫情对前线的影响无疑是巨大，同时也给千里之外自我隔离的每一个人的生活带来了天翻地覆的变化。被迫宅在家、正常的一日生活作息被打乱的幼儿在无所事事的情况下出现睡眠不规律、胡吃海喝、长时间使用电子产品等情况，对身体健康造成一定伤害。且由于幼儿情绪控制能力处于萌芽阶段，对事物有强烈的好奇心与探究欲，想要接触新事物是内在需求的外化表现，单纯让幼儿长期宅在家对幼儿而言是一种酷刑，易产生焦躁不安、百无聊赖的情绪，心理方面极容易出现问题。同时大部分家长在给幼儿描述新型冠状病毒时都是比较简单地告知幼儿："外面病毒传染了很多人所以不能出门，出门要戴口罩，回家要洗手。"在此情景下，对新型冠状病毒认知不到位、获得疫情的途径较少的幼儿做不到长时间宅在家中，容易出现"我想和病毒出去一起玩"的呼声。

2. 窗口二： 家长焦虑，教育受阻，应疫能力微弱

疫情前期，幼儿长时间宅在家，束缚天性，家长因无法外出工作，有时间陪伴幼儿。但由于缺少科学的育儿知识且材料与空间有限，家长展开的亲子活动种类较少，造成幼儿易失去兴趣、家长缺乏进一步引导的耐心的情况。随着时间的推移，复工浪潮的开始，双职工家庭又面对着新的困境：父母不在家，幼儿的日常生活需要自理或由祖辈进行教养，因自身或祖辈的溺爱缺少自律性，造成生活作息絮乱、教育教学一度中断的情况。

如何利用简单安全且有效的材料，引领幼儿健康科学生活与学习，是疫情期间家长们分外关注与思考的问题。家长希望幼儿在家能够保持良好的生活作息，并做一些适量的运动。以及有良好的资源、用科学的方式给幼儿描述新型冠状病毒，帮助幼儿认识到不出门宅在家的根本原因。同时，复工后，何时、如何开学也是家长们迫切想要知晓的。

3. 窗口三： 教师困滞，反思技穷，解疫经验寡陋

疫情阻碍人们的正常见面，也阻碍了正常教学活动的开展，教师无法与幼儿进行

面对面交流,对幼儿的身心健康不甚了解:疫情前期还未大面积爆发的时候幼儿们去过哪里?能够在家里不出门吗?幼儿在家的一日作息是如何的?长时间宅家内心又是怎么想的?对新型冠状病毒是否有正确的认知?对待新型冠状病毒是否害怕?家长中是否有积极投奔防疫工作的?家有长辈在抗疫一线的幼儿是否害怕?……

同时教师对于无法展开正常的教学活动也是充满焦虑。疫情会持续到什么时候?疫情期间的教育教学活动怎么开展?没有相关线上教育教学经验,如何能顺利开展教育教学活动?相关部落项目活动又可以如何推进提升幼儿居家学习质量?教研活动如何开展众筹团队智慧应对教育危机?

表1 幼儿、家长、老师三方在疫情期间的问题

		问题
三方焦虑	幼儿	1. 生活作息打乱 2. 各种心理问题 3. 新冠认知有限
	家长	1. 育儿知识缺乏 2. 复工无人教养
	老师	1. 幼儿身心健康 2. 教学活动开展

(二) 疫情下教育契机,各配置升级

1. 应疫制度配置: 内容新建

疫情初期,疫情是第一命令,幼儿园做好疫情防控是当前最重要的工作。我园第一时间建立疫情防控机制,组建专门的队伍,由行政班子统一决策、组织、指挥本园应对疫情的处置工作。在初期就形成完整的应急预案和实施方案,确保环节紧密衔接,做到快速反应、正确应对、处置果断。

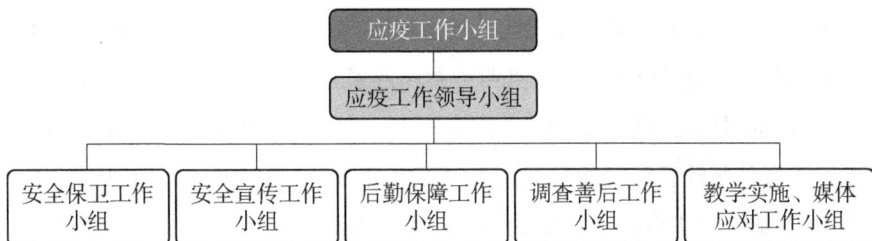

图1 我园应疫工作小组

2. **教育教学配置：方式改革**

教育教学方式的改革分为教育教学内容的改革、教学传播方式的改革。

- 儿童故事：绘本、故事分享等。
- 儿童歌谣：手指游戏、儿歌等。
- 科学实验：科学小实验等。
- 趣味运动：小游戏、律动操等。
- 手工画画：折纸、绘画等。
- 生活技能：生活技能学习等。

图2 我园教育教学活动提供的六大内容

教育教学方式的改革首当其冲的就是教育教学内容的改革。与传统教育教学五大领域为内容、持续时长不同，"半云式"教育是在疫情期间展开的，家庭空间有限、材料有限、新媒体手段有限，势必需要筛选内容、限定时长。为了更好的服务幼儿，提供形式多样、内容有趣的教学活动，身处各地的老师们利用"互联网"共同汇聚在显示屏前，开展线云教研。教师将传统的五大领域核心内容提炼出来，针对当前情况将时间限制在三分钟以内；将教育教学内容定为六部分，分别为儿童故事、儿童歌谣、科学实验、趣味运动、手工画画、生活技能。

教育教学方式的改革离不开教育教学传播方式的改革。传统的教学传播方式为教师与幼儿面对面展开教学活动，幼儿能够直接和老师进行沟通。疫情期时空阻断，教师需要寻求新的教育教学传播方式——教学传播方式从面对面教学到屏对屏教学。这对教师提出了新的要求，需要认真筛选幼儿活动内容的来源之后，学习录制方式，为幼儿提供良好的、易接受的、操作便捷的教育教学音频或视频。例如：需要录制儿童故事的老师学习喜马拉雅 app 中音频的录制与配乐；需要录制视频的老师学习剪映、爱剪辑等软件中字幕的应用与场景的转换。最终，教师们在摸索学习后，通过钉钉视频相互交流经验，为幼儿提供优良的教学资源而努力。

3. **教育主体配置：职能转变**

（1）教师由教育者向服务者变迁

幼儿教育的特点决定了幼儿教师是教育的主体，是教育活动的组织者和实施者。幼儿园环境决定了幼儿园的教育功能。疫情期间，教师不能零距离接触幼儿，不能与幼儿面对面开展教育教学活动。幼儿身处封闭的家庭空间，家庭环境代替了幼儿园环境，既是物理空间更是情感空间和文化空间。这一外在条件的转变决定了教师由教学活动的教育者到服务者职能的转变。教师筛选合适的网络资源后进行内化后，以音频、视频作为输出方式将教育内容提供给家长，并对后续持续跟进，服务于幼儿。

（2）家长由支持者向实施者渐变

苏霍姆林斯基曾说："没有家庭教育的学校教育和没有学校教育的家庭教育，都不可能完成培养人这样一个极其细微的任务。"毋庸置疑，幼儿教学活动的展开离不开家长的支持。然而，疫情期的特殊情况急需家长角色的转变。在疫情期间，教师是教育内容的传播者，家长则是教学材料的提供者、是教学活动展开的陪伴者，是教学活动的实施者。教师提供线上教育资源，家长推进线下教育进行，家园合力为幼儿打造一个轻松有趣、探索思考的教育环境。

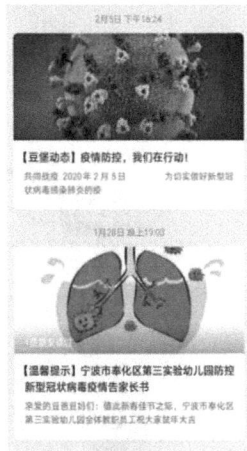

图 3　公众号防疫宣传

（三）疫情下教育转机，新程序编译

1. 一级宣教程序：消虑为安，有效加强防疫意识

（1）童眼认知，科普防疫知识

引导幼儿正确认知新型冠状是疫情初期最重要也最为关键的一点。疫情初期，新型冠状病毒的相关信息基本为幼儿难以理解的文字或专业术语。我园敏锐地意识到这问题所在，通过多方式进行宣传，意在帮助幼儿正确的认知新型冠状病毒，了解其危害不过分害怕。我园通过公众号宣传帮助幼儿获取疫情相关资讯；借助卡通式的防疫宣传手册帮助幼儿正确认知新型冠状病毒；利用喜马拉雅 app 等现代化手段，为幼儿提供大量的帮助幼儿认识疫情的资源：一些优秀的关于描述疫情的绘本，如《不一样的春节》《妈妈的秘密》《妈妈要去打怪兽》等；善用新媒体途径为幼儿讲述医护人员前线支援、普通人员坚守岗位等等优秀事迹，正面引导，给幼儿传递战胜疫情的积极态度和信心。

（2）多元支持，疏通心理焦虑

疫情期间我园提供了多方式、多途径的心理支持。

教师利用网络与幼儿进行语音、视频互动，交换彼此的思念与问候，及时掌握幼儿心理变化，疏导幼儿心理焦虑，确保幼儿心理健康。关注幼儿日常生活，积极互动，在家也能感受教师的关怀。例如：我园绿野三班举办的"主题约会"活动，依据幼儿兴趣特点分为：光盘行动小组、成果展示组、运动打卡组、家务能手组，师幼利用微信视频连线分享自己的生活，与同伴相互分享，与教师相互交流。

图4 我园绿野三班"主题约会"打卡　　图5 幼儿成果展示　　图6 师幼视频

　　教师还依托电话、视频等简单安全的特殊家访形式了解孩子们的居家情况：在爸爸妈妈的陪伴下幼儿享受着三口之家的幸福与温情；在三世同堂的家庭里，帮助长辈做力所能及的家务劳动，贡献自己的一份力量……老师们通过在线"云"家访，将关爱送到了每一个幼儿的家里，帮助幼儿在疫情期间做好心理防护，给予家长科学的教育策略。一句句贴心的问候、一次次真心的交流，也温暖了每一位家长的心。家长们也纷纷透过小小的屏幕与老师交流幼儿们的居家生活、健康状况和行为习惯，并对幼儿园在特殊时期采取的线上"云"家访赞不绝口。幼儿也很喜欢这样的见面方式，深深地感受到老师们的关心、爱护和温暖。

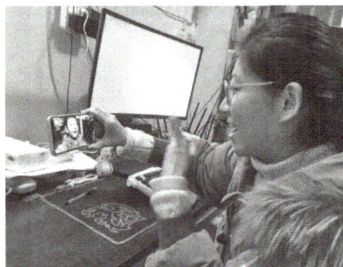

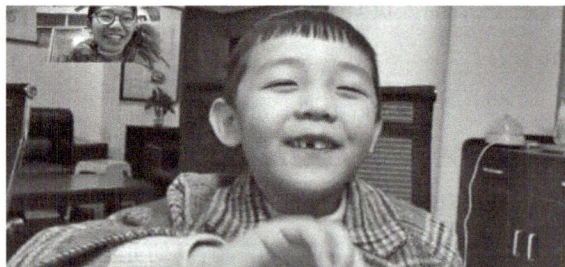

图7 我园教师与杨浩鑫小朋友视频

对于直系家属在战疫一线的幼儿,我园更是提供个性化指导,送去关心与温暖。我园杨浩鑫的妈妈印娜在武汉同济医院光谷院区支援,尽心尽责地战斗在抗疫第一线。得知这一消息后,幼儿园即刻组成"关爱行动"小组,通过网络连线了解杨浩鑫小朋友的假期生活情况,依托微信交流"一对一"为孩子提供个性化指导,并通过视频电话对孩子进行心理疏导,送去关怀爱护,树立信心,解除白衣天使妈妈的后顾之忧。

2. 二级玩学程序: 破乱为序,有效提升应疫能力

幼儿宅家时光中,我园将由幼儿园组织的、以幼儿教师为指导主体的、通过音频、视频等线上形式传播的教育内容称为居家玩学教育内容。主要包括生活技能、科学实验、儿童歌谣、手工画画、趣味运动、儿童故事六方面。每一期的居家玩学教育内容都是基于当前家长与幼儿需求的、符合幼儿身心发展特点的、渗透防疫知识的。同时,居家玩学教育内容是适合亲子进行体验的,能够提升家长陪伴质量、亲子互动质量,促进亲子沟通,增进亲子情感。

为了更好地直观的感受幼儿们的学习情况,我园针对居家玩学内容向家长下发了一份幼儿视角的调查问卷。由问卷反馈得知,幼儿更喜欢手工绘画、儿童故事、趣味运动三块内容。针对这一情况,教师以在材料易得的情况下提供更贴近幼儿需求教育内容为目标展开了研修。

Q2:孩子更喜欢哪类学习内容? (可多选)

答题人数: 514

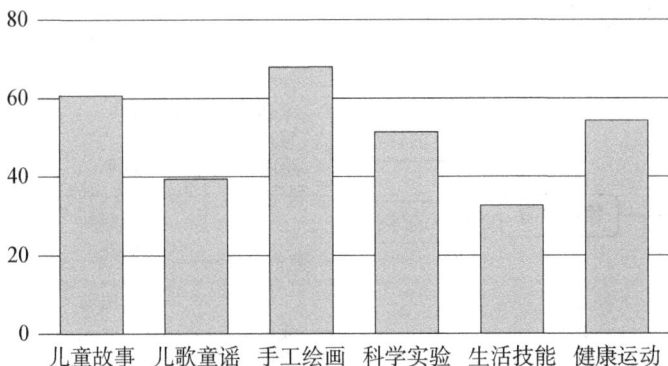

图8　居家玩学内容调查问卷

研修时,教师纷纷提出居家玩学教育内容应该如平日开展的教学活动一般有主题、有脉络,能够链接不同幼儿的真实经验和发展需要,引导幼儿从浅至深进行学习,但因区域、材料等条件限制,可适当进行简化,抓住一个小点深入探究。教学内容应进行深入剖析,提炼核心经验、关键能力、情感态度,结合各方资源,融合生活与游戏,整合认知、实践与表达,以幼儿为中心进行适当调整,给幼儿带来更全面与深入的探索与学习。

因此,后期的居家玩学内容在各教研组审议下,更具有可行性、教育性、趣味性,充分满足幼儿需求。

以《向阳草木青,明媚春光暖》居家玩学活动为例:首先引领幼儿思考"春的脚步"(春天的变化),穿插绘本故事《春天什么时候来》音乐《春雨》,以图文结合、律动等方式去探访"春的秘密"(春天在哪里),再通过"春的体验"(春天的活动)接触春日的美好,最后以"春的滋味"(春天美食制作)品尝春天。整个活动链接感知春天的季节特点,了解春的知识,让幼儿在与父母共同参与中感受春天独有的魅力。

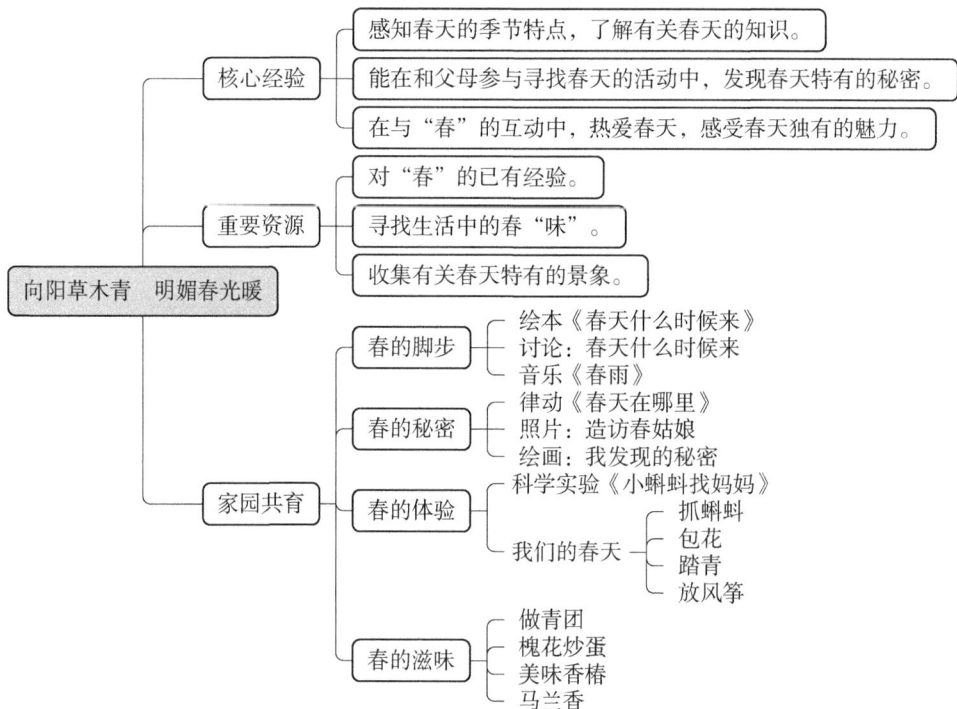

图9 《向阳草木青,明媚春光暖》主题教学活动网络图

3. 三级项目程序： 聚散为合，有效习得解疫经验

疫情防控攻坚，2020 年春季学期迟迟未开，直至五月中旬本地区才分学段陆续开启。随着复工浪潮的开启，双职工家庭开始了忙碌的工作时光，家中的幼儿基本由祖辈带领。居家玩学的教育内容不再适用于当前情况。如何充实复学前的时光开展适合的教学活动，我园提出了部落游戏项目活动。

部落游戏是我园独具特色的项目活动，是在区域时间开展的混班式游戏。由于处于特殊时期，混班模式改为以班级为单位开展项目活动。借助"问卷网"在梳理幼儿经验，教师将微信作为平台及时与家长进行沟通，将家、幼儿园两地点作为开展部落游戏的场地，推动部落游戏项目活动新形式的建立。

以大班秀秀部落为例，时临五月，距离大班幼儿毕业也仅仅只是一步之遥了。按照往常，一场毕业典礼是少不了的。然而，若是正常举行毕业典礼，疫情的特殊情况不适合大范围的聚众；若是不举行，这必然是幼儿、家长、老师多方的遗憾。如何解决这一问题呢？

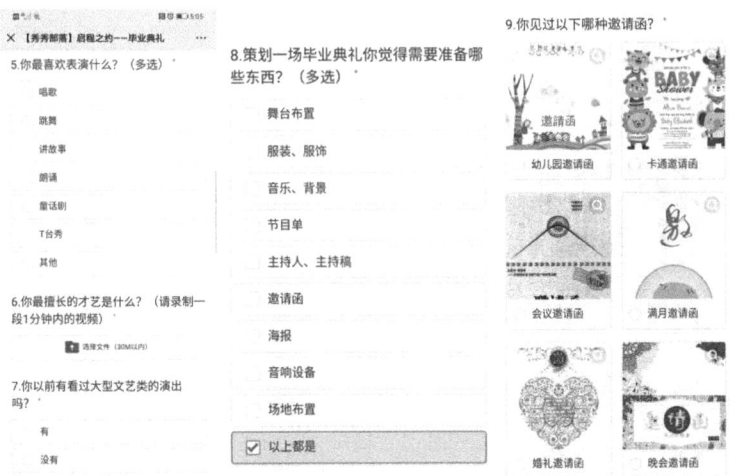

图 10 "秀秀部落"已有经验问卷调查表针对节目和场布的部分调查内容

疫情前期幼儿宅家生活可以充分利用。以秀秀部落为例，利用问卷网，了解幼儿的兴趣与基础，根据幼儿的已有经验、能力表现，在项目开始之前自愿组建不同组别——节目组、场布组、道具组。在分组的基础上有针对性地进行指导，节目组根据同类节目进行整合，利用疫情假期在家提前练习，解决开学延期节目编排的阻碍；场布组

在家长的帮助下了解场景步骤,设计心目中的毕业典礼场景,通过视频连线商讨出方案;道具组根据节目以自己喜欢的方式设计节目单与邀请函,商量所需准备材料。家长视频打卡、填写问卷,教师微信沟通,持续跟进动态展现不同幼儿的能力发展。

疫情后期来园区域时间,不同组别幼儿展现自身成果,共同商讨出节目顺序、场景布置、道具准备等举办一场毕业典礼所需注意事项,抓紧时间进行团队练习,提升默契程度。教师根据不同幼儿不同能力有针对性进行指导。在结果汇报的毕业典礼中,利用钉钉直播,建立全园、家长全覆盖的钉钉群,特别是钉钉拥有的直播回放功能,共享幼儿毕业汇报,让毕业不留遗憾。

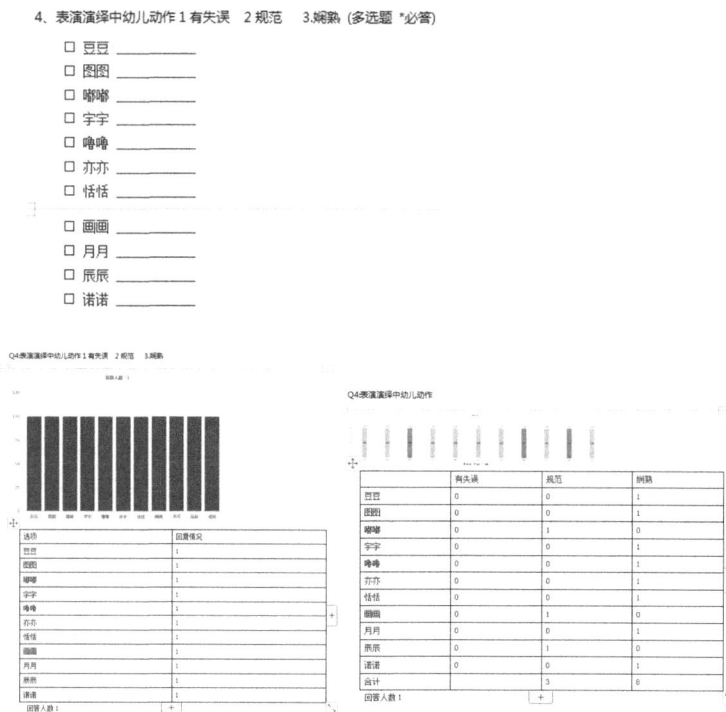

图 11 "秀秀部落"经验建构观察记录表的各阶段动态调整

可以说我园秀秀部落的毕业典礼通过另辟蹊径,巧妙利用教育新媒介,打破了疫情期不适办传统毕业典礼的屏障。问卷网电子观察记录表作为供教师和家长沟通的客观素材,让家长动态了解孩子的能力发展和同龄孩子间的能力水平。教师也能够通过"问卷网"的云数据处理,及时掌握每一次活动幼儿的经验变化、能力水平提升度以及兴趣是否转移,从而有针对性地调整引导策略,更加完善毕业典礼。微信打卡视频作为幼儿在园的节目练习时间、教师指导时间的延伸,突破因疫受限的家园共育联动方式,以"问卷网"经验建构观察记录表四阶段为指导重点,家园共同指导幼儿,以求节目质量精益求精。让家长陪同幼儿参与练习,做幼儿游戏真正的"支持者"而非"替代者"。钉钉直播的同步呈现、点赞肯定、留言祝福、给力的"直播回放"等多种功能,助力幼儿梦想,给予幼儿一场特殊又别具特色的毕业典礼。

(四)疫情下有机评价,众用户反馈

1. 幼儿技能打卡反馈

在这个特别的假期,新型冠状病毒给喜庆的日子蒙上了尘埃。疫情改变了假期节奏,也阻挡了出行的脚步。不过,幼儿就算宅在家生活也很精彩,解锁了不少"宅家"新姿势,有技能小达人、手工小能手、美食小行家、运动小玩家、生活小帮手。每个幼儿都在欢乐中学习、在学习中探索、在探索中有所收获。

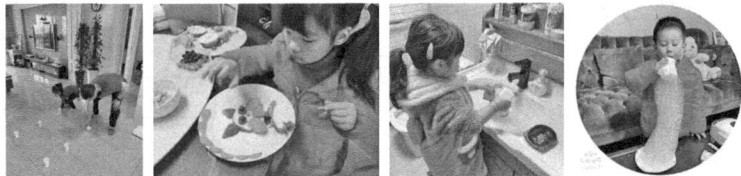

图12　幼儿解锁宅家新姿势

2. 家长好评数据反馈

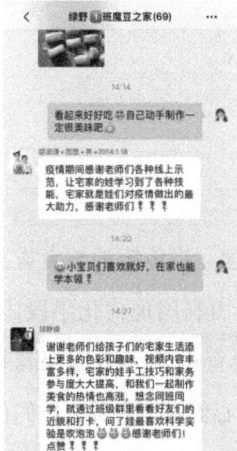

Q5:您觉得第三实验幼儿园的疫情防控线上学习工作安排如何?

答题人数:514

一般:1.56%

好:26.46%

非常好:71.98%

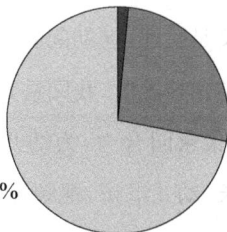

图13　家长评价　　　　图14　家长对居家玩学满意度调查

家长们对于我园的居家玩学内容也是好评满满,高度认可我园教师的辛勤付出。家长们纷纷表示,幼儿非常愿意参与教学活动,感谢教师为幼儿提供形式多样、内容丰富的教学内容,为宅家时光增色添彩。

3. 教师成长专业反馈

教师的专业成长紧紧跟随时代潮流。在疫情期间,教师学习喜马拉雅、剪映、钉钉等现代化软件的使用方式,不断提高自身适用技术的能力;学习最新教育方式,将原本的面对面授课转变为屏对屏引导,提高自身素养;将"半云式"教育经验撰写成论文教学案例、项目活动文本,收获奖项。

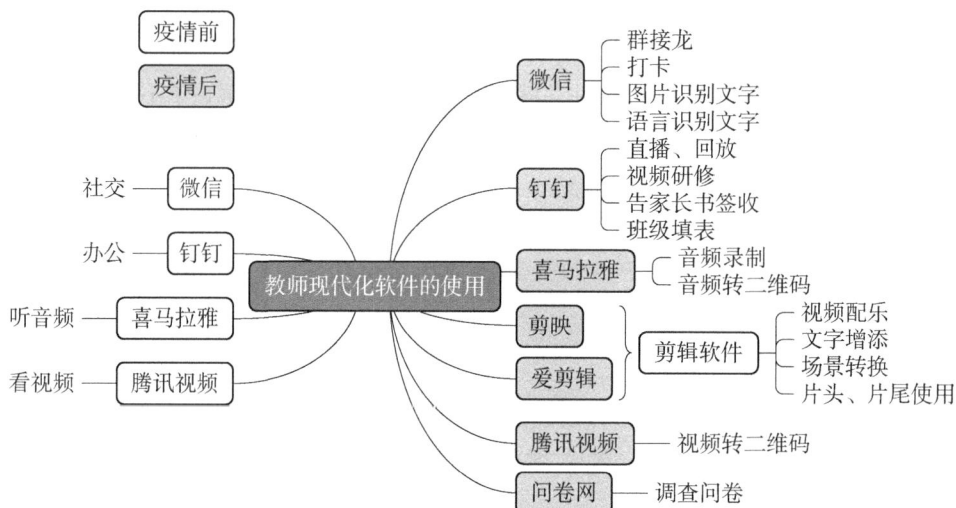

图 15　教师现代化软件的使用

四、 成果与分析

(一) 幼儿为本一以贯之

疫情既是挑战又是机遇,这期间我园始终坚持幼儿为本理念。当传统的教育方式不适用于疫情期的特殊情况时,我园搭建"半云式"教育体系,全面利用现代化手段,展开线上教研,积极汇聚家园合力,为幼儿疫情期的一日生活、教育教学等方面保驾护航。教师每月与家长、幼儿电访、视频连线,时刻关注幼儿的身心健康,受到家长们的广泛好评。我园疫情期间共发布了 12 条居家玩学公众号,6 条疫情防控公众号,其中《"童"心协力,致敬逆行》受到公众的广泛喜爱。共撰写信息报道 30 余篇,录用跟踪报道 16 篇,是区级信息报道录用条数最多的幼儿园。幼儿园应疫行动相关报道中的给援鄂子女送绘本等信息还在奉化日报、奉化教育通、现代金报等多处平台发布,受到社会大众的一致认可。三幼防疫在实处,防疫为幼儿。

图 16 居家玩学内容

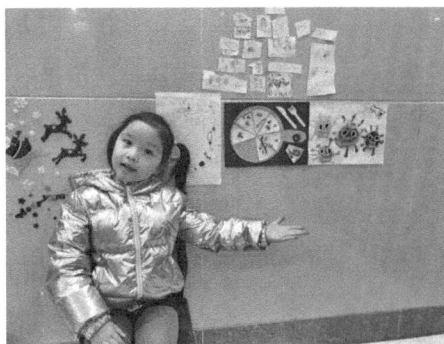

图 17 幼儿展示宅家成果

(二) 部落游戏两点一线

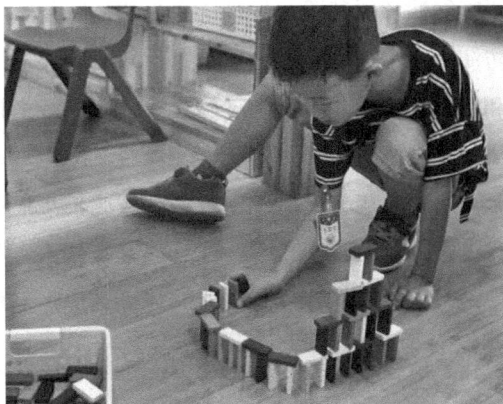

图 18 天天部落幼儿线上、线下实施

我园抓住疫情危机下的教育变革,借助"半云式"教育,启动"部落游戏"项目活动。应用操作便捷的"微信群、问卷网",让家长携同孩子每日居家节目练习、视频打卡、语音交流,解决"停学危机",以两点一线的形式,推进项目活动师幼共探、家园共育,形成新的教学管理,让知识流动起来。

(三) 疫情防控三维一体

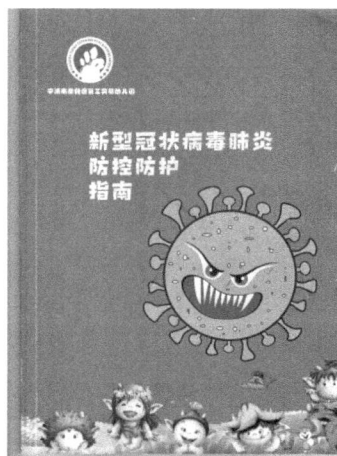

图 19 我园《新型冠状病毒肺炎防控防护指南》

我园的疫情防控紧密相连园所、幼儿、家长三方。

作为园方,我园制定完整的新型冠状病毒肺炎防控防护指南,主要内容包括:新型冠状病毒感染的肺炎防控应急预案、突发公共卫生事件应急预案、疫情防控工作实施方案、延期开学工作方案、开学师幼返园疫情防控工作方案、环境卫生消杀实施方案、新型冠状病毒防控告家长书、预防新型冠状病毒"十个制度"、疫情防控流程图、健康防护指引、新型冠状病毒基本知识、健康技能。方方面面兼覆无遗,且专人负责、专人跟进,为防控、防护新型冠状病毒打下第一道防护线。

我园全体教职工参与防疫制度和知识技能培训与突发事件预防演练。制度的学习使得教职工能够各司其职、明确目标,为防疫工作打下坚实基础、提供深厚保障;突发事件预防演练能帮助教职工进一步熟悉新冠肺炎应急处置具体流程,能有效预防、及时控制和妥善处置幼儿园可能出现的新冠肺炎突发事件。

以区域活动时为例,某幼儿表示自己"不舒服",配班教师第一时间测量幼儿额温,额温异常带幼儿前往隔离室,并报告园长、保健医生进行应急处置。在保健医生复核检查幼儿体温后,园长上报相关部门;配班老师联系家长。主班及保育老师组织其余幼儿暂停活动,用七步洗手法洗手,进入隔离教室。主班测量其余幼儿额温并做好登记;保育老师安抚幼儿情绪。幼儿离园后,对事发教室、楼道、公共场所进行彻底消毒处理。

我园的疫情防控宣传始终站在幼儿的角度。线上通过公众号的简洁明了的宣传,

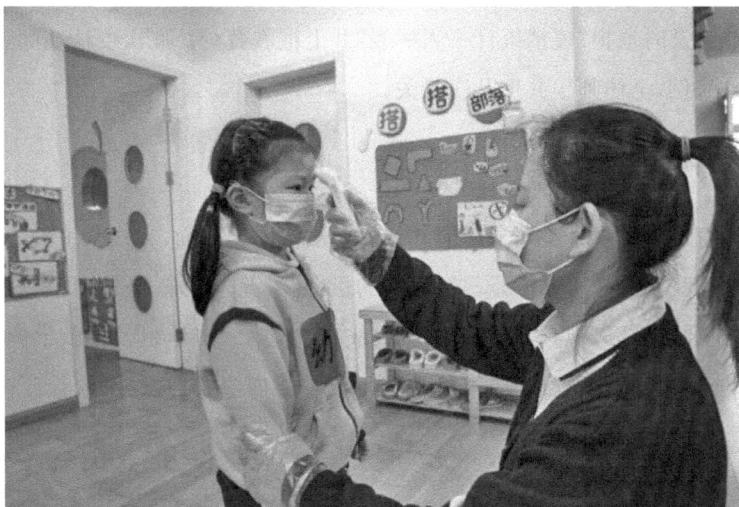

图 20　我园疫情防控演练

帮助幼儿获取第一手疫情知识。线下专门设计了幼儿防疫指导手册,以卡通拟人的形式,做好正确的防疫措施,生动形象、简洁明了。更设置有趣的日历打卡表,以幼儿喜闻乐见的方式记录出门戴口罩的日期,养成出门戴口罩的良好习惯。

图 21　幼儿防疫指导手册

在此次疫情中,我园家长高度配合园部工作,每日扫园部通行码并上报幼儿情况,使得教师能够及时填报"疫情统计一人一表"并上报教育局。此次疫情期间,我园未发生一例感染病例,全体师生共度此次难关。

(四) 教育教学四全育人

我园教育活动的展开是对象全园、时间全程、范围全方面、方式全手段的。

疫情期间我园的教育教学是贯穿始终的;是针对五大领域、空间有限、材料有限特殊情况的;是通过音频、视频,制作成公众号,并作为第三协作组教育教学内容在全区进行宣传的;是包括防疫宣传、居家玩学教育教学等内容的;是受到家长广泛好评、浏览人数突破6.2万余次的。

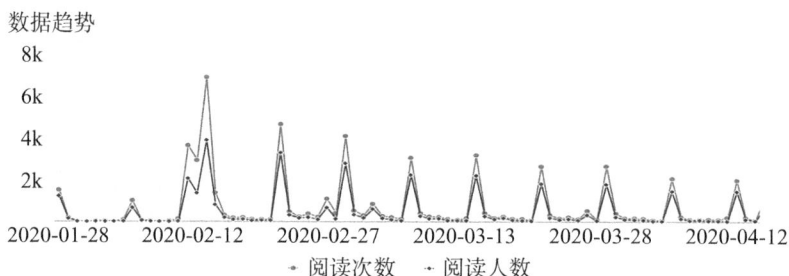

图22 我园疫情期间公众号阅览次数、人数折线图

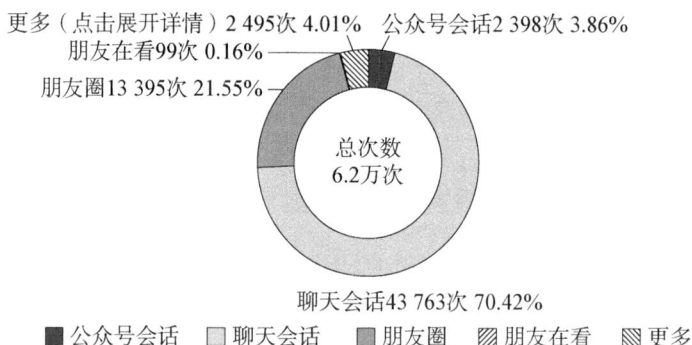

图23 我园疫情期间公众号阅览总次数

正式开园的第一周,我园结合当前仍然严峻的防疫形式,提出防疫生成周。在梳理幼儿对新型冠状病毒的已经经验基础上,针对幼儿的实际困惑与难点开展新型状病毒防疫周,保障幼儿知晓基本防疫措施、说说疫情期间的感受,确保幼儿对新冠了解到位、防护到位。

(五) 心理支持多面互动

良好的心理状态是保障幼儿健康成长的重要元素。我园通过现代化软件引导幼儿正确认知新型冠状病毒;运用视频互动疏导幼儿因疫情产生的心理焦虑;利用抗疫中的优秀事迹帮助幼儿树立积极心态。尤其对有家长前往抗疫一线的幼儿更是时刻关心,不仅在线上连线了解幼儿生活情况,更在抗疫形势大好后探望幼儿。前往一线抗疫的杨鑫浩妈妈表示十分感谢教师在特殊时期多方面的关照,为她解决后顾之忧。此事件还被《现代金报》、《奉化日报》等媒体广泛传播。

图 24　我园教师电访幼儿

宁波奉化教育战线交出一份亮眼的抗疫"答卷"

现代金报
03-13 · 现代金报的官方人民号　　＋关注

奉化区第三实验幼儿园党员教师向援鄂医护人员子女送上绘本等礼物。通讯员 供图

图 25　现代金报录用我园信息

幼儿园大班社会：我是小萌娃，从小爱祖国

浙江余姚市云河幼儿园　虞建林　金晓萍

一、活动简介

《幼儿园教育指导纲要》中指出了社会领域的目标内容，其中要求要教育幼儿爱家人、爱祖国。培养孩子的爱国主义情感是教育工作的一项重要任务。中国传统文化博大精深，学习和掌握其中的各种思想精华，对树立正确的世界观、人生观、价值观很有益处。站立在960万平方公里的广袤土地上，吸吮着中华民族漫长奋斗积累的文化养分，拥有13亿中国人民聚合的磅礴之力，我们走自己的路，具有无比广阔的舞台，具有无比深厚的历史底蕴，具有无比强大的前进定力，中国人民应该有这个信心，每一个中国人都应该有这个信心。我们说要坚定中国特色社会主义道路自信、理论自信、制度自信，说到底是要坚定文化自信。文化自信是更基本、更深沉、更持久的力量。幼儿期是行为习惯形成的关键期，也是幼儿社会性发展的最佳期。此阶段的社会性教育，尤其是爱国主义教育，对幼儿而言具有重要意义。陈鹤琴先生认为教育首先要教人做人。他说："小时候有爱人的行为，到了成年也就会爱人民、爱祖国。"而幼儿的思维发展水平低，"祖国"这个概念，对幼儿来说是较抽象的，幼儿的思维发展是以具体形象思维为主，亲眼所见、亲耳所闻是幼儿获取信息、累积经验最直接、最有效的方法。对于幼儿来说，最感兴趣的学习就是最有效的学习，最有效的学习内容就是他们可以感知的、形象具体的内容。因此，我们针对幼儿的年龄特点和认知规律，设计了一系列活动。

二、活动目标

（一）创设爱国环境及氛围，运用情境化、游戏化、活动化等多种教育手段，萌发幼儿的爱国主义、集体主义情感和行为。

（二）感受祖国的大好河山及繁荣昌盛，激发爱国情怀和民族自豪感，传承和弘扬中华传统文化。

（三）引导幼儿树立和坚持正确的历史观、民族观、国家观、文化观，增强做中国人的骨气和底气。

（四）创建适合幼儿发展的教育评价，启蒙幼儿爱国情怀，守护我们的国家安全。

三、活动内容与过程

活动一："小眼看阅兵"活动方案

（一）活动目标

1. 观看国庆阅兵式，感受海陆空三军的特征。
2. 激发对解放军的崇拜之情，萌发爱祖国的情感。
3. 培养幼儿的语言表达能力，激发幼儿的荣誉感、自豪感，感受祖国的伟大，分享美好的情感。

（二）活动时间

10 月 1—7 日。

（三）活动准备

人手一张记录表、各班展板。

（四）活动流程

1. 各班与孩子一起布置排版、张贴。

2. 各班以班级为单位进行展览、幼儿讲述活动。

3. 各班展板统一在音乐教室展览。

附：

表 1 "小眼看阅兵"记录表

班级_____ 姓名_____ 学号_____

最精彩的片段 （幼儿绘画）	
说说感想 （家长记录）	

活动二："祖国的山水多么美"活动方案

（一）活动目标

1. 感受祖国各地的名胜古迹，萌发爱祖国的情感。

2. 激发幼儿的荣誉感、自豪感，感受祖国的成功与伟大。

3. 培养幼儿的语言表达能力，分享美好的情感。

（二）活动时间

10 月 8 日。

（三）活动准备

人手一张记录表、各班展板。

（四）活动流程

1. 各班与孩子一起布置排版、张贴。

2. 各班以班级为单位进行展览、幼儿讲述活动。

3. 各班展板统一在一楼门厅展览。

附：

表 2 "祖国的山水多么美"照片展

班级_____ 姓名_____ 学号_____

祖国的山水照片	（贴照片处）
照片介绍 （幼儿口述、家长记录）	

活动三："我们都是爱国娃"歌咏会活动方案

（一）活动目标

1. 通过歌唱活动,培养幼儿的艺术素养,增强自信心,提高歌唱水平。

2. 了解各民族的传统文化,萌发爱祖国的情感。

3. 培养幼儿的民族自豪感,感受祖国的成功与伟大,分享美好的情感。

（二）活动时间

10 月 16 日下午 2:30—4:00。

（三）活动准备

1. 物品准备:音乐准备、表演服装、道具准备。

2. 人员准备:家长志愿者 2 位(摄影师)、各班老师和保育员。

3. 场地准备:二楼音乐教室、桌子椅子若干、场地布置。

（四）活动流程

1. 上午:各班按时间点安排彩排。

2. 下午 2:00 幼儿提前起床、吃点心、进场。

3. 下午 2:30 幼儿歌咏会有序进行(各班按年段有序进行,以班级为单位进行表演)。

4. 下午 4:00 园长妈妈颁发奖状。

5. 下午 4:15—4:30 结束整理。

(五) 活动注意事项

1. 安全教育:提醒幼儿在活动过程中注意安全、上下舞台注意台阶。

2. 文明礼仪教育:教育幼儿在活动过程中安静地观看演出,做文明小观众。

3. 活动结束,大班段全体教职工整理场地。

(六) 延伸活动

各班级根据情况,可以在班级开展幼儿歌咏会活动,鼓励幼儿积极大胆地为集体表演。

活动四:"小小画笔绘祖国"大地画活动方案

(一) 活动目标

1. 通过绘画活动,培养幼儿的艺术素养,增强自信心,提高绘画水平。

2. 了解祖国各地的风土人情及各民族的传统文化,分享美好的情感。

3. 激发对祖国妈妈的祝福和希望,萌发幼儿爱祖国的情感。

(二) 活动时间

10 月 21 日下午 2:30—4:00。

(三) 活动准备

1. 物品准备:音乐准备、画布、绘画工具。

2. 人员准备:家长志愿者 2 位(摄影师)、各班老师和保育员。

3. 场地准备:一楼大操场、桌子椅子若干、场地布置。

（四）活动流程

1. 上午：各班在班级开展"颂祖国谈话"活动,激发幼儿爱祖国的情感。

2. 下午 2:00 幼儿提前起床、吃点心、进场。

3. 下午 2:30 幼儿大地画有序进行（各班以班级为单位进行创作）。

4. 下午 4:00 大地画展览。

5. 下午 4:15—4:30 结束整理。

（五）活动注意事项

1. 安全教育：提醒幼儿在作画活动过程中注意安全。

2. 文明礼仪教育：教育幼儿在活动中过程中相互合作。

3. 活动结束,大班段全体教职工整理场地。

活动五："祖国的美食甲天下"美食汇活动方案

（一）活动目标

1. 引导幼儿了解祖国各地的美食文化,增强民族自豪感与爱国主义情感。

2. 品尝祖国各地的美食,知道食品的名称及制作方法,知道食物的来之不易、爱惜食物。

3. 掌握文明就餐礼仪,养成良好的饮食习惯,学习垃圾分类,学做环保卫士。

（二）活动时间

10 月 23 日下午 2:30—3:30。

（三）活动准备

1. 物品准备：祖国各地的美食、美食餐券、餐具等。

2. 人员准备：家长志愿者每个班级 4 位、各班老师和保育员。

3. 场地准备：桌子椅子若干、走廊或者操场场地布置。

（四）活动流程

1. 下午 12∶00—2∶30 制作美食街宣传海报（各班自备）。

2. 下午 2∶30—3∶15 美食一条街。

大一班：香港美食（杨枝甘露）、台湾美食（台湾香肠）、上海美食（蟹黄汤包）。

大二班：南京美食（鸭血粉丝汤）、余姚美食（梁弄大糕）。

大三班：杭州美食（龙井虾仁）、宁波美食（宁波汤圆）。

大四班：新疆美食（哈密瓜、葡萄）、北京美食（片皮鸭）。

3. 下午 3∶15—3∶40 结束整理。

（五）活动注意事项

1. 安全教育：提醒幼儿在活动过程中注意安全、饮食中不嬉闹，注意饮食安全。

2. 文明礼仪教育：教育幼儿在活动过程中遵守活动规则，排队取餐，团结友爱，文明进餐。

3. 学做环保小卫士，教育幼儿从小事做起，学习垃圾分类投放，做到垃圾不落地。

4. 活动结束，大班段全体教职工整理场地。

活动六："我们的祖国真大"拼图赛活动方案

（一）活动目标

1. 认识中国地图，感受祖国的地大物博。

2. 初步了解各省市的大致方位，加深对各省市地理位置特征及物产的了解。

3. 激发幼儿的竞争意识，增强集体荣誉感。

（二）活动准备

1. 事先在班级开展中国地图的拼图活动，选出 10 名幼儿参加年段活动。

2. 物品准备：中国地图拼扳。

3. 场地准备：二楼音乐教室、桌子椅子若干、场地布置。

（三）活动时间

10 月 25 日下午 2:30—4:00。

（四）活动流程

1. 主持人开场白：介绍活动。

2. 各班参赛队员自我介绍。

3. 以年段为单位，各班派 2 名队员一组进行比赛，8 个人一轮进行首轮比赛。

4. 首轮胜出队员进行第二次比赛。

5. 最后一轮决赛。

6. 园长妈妈颁发奖状。

活动七："我是小军人"徒步挑战活动方案

（一）活动目的

1. 开拓孩子们的视野，了解必要的消防知识，萌发对消防员的尊敬与崇拜之情。

2. 树立"我是小军人，从小爱祖国"的意识。

3. 培养孩子们坚持不懈、吃苦耐劳的优秀品质。

（二）活动时间

10 月 30 日上午。

（三）活动地点

余姚消防大队。

（四）活动准备

1. 物品准备：保健箱、班旗、开水等。

2. 人员准备：家长志愿者每个班级 4 位、各班老师和保育员。

3. 事先与家长签订安全告家长书，同消防队联系，明确参观的活动内容及流程。

（五）活动过程

1. 交代内容，提出要求

（1）交待任务，去消防队参观。

（2）注意文明礼仪，不四散乱跑、对人有礼貌。

2. 组织幼儿参观消防队

（1）参观博物馆、寝室、车库、荣誉台等。

（2）听消防队员介绍消防车的各部分结构及其功用。

（3）幼儿试穿消防衣和一些消防用具。

（4）和消防叔叔合影，道别。

3. 离开消防队回园讨论

（1）你在消防队看到什么？听到什么？

（2）如果遇到火灾你会怎么做？应该怎样正确拨打 119？

（3）消防员叔叔的工作辛苦吗？谁以后长大了想做消防员？为什么？

（六）注意事项

（1）为孩子穿上统一的服装和轻便的鞋子，如身体不适，不宜参加远足活动要提前向班主任请假。

（2）班主任提前对幼儿进行安全教育，活动当天特别要提醒孩子们注意安全，班主任及时清点人数。

四、活动评价

（一）以环境为途径，注重隐性渗透

《幼儿园教育指导纲要》提出：环境是重要的教育资源，通过环境的创设和利用，有效地促进幼儿的发展。在"十一"长假前，我们向家长发出倡议，让孩子们利用国庆假期，在爸爸妈妈的带领下，一起用镜头拍摄、记录伟大祖国美丽迷人的瞬间！开展"小眼看阅兵""祖国的山水多么美"等照片展。长假期间，家长们带着孩子在假期游览名胜古迹的留影……长假后，老师们用巧手将照片布置在展板上。看着自己带来的照片被展览,孩子们可高兴了,他们拉着好朋友驻足在照片展前,谈论着美丽的海南、北京的天安门、贵州的黄果树瀑布……孩子们由衷地感受到"中国很美""中国很了不起"的真实情感,激发了幼儿的荣誉感、自豪感,从而潜移默化地受到了爱国主义启蒙教育。

图1 "小眼看阅兵"作品展

图2 "祖国的山水多么美"照片展

(二) 以活动为载体,助力爱国情怀

通过组织开展丰富精彩的活动,对幼儿进行爱国主义教育,激发幼儿爱祖国的情感。升旗仪式是对幼儿进行爱国主义教育的一种重要手段。幼儿在庄严的升旗仪式中受到教育,孩子们对国旗的认识进一步加深了,懂得要尊重国旗、爱护国旗,要为祖国争光,爱国的情感更浓郁了。我国的传统节日很多,抓住这些节日的时机来教育孩子,小到爱自己身边的人,大到爱自己的祖国。"十一"国庆节就是一个很好的契机。组织孩子为"祖国妈妈过生日",使幼儿懂得祖国和我们一样也有生日,爱祖国就像爱妈妈一样。让孩子们了解我们的祖国,由此拓展幼儿的视野,让孩子们由衷地体会到祖国的富饶、美丽、伟大。结合"十一"国庆节通过唱红色经典《我爱北京天安门》《北京的金山上》《国旗国旗红红的哩》等,让幼儿在轻松愉快中感受到爱国主义情绪的感染,萌生爱祖国的愿望。

图 3 "我们都是爱国娃"歌咏会

图 4 "我们都是爱国娃"歌咏会

"祖国祖国多美丽,五颗金星照大地"……小、中、大班的孩子们穿着园服,排着整齐的队伍,拉开了"唱响"的帷幕。"国旗国旗红红的哩,升上天空高高的哩……"孩子们灿烂的笑容、稚气的歌声,洋溢着对祖国的骄傲与自豪。各班结合歌咏会,进行了三字经、童谣、儿歌、故事等秀场活动,对幼儿进行品德教育,激发幼儿从小树立爱祖国、爱家乡、爱古今英雄人物的情感。活动中,有的孩子还穿上礼服,带上头饰,绘声绘色地进行表演,激发了幼儿对语言文字和中华优秀文化的热爱,弘扬了中华文明。

开展以"小小画笔绘祖国"为主题的大地画活动。孩子们相互合作,用稚嫩的小手描绘自己眼中祖国的山山水水,描绘出对祖国妈妈的祝福和希望,在自然而然中萌发幼儿爱祖国的情感。在参观消防队活动中,孩子们通过看一看、听一听、摸一摸,真切、有效地了解了消防员叔叔保家卫国时吃苦耐劳的优秀品质。3.6公里的徒步活动,让孩子们感受了勇敢和坚韧,实现了"小小军人梦"的美好愿望。

(三)以家园为阵地,深化爱国情感

《幼儿园教育指导纲要》明确指出,家庭是幼儿园重要的合作伙伴,家庭同样担负着培养幼儿热爱祖国情感的责任。祖国大江南北,风景各异,地方特产形形色色,新疆的哈密瓜、上海的蟹黄包、南京的鸭血粉丝……一方水土养一方人,我们结合美食会开展活动,家委会的爸爸妈妈们踊跃担当起了"美食一条街"的服务,各地大糕、春卷、饺子、水果串、奶茶、包子……孩子们和家长在各种美食前流连驻足。色、香、味、形俱全的美味小吃,自助式的美食品尝,让孩子们体验着"舌尖上"中国饮食文化的源远流长,陶醉在欢乐、祥和的幸福怀抱中。我们还请家长

图5　美食一条街活动

带幼儿观看阅兵式、爱国主义影片,如《闪闪的红星》《小兵张嘎》等,使幼儿萌发热爱解放军的情感。知道他们英勇杀敌的故事,从中学习他们要保卫祖国时勇敢守纪律的优良品质。

(四) 创建适合幼儿发展的教育评价

对于 3 到 6 岁幼儿发展的评价,一要关注幼儿动作的发展,主要抓活动兴趣、大肌肉动作、精细动作;二要关注幼儿的语言发展水平,如倾听习惯、理解能力、表达能力、表现欲望、兴趣习惯、阅读能力、前书写能力等;三要关注幼儿的社会意识状态,如自我意识、情绪情感、社会交往等;四要关注幼儿的逻辑思维程度,知识经验,数学等;五要关注幼儿的艺术喜好,如音乐、美术等;六要关注幼儿的认知情况,如情感态度等。此外,还要关注幼儿的生活卫生习惯和安全保健,如入厕盥洗、进餐、穿衣午睡、公共卫生、安全意识、自我保健等。我园注重对幼儿爱国教育的培养,在语言、艺术、科学、健康、社会领域均得到了较大的提高。小小机幼娃心中都装着一个大大的爱国梦,每一个孩子都阳光、勇敢、积极向上。

表 3 "我是机幼娃 从小爱祖国"幼儿行为量化考核表

序号	项目	分值	完成日期	完成情况	活动表现(教师评价)
1	"小眼看阅兵"活动	10			
2	"祖国的山水多么美"活动	10			
3	"我们都是爱国娃"歌咏会活动	10			
4	"小小画笔绘祖国"大地画活动	15			
5	"祖国的美食甲天下"美食汇活动	15			
6	"我们的祖国真大"拼图赛活动	20			
7	"我是小军人"徒步挑战活动	20			

注:每一个活动项目根据幼儿的完成情况由教师给予打分。

五、 活动反思

(一) 莫忘经典灿烂文化

古人所说的"先天下之忧而忧,后天下之乐而乐"的政治抱负、"位卑未敢忘忧国""苟利国家生死以,岂因祸福避趋之"的报国情怀、"富贵不能淫,贫贱不能移,威武不能屈"的浩然正气、"人生自古谁无死,留取丹心照汗青""鞠躬尽瘁,死而后已"的献身精神等,都体现了中华民族的优秀传统文化和民族精神,我们都应该继承和发扬。在班级里开展《三字经》《百家姓》等传统文化的熏陶是一种传承,孩子是祖国的未来,作为教育者,我们应该做好"帮、带、引"作用,对经典的中华文化进行宣传与发扬,让孩子们从小学习传统文化,激发对传统文化的兴趣。

(二) 树立中华文化自信

任何一个国家和民族,都有其固有的根本。这个根本,就是其文化。不忘本来,方能赢得未来。中华优秀传统文化就是我们的本来。中华民族拥有5 000年文明史,中华优秀传统文化延续着我们国家和民族的精神血脉,支撑着中华民族生生不息、薪火相传,历经劫难而浴火重生,这一文化血脉是我们建设社会主义文化强国最强大的文化基因。正如习近平总书记所指出的:"中华民族有着深厚文化传统,形成了富有特色的思想体系,体现了中国人几千年来积累的知识智慧和理性思辨。这是我国的独特优势。"现在有些孩子,盲目崇拜外国节日,喜欢过洋节,而忘却了本国的优秀文化传统,崇洋媚外,在一定程度上削弱了传统节日在国家、人民心中的影响力。我们应该重拾中华文化,在孩子们心中树立文化自信。对孩子们来说,活动是最好的方式,幼儿园开展的经典传统活动,既有环境的隐形熏陶,又有动手的参与实践,有看、画、唱、尝、做、行等不同的感官刺激,让孩子们记忆深刻,不忘初心,方能继续前进。

(三) 启蒙孩童爱国情怀

为进一步丰富爱国主义教育内容,我们把爱国主义教育于语言、美术、科学、体育、计算、游戏等教学活动中,如在语言活动中,通过故事、诗歌、图片等形式了解祖国历史,英雄人物。各年段根据幼儿的年龄特点开展各自的教学活动,并将活动中的轨迹呈现在主题墙中。如,小班:将孩子们粘贴的"五星红旗"、制作的手工"天安门"张贴于主题墙上;中班的墙面贴上《中国地图》《世界地图》,让幼儿随时观察、了解,教师随时告诉幼儿祖国的地理位置,让他们逐步认识祖国的山川河流、物产等,从而让他们初步树立祖国地大物博的概念;大班:将幼儿制作的脸谱、中国古代的四大发明和当代中国人的发明与创造的图片张贴于主题墙上,让幼儿为自己是中国人而感到骄傲。通过各种活动,帮助幼儿形成"我是中国人""我的祖国是中国"的爱国意识。

热爱祖国,是一种最高尚、最纯粹的感情。幼儿是祖国的未来,幼儿强则国强,从小爱祖国,长大后才能更好地保卫祖国,维护祖国的安危。我们一定要正确引导幼儿热爱自己的祖国,为拥有这个伟大的祖国而感到骄傲和自豪。对幼儿实施爱国主义启蒙教育,是我们每一位幼儿教师的神圣职责。需要持之以恒,坚持不懈,使幼儿的爱国主义情感与行为得到进一步深化,从小种下爱国的种子,长大后才能建设祖国,保卫祖国。

相信通过我们的活动,孩子们会成为真正的"中国人",更好地守护我们的国家安全。

附录

教育部关于加强大中小学国家安全教育的实施意见

教思政〔2018〕1 号

各省、自治区、直辖市教育厅(教委)、新疆生产建设兵团教育局,部属各高等学校:

为深入贯彻党的十九大精神和习近平总书记总体国家安全观,落实党中央关于加强大中小学国家安全教育有关文件精神和"将国家安全教育纳入国民教育体系"的法定要求,结合教育系统实际,现就做好大中小学国家安全教育相关工作提出以下实施意见。

一、 总体要求和目标任务

(一)深刻认识加强大中小学国家安全教育的重要性。党中央高度重视国家安全,将坚持总体国家安全观纳入新时代坚持和发展中国特色社会主义的基本方略并写入党章。党的十九大报告强调要加强国家安全教育,增强全党全国人民国家安全意识,推动全社会形成维护国家安全的强大合力。加强大中小学国家安全教育,使广大学生牢固树立国家安全意识,是立德树人的重要任务,是全民国家安全教育的重要内容,是党和国家的一项基础性、长期性、战略性工程,事关人民安居乐业,事关党和国家兴旺发达、长治久安。

(二)准确把握加强大中小学国家安全教育的总体要求。全面贯彻落实党的十九大精神,以习近平新时代中国特色社会主义思想为指导,坚持和加强党对国家安全教育的领导,全面落实党的教育方针,服务统筹推进"五位一体"总体布局和协调推进"四个全面"战略布局,牢固树立和认真贯彻总体国家安全观,坚持"系统设计、整体谋划,尊重规律、注重实效,部门联动、协同推进"的工作原则,以国家安全战略需求为导向,弘扬爱国主义主旋律,夯实国家安全人才基础,构建国家安全教育体系,为实现"两个一百年"奋斗目标、实现中华民族伟大复兴的中国梦提供坚实的国家安全教育保障。

(三)全面落实加强大中小学国家安全教育的目标任务。构建中国特色国家安全教育体系,把国家安全教育覆盖国民教育各学段,融入教育教学活动各层面,贯穿人才培养全过程,实现国家安全教育进学校、进教材、进头脑,提升学生国家安全意识,提高维护国家安全能力,强化责任担当,筑牢国家安全防线,培养德智体美全面发展的社会主义建设者和接班人,培养担当民族复兴大任的时代新人。

二、 重点工作

(一)构建完善国家安全教育内容体系。深刻阐释总体国家安全观,教育部牵头制定《大中小学国家安全教育指导纲要》,明确提出国家安全教育的目标,科学设置教育教学的整体架构和主要内容,提出各学段具体的教育内容要求,贯彻落实宪法和国家安全法的精神和原则。各地教育行政部门根据《指导纲要》制定相应的实施办法,各学校要做好教学安排。小学生应了解国家安全基本常识,增强爱国主义情感;中学生应掌握国家安全基础知识,增强国家安全意识;大学生应接受国家安全系统化学习训练,增强维护国家安全的责任感和能力。

(二)研究开发国家安全教育教材。教育部编制国家安全教材编审指南,明确各学段教材编审原则。在大学现有相关课程中丰富和充实国家安全教育的内容,组织编写高校国家安全专门教材。组织修订中小学相关教材,语文、思想政治、道德与法治、历史、地理、信息技术等课程要强化政治安全、经济安全、国土安全、社会安全、生态安全、网络安全教育,充分体现国家安全意识。开展优秀国家安全教育教材相关评选和奖励。

(三)推动国家安全学学科建设。设立国家安全学一级学科。依托普通高校和职业院校现有相关学科专业开展国家安全专业人才培养。教育部遴选一批有条件的高校建立国家安全教育研究专门机构,设立相关研究项目,为国家安全教育教学和相关学科建设奠定基础。各地教育行政部门和高校可结合实际培育建设相关研究机构,组织开展相关研究。

(四)改进国家安全教育教学活动。各地教育行政部门和学校要积极发挥课堂教学主渠道作用,改进教育教学方式方法,组织国家安全教育公开课,运用"两微一端"等新媒体手段,结合政治、德育、历史、语文等相关学科内容强化国家安全教育。依托少先队、共青团、学生党支部、学生会、学生社团等组织,开展知识竞赛、演讲比赛、文艺表演、社会实践等形式多样的国家安全教育主题活动。规范学生成人仪式宣誓词,增加维护国家安全方面内容。充分利用全民国家安全教育日、《国家安全法》颁布实施等重要时间节点,组织面向大中小学生的系列特色教育活动,确保总体国家安全观入脑入心。

（五）推进国家安全教育实践基地建设。统筹利用现有资源,鼓励支持各地遴选建设一批符合总体国家安全观要求的综合性教育实践基地、满足不同领域国家安全教育需求的专题性教育实践基地。推动相关教育实践基地改造升级,以适应总体国家安全观教育实践需要。会同有关部门、地区指导教育实践基地发挥特色优势,通过讲座展览、网上展示、实践体验、书籍资料等多种形式,增强对大中小学生的吸引力和传播力,不断提高宣传教育的能力和水平。

（六）丰富国家安全教育资源。创新方式方法和平台载体,充分发挥互联网优势,建立国家安全教育案例库,分级分类开发在线课程。结合不同地区、不同领域、不同学段特点,分别编写国家安全教育读本。充分借助社会力量,组织或参与开发体现国家安全教育要求的音乐、美术、戏剧、影视、动漫、游戏等作品,增强教育的吸引力、感染力、影响力。

（七）加强国家安全教育师资队伍建设。积极推进国家安全教育专业教师培养工作。学校在教师招聘环节要加强对国家安全知识和责任意识的考核。教育行政部门和学校分级开展教育行政管理者专题培训。重点培育和选拔一批国家安全教育教学名师,打造一支以专业教师为骨干、专兼结合的国家安全教育师资队伍。在各级教师培训计划中增加国家安全教育教学培训内容。指导各地有效开展面向全体教师的总体国家安全观教育教学培训。

（八）建立健全国家安全教育教学评价机制。教育行政部门对学校、学校对内设机构进行工作考核、奖励时,要充分考虑其国家安全教育工作成绩。把教师开展国家安全教育工作的表现纳入绩效考核,作为职称晋升和评优的重要参考。把学生参与国家安全教育活动及相关课程学习情况纳入综合素质档案,作为评优评先等重要参考。研究提出评价学生国家安全意识和维护国家安全能力的指标体系和方式方法,组织开展教育教学效果评估。

三、 组织保障

（一）加强组织领导。教育部统筹协调教育系统各学段国家安全教育工作，会同有关部门推动解决重点难点问题。各地教育行政部门要认真落实学生国家安全教育各项任务要求，会同相关部门研究制定大中小学国家安全教育规划，明确目标任务、责任主体、考核指标、保障措施；要定期研究国家安全教育工作，主动向上级教育部门、本级党委汇报国家安全教育工作情况，加强与相关部门协作配合，形成党委和政府领导、教育行政部门主导、其他部门协作、学校组织实施的工作格局。

（二）强化业务指导。教育部牵头成立全国国家安全教育指导委员会，开展国家安全教育教学的研究、咨询、指导、评估、服务等工作。组织开展高校国家安全教育教材和中小学教材修订审查。各地教育行政部门和学校通过开展典型培养、评优评先、学术研讨、经验交流等活动，进一步发挥示范引领作用。

（三）开展教育督导。教育部统筹建立国家安全教育督导评价制度，将国家安全教育开展情况纳入年度督导计划，并根据实际需要开展专项督导检查。各地要加强对所在行政区域内学校的督导评价，将督导评价结果纳入年度考核指标体系。各地教育督导部门要定期开展专项督导。

（四）确保经费投入。各地教育行政部门和学校要充分利用各种经费渠道，积极支持国家安全教育工作。积极吸纳符合条件的社会力量参与国家安全教育资源建设。

教育部

2018 年 4 月 9 日